古典文獻研究輯刊

三四編

潘美月・杜潔祥 主編

第 23 冊

陳景雲《文選舉正》疏證
（第二冊）

范 志 新 著

國家圖書館出版品預行編目資料

陳景雲《文選舉正》疏證（第二冊）／范志新 著 -- 初版 --
新北市：花木蘭文化事業有限公司，2022〔民111〕
目 2+214 面；19×26 公分
（古典文獻研究輯刊 三四編；第 23 冊）
ISBN 978-986-518-878-8（精裝）
1.CST：文選舉正 2.CST：文選學 3.CST：文學評論
011.08   110022685

ISBN-978-986-518-878-8

9 789865 188788

古典文獻研究輯刊
三四編　第二三冊
ISBN：978-986-518-878-8

陳景雲《文選舉正》疏證（第二冊）

作　　者　范志新
主　　編　潘美月、杜潔祥
總 編 輯　杜潔祥
副總編輯　楊嘉樂
編輯主任　許郁翎
編　　輯　張雅淋、潘玟靜、劉子瑄　美術編輯　陳逸婷
出　　版　花木蘭文化事業有限公司
發 行 人　高小娟
聯絡地址　235 新北市中和區中安街七二號十三樓
　　　　　電話：02-2923-1455／傳真：02-2923-1452
網　　址　http://www.huamulan.tw 信箱 service@huamulans.com
印　　刷　普羅文化出版廣告事業
初　　版　2022 年 3 月
定　　價　三四編 51 冊（精裝）台幣 130,000 元

陳景雲《文選舉正》疏證
（第二冊）

范志新　著

目

次

文選卷六

魏都賦一首　　左太沖　　劉淵林注

劉淵林注

【陳校】

　　「劉淵林注」。按：賦末，云「吳、蜀二客矕焉相顧。」善曰：「張以矕，先隴反，今本並為矆，呼待反」，則知卷首本題作「張孟陽注」，與前「孟陽為注《魏都》」之語合，後來誤刊作「劉淵林」耳。又後潘正叔《贈王元貺詩》注亦引「張孟陽《魏都賦》注」，尤明證也。

【集說】

　　余氏《音義》曰：何曰：「前注云『孟陽為注《魏都》』，今何以並題『淵林』？」

　　汪氏《權輿》逐題「張載注」，自注云：「標題亦稱劉逵」。見《舊注》篇。又曰：《三都賦序》注曰：「張載注《魏都》，劉逵注《吳》、《蜀》。」今標題於三都並稱「劉淵林注」，未嘗分別，而他處引用，或又云「張載注《吳都》」。應俱誤也。見《質疑》篇「三都賦注」條。

　　顧按：（劉淵林注）四字，宋本無。

　　胡氏《考異》曰：「左太沖」。茶陵本此下有「劉淵林注」四字，袁本無。案：各本皆非也。當有「張載注」三字。何云：「前注張載為注《魏都》」、陳云：「賦末，善曰：『張以矕，先隴反』云云，則知卷首本題『張孟陽注』，與

前合。後來誤作『劉淵林』耳。」所說是也。袁、茶陵賦中每節注首「劉曰」，皆非，蓋合併六家時，已誤其題矣。

梁氏《旁證》曰：《三都賦序》注云：「張載為注《魏都》，劉逵為注《吳》、《蜀》。」今此賦後「矖焉相顧」句與李注云：「張以矖，先儢反。今本並為矖」。又潘正叔詩注引「張孟陽《魏都賦》注曰：聽政殿左崇禮門」，與今注合，皆足證此為張注，誤題「劉淵林」耳。

姚氏《筆記》曰：何云：「《三國志》注云：『晉衛權作《吳都賦》序及注。』」按：衛權注《吳都》，見《魏志·衛臻傳》注。《續漢志·百官注》『黃門六百石』注下『劉昭注』作『衛瓘』，誤也。」（範）檢《左思傳》云：「衛瓘為思《賦》作略解，序曰」云云。似《三都》並有序解，不止《吳都》也。又《序》曰：「有晉徵士故太子中庶子皇甫謐，為《三都賦序》，中書著作郎安平張載、中書郎濟南劉逵，咸皆悅玩，為之訓詁。余藉二子之遺忘，為之略解。」以此言證之，左、衛並時，其言不誣。而孝標之注《世說》，疑序、注皆為擬託。亦未允也。自注：《晉書》亦誤瓘。《晉書·趙王倫傳》：「或謂：孫秀、散騎常侍楊準、黃門侍郎劉逵欲奉梁王肜，以誅倫。會有星變，徙肜為丞相，居司徒府，轉準、逵為郎。」按此《賦》劉逵注引汲冢地中古文冊書。汲冢書發於太康二年，若劉逵注，未應引汲冢書，左思亦未應用汲冢書。見《吳都賦》題下校

徐氏《規李》曰：「注云：劉淵林注」。案：當是「張孟陽」。首篇序下明言「張載為《魏都賦》注」矣。篇末「矖焉相顧」句，李云：「張以矖，先儢反」。此一證也。潘正叔《贈王元貺詩》，李亦引「張孟陽《魏都賦》注」，本書中兩得確證。至《西京賦》「設在蘭錡」下有云：「劉逵《魏都賦》注云：『受他兵曰蘭，受弩曰錡。』」而賦中「附以蘭錡」卻無此注，似淵林別有注本。俟考。

許氏《筆記》曰：宋本無此四字。當題「張孟陽注」。臧榮緒既云「張載為注《魏都》」，此篇安得復題「劉注」？後文「矖焉相顧」注云：「張以矖，先儢反，今本並為矖」，則此篇為張注明矣。又潘尼《贈王元貺詩》［注］亦引「張孟陽《魏都賦》注」。又案：《霍光傳》師古引此賦指為劉注。又《西京賦》「設在蘭錡」引劉逵《魏都賦》注：「受他兵曰蘭，受弩曰錡。」今賦中無此注，豈張、劉各自有注邪？所未詳矣。自注：曹子建《贈徐幹詩》注：「劉淵林《魏都賦》注曰：文昌，正殿名也。」亦誤劉。

高氏《義疏》曰：胡克家曰：「何曰云云，陳曰云云。所說是也」云云。

梁章鉅曰：「《三都賦序》注」云云，許巽行說同。許又曰：「案：《霍光傳》師古引此賦指為劉注」云云。步瀛案：從諸家說，則此篇注當為張孟陽撰無疑。《隋書・經籍志・總集》稱「梁有張載及晉侍中劉逵、晉懷令衛權注左思《三都賦》三卷」，而未析言之。然觀《漢書・霍光傳》顏注及本書《西京賦》李注，則張、劉皆有《魏都賦》注也。曹子建《贈徐幹》詩注引「劉淵林注」，與此賦注合。疑張、劉注語偶爾相同。《贈徐幹》詩與《西京賦》注皆引劉注，非必誤也。

【疏證】

　　奎本、明州本、贛本、尤本悉無「劉淵林注」四字，是袁本所出。獨建本有，此茶陵本、毛本所出。謹案：《魏都賦》注者，文獻所載主要有張載、劉逵和左思自注三說。自注說出《左思別傳》，參上《三都賦序》「劉淵林」條劉孝標注《世說新語》。「張載」說，自陳氏、汪師韓、前胡、梁、徐、許、高諸家皆有其說。以徐《規李》歸納最扼要。然「劉逵說」亦不容忽視：《漢書・霍光傳》顏注及本書《西京賦》善注，皆明確謂劉有注《魏都賦》之舉，《集注》又謂「纂毌邃序注本及集題云：『張載注《蜀都》，劉逵注《吳》、《魏》。』」徐、許、高三家以為別本，「張、劉注語偶爾相同」，值得重視。姚質疑劉注，亦非無理，然並不能最終排除「劉注說」。因此，本篇引舊注，仍題「劉注」。姚援何校，見《義門讀書記》卷二十五《後漢書》「黃門侍郎」條，云：「注引衛權注《吳都賦》。按衛權，字伯輿。見《三國志》注中。諸本皆誤瓘，宋本亦誤。」

憑之者蹶，非所以深根固蔕也　善曰：劍閣，蜀境也。酈元《水經注》曰：小劍去大劍飛閣通衢，故謂之劍閣。《廣雅》曰：嶚，巢高也。力彤反。又曰：蹶，敗也。善曰：《老子》曰：有國之母可以長久，是謂深根固蔕長生久視之道。

【陳校】

　　注「善曰：《老子》曰」。舊本無「善曰」二字。

【集說】

　　余氏《音義》曰：「善曰：劍閣」。「善曰」，何刪。

　　梁氏《旁證》曰：注「善曰：《老子》曰。」六臣本無「善曰」二字。是也。

高氏《義疏》曰：「蹶，敗也。」案：此三字下，尤本誤衍「善曰」二字。袁本、茶陵本無，今據刪。

【疏證】

「劍閣」上，奎本以下諸六臣合注本、尤本悉有「善曰」二字。謹案：六臣合注本之祖奎本為界限五臣注與下善本所引舊注，特加標志性「善曰」二字，自明州本不能辨此，眾本相率襲之而不察，舊注遂誤為善注也。上「善曰」，何校刪之，是也。高氏《義疏》以「蹶，敗也」三字下，尤本誤衍「善曰」二字。大非。高氏與《旁證》同誤從六臣合注本，不知本條注首「善曰」二字羨衍，而此三字下，乃真善注，不可刪焉。不悟明州本以下諸六臣本即因注首誤衍而復刪下「善曰」字，此誤中有誤，有其前因後果也。毛本當誤從尤本等，陳校祇是對校異同，亦未明其所以然，故不能如何氏逕刪之。此何勝陳矣。

于時運距陽九……變為煨燼 善曰：《廣雅》曰：煨，爐也。烏壞反。《廣雅》曰：煨，烟也。

【陳校】

注兩引《廣雅》，舊本下「《廣雅》曰」，作「又曰」。

【集說】

胡氏《考異》曰：注「《廣雅》曰：『煨，爐也。烏壞反。』《廣雅》曰：『煨，烟也。』」案：此有誤也。考《廣雅》並無「煨，爐也」，又，其下不當又云「廣雅曰」。各本皆同，無以訂之。惟《釋詁》云：「煨，熅也」，下「烟」必「熅」之誤。

梁氏《旁證》曰：胡公《考異》曰：「此有誤也。又，其下不當又云『《廣雅》曰』」云云。

許氏《筆記》曰：兩引《廣雅》有誤。嘉德案：《廣雅》無「煨盡」、「煨煙」二語。胡云「或引《釋詁》『煨熅』，而誤煙。」

高氏《義疏》曰：「《廣雅》曰：煨，爐」至「煙也」。胡曰：「此有誤。又，其下不當又云『《廣雅》曰。各本皆同。無以訂之』」云云。

【疏證】

奎本、明州本、尤本、建本誤同。贛本正作「又曰」。謹案：毛本誤從尤

本等，陳校「舊本」，此當為贛本。煨字兩見《廣雅》。一，《釋詁》：「煨烏回□呼勿熅於云也」。一，《釋言》：「煨隈，火也」。並不見訓「爐」。又未見唐前字書等有此訓。竊疑本條上「《廣雅》」二字為涉下而衍。「煨爐」連文，則屢見古文獻。如：《魏書‧崔鴻傳》「五都蕭條，鞠為煨爐。」又《孝經注疏‧序》，即兩見：「洎遭暴秦焚書，竝為煨爐」、「況泯絕於秦，得之者皆煨爐之末」云云。李善即以連文之下字釋上字耳。迄至元代，始見韻書有「煨，爐也」之訓。如：黃公紹等《古今韻會舉要》卷四：「煨：《說文》：盆中火也。从火，畏聲。一曰：煻火曰煨。《增韻》：又煨，爐也。」又，陰勁弦等《韻府羣玉》卷三釋「煨」亦引《說文》及「一曰：煻火曰煨」云云。陰氏述其出處援《孝經》，黃氏未及，竊意或即從本條善注焉。

鋒鏑縱橫 善曰：(《說文》) 又曰：矢鋒也。

【陳校】

「矢鋒也」。舊本「矢」上脫「鏑」字。

【集說】

胡氏《考異》曰：注「又曰矢鋒也」。陳云「矢上脫鏑字。」是也。各本皆脫。

梁氏《旁證》曰：陳校「矢」上添「鏑」字，是也。各本皆脫。

高氏《義疏》曰：「鏑，矢鋒也」。各本脫「鏑」字。今依陳景雲校增。

【疏證】

奎本以下諸六臣合注本、尤本悉脫。謹案：《說文‧金部》：「鏑，矢鋒也。」正有「鏑」字。若無此字，則注語無所歸矣。又，此句上既引《說文》曰：鋒，兵端也」則「又曰：矢鋒也」，是必訓正文之「鏑」也。毛本當誤從尤本等，陳校當據《說文》、上下文義等補之。

爾其彊域 善曰：《史記》：蘇秦說魏（襄）王曰……。善曰：王逸《楚辭》注曰。

【陳校】

注第一「善曰」二字，舊本無。

【集說】

余氏《音義》曰：「善曰：《史記》蘇」。何刪「善曰」。

胡氏《考異》曰：注「善曰：《史記》」。袁本、茶陵本作「劉曰：當魏襄王時」。案：二本最是。「當魏襄王時」者，上數所賦以前也。尤改，誤。又二本每節首有「劉曰」，於此例當去，改為「善曰」更誤。

梁氏《旁證》曰：注「善曰：《史記》：蘇秦說魏襄王曰。」此劉注也。六臣本無「善曰」。

二字。其「《史記》」二字作「當魏襄王時，蘇秦說魏王曰」。

高氏《義疏》曰：「當魏襄王時。」尤本、毛本皆作「善曰：《史記》」四字。胡曰云云。蘇秦說魏王，見《魏策》一及《史記·蘇秦傳》。

【疏證】

尤本誤同。奎本以下諸六臣合注本悉作「劉曰：當魏襄王時蘇」。謹案：胡氏《考異》說最是。奎本等作「劉曰：當魏襄王時，蘇」，不誤。然「劉曰」二字乃六臣合注本亦六家本之祖奎本所加，以界域上諸五臣注之符號性標志。以贛本為代表之六臣本未悟此理，故其注既以善注居前，忘去符號性之「劉曰」二字，而按善舊注體例，篇中例不冠注者姓氏也。至於尤、毛二本既為單善注本，亦不當有此「劉曰」二字。其改作「善曰」，則是誤舊注為善注，故何、胡刪「善曰」，皆是也。毛本誤從尤本，陳校當從贛本，然尚不能如何校逕刪「善曰」，更無論精審如前胡。高氏既未悟奎本界限五臣、善引舊注及善注之處理體例，故亦祇能羅列尤、毛二本與前胡考校，不能置喙其是非、肯定前胡校的矣。

北臨漳滏 善曰：《山海經》曰：神囷山，滏水出焉。

【陳校】

注「神囷山」。舊作「神囷」。

【集說】

高氏《義疏》曰：《山海經》，見《北山經》。「囷」，各本誤作「囷」，今依《北山經》改。……《御覽·地部》二十九引作「菌」。《廣韻·九麌》引作「箘」。

【疏證】

明州本、贛本、尤本、建本誤同。奎本作「囷」。謹案：《山海經》，見《北

山經》「神囷之山」，有郭音「如倉囷之囷」。王應麟《通鑑地理通釋・漳滏》注引《山海經》作「神囷之山」。此明州本首因「囷」、「困」二字形近而誤，贛本以下遞相踵其誤耳。毛本當誤從尤本等，陳校當從舊本、《山海經》等正之。

溫泉毖涌而自浪　劉注：溫水，在廣平都易縣。

【陳校】

注「廣平都易縣」。「都」，舊本作「郡」。

【集說】

余氏《音義》曰：「廣平都易」。「都」，何改「郡」、「易」下增「陽」字。

胡氏《考異》曰：注「溫水在廣平都易縣。」何校「都」改「郡」、「易」下添「陽」字。是也，各本皆誤。《晉書・地理志》之廣平郡易陽縣也。陳云：「別本都作郡。」今未見。

梁氏《旁證》同胡氏《考異》。又曰：《續漢書・郡國志》：「趙國易陽」注引《魏都賦》：「溫泉毖涌而自浪」注曰：「溫泉，在易陽。世以治疾，洗百病。」可證。

朱氏《集釋》曰：胡氏《考異》謂：「當作廣平郡易陽縣。」是也。……故《續漢志》「趙國易陽」下，劉昭注引此賦語並注。

高氏《義疏》曰：「廣平郡易陽縣」。各本「郡」誤「都」、「易」下敚「陽」字。今依何校。胡曰云云。梁曰云云。案：《清統志》曰：「直隸廣平府，易陽故城，在永平縣西十五里。」朱珔曰：「據《方輿紀要》，今廣平府附郭之永年縣西四十里，有臨洺城，本漢之易陽縣，屬趙國。後漢因之，晉屬廣平郡，故《續漢志》：『趙國易陽』下，劉昭注引此賦語並注。但今縣境，惟滏水、洺水，無溫水，賦語似即指滏水。未詳。」陳僅曰：「唐玄宗溫泉宮，命名華清宮，雖取此而非本義」。

【疏證】

明州本、贛本、尤本、建本二字誤同。奎本作「都易縣」。謹案：奎本「都」字誤、「易」字同「陽」，不誤，然上奪「易」字，蓋涉下形近而脫。其餘諸本則二字全誤。毛本當從尤本等，陳校所謂「舊本」，由奎本推測，當有版本依據，然並非奎本。

華清蕩邪而難老　劉注：華清，井非水也。

【陳校】

　　注「井非水也」。「非」，舊作「華」。

【疏證】

　　奎本以下諸六臣合注本、尤本悉作「華」。謹案：明‧李時珍《本草綱目‧水二》「井泉水」集解：「（汪）穎曰：『井水新汲，療病利人。平旦第一汲，為井華水。其功極廣，又與諸水不同』」云。此毛本獨因形近而誤，陳校當從尤本等正之。

是以兆朕振古　善曰：《淮南子》曰：欲與物接，而未成朕兆者也。許慎曰：朕，兆也。

【陳校】

　　「朕」，舊本作「眹」。注同。

【集說】

　　許氏《筆記》曰：「兆朕」字，或作「眹」。嘉德案：朕，從舟，隸省月。作「眹」，從目，誤字。

　　高氏《義疏》曰：《淮南子》，見《俶真篇》。又《覽冥篇》曰：「進退屈伸，不見朕垠」高注曰：「朕，兆朕也。」與此可互證。

【疏證】

　　奎本、贛本、尤本、建本並注同。明州本作「眹」，注引《淮南子》作「朕」，許注復作「眹」。五臣正德本、陳本作「眹」，向注同。謹案：「兆眹」、「兆朕」之辨，始見明清學人。明‧周祈《名義考‧兆眹》首倡其說：「《廣韻》：吉凶形兆，謂之兆眹。按：兆，灼龜坼。眹，目眹。二者著見幾微，故吉凶形兆謂之兆眹，或作眹兆。而讀者作朕兆，謬矣。眹，音引。」至清，先有劉獻廷（1648～1695）《廣陽雜記》卷五云：「眹，音引，目眹也；兆，灼龜也。二者著見幾微，皆先事而知之。《廣韻》注云：『吉凶形兆，謂之兆眹。』今人誤以眹為朕，又倒為朕兆，於古無據。」周氏尚不以倒文為非，至劉已斥為「於古無據」，而至胡鳴玉《訂譌雜錄‧兆眹》則逕以倒文「朕兆」為誤矣。云：「眹，從目。《廣韻》注云：『目，童子也。又吉凶形兆謂之兆眹。』今作朕，且倒拈曰朕兆。沿誤已久，無由革也。」《野客叢書》論

《漢再受命之兆》云：『漢再受命，已兆朕於景帝生長沙定王發之際矣。』又云：『生長沙定王之時，已萌芽漢再受命之象。又非所以為兆朕也。兆朕之時，其見於程姬所避之際乎？』古人用字無或誤者」。謹又案：「兆朕」，實為雙聲聯縣辭。且朕與朕，聲同音近本可通，故多有互見於古文獻。《淮南子・俶真篇》：「欲與物接，而未成兆朕。」《抱朴子・道意》：「不能迹其兆朕乎宇宙之外。」《莊子・齊物論》：「若有真宰，而特不得其朕」釋文：「朕，兆也。」殿本則作「朕」。《莊子口義》又作「朕」。復如上胡氏《訂譌》引《野客叢書》「漢再受命已兆朕」，殿本即作「兆朕」。皆其證也。毛本當從尤本等，陳當受周、劉之影響而有此校。

閟象竹帛　劉注：《詩》云：閟宮有侐。

【陳校】

注「閟宮有侐。」舊作「侐」。

【集說】

胡氏《考異》曰：注「閟宮有侐。」袁本「侐」作「侐」。茶陵本亦作「侐」。案：「侐」，是也。

高氏《義疏》曰：「閟，閉也。」《詩・魯頌・閟宮》毛《傳》文。毛作「有侐」。《玉篇・人部》曰：「閟宮有侐。侐，清靜也，或作閟。」說者以為《韓詩》。此作「侐」，疑為三家異文。

【疏證】

明州本、贛本、尤本、建本同。奎本作「侐」。謹案：語見《毛詩注疏・魯頌・閟宮》正作「侐」。「侐」，或從「門」，與「侐」同。從「人」作「侐」者，古人俗寫氵、亻旁不分如《爾雅・釋天》「何鼓謂之牽牛」，本一作「河」。所致譌耳，高以為「三家異文」，言「閟字可，不可言侐」。本書江文通《別賦》「春宮閟此青苔色」注引《毛詩》作「恤」，從「忄」，亦誤。此陳所謂「舊（本）」，蓋袁本耳。

巖巖北闕　善曰：《西京賦》曰：圓闕竦以造天，若雙闕之相望。

【陳校】

注「若雙闕之相望」。「闕」，舊本作「碣」。

【集說】

胡氏《考異》曰：注「《西京賦》曰」下至「若雙闕之相望」，袁本、茶陵本無此十六字。

【疏證】

尤本同。奎本以下諸六臣合注本並無十六字。謹案：檢本書《西京賦》正作「圜闕竦以造天，若雙碣之相望」，陸佐公《石闕銘》「物覩雙碣之容」引同。但觀上句有「圓闕」字，此處亦當以「碣」為長。前胡祗列與六臣本異同，高氏《義疏》存而不校，皆是不以此十六字為衍文也。毛本當從尤本，陳校亦是。

土無綈題錦

【陳校】

舊本「題」字，側注。

【集說】

許氏《筆記》曰：「綈題」。案：「題」字衍，削。

【疏證】

尤本「題」為「綈」音注。奎本以下諸六臣合注本「題」並為「綈」音注。五臣正德本、陳本「綈」作「綈」，音注「題」。謹案：上文「木無彫鎪」，下文「玄化所甄，國風所稟」，並為四句，則「題」字為「側（音）注」，亦可必。毛本獨誤，陳校當從尤本等及上下文義正之。

蕙風如薰

【陳校】

「蕙」，舊本作「惠」。

【集說】

孫氏《考異》曰：潘校「蕙」改「惠」。志祖按：據善注引張衡及邊讓賦語，當作「惠」字。張銑注「蕙，香草也」，蓋五臣本作「蕙」耳。

胡氏《考異》曰：何引潘校「蕙」改「惠」。案：所校是也，善注可證。袁、茶陵二本所載五臣銑注云「蕙，香草」，是五臣改為「蕙」，而各本亂之。

梁氏《旁證》曰：何校「蕙」改「惠」。依李注引邊讓賦作「惠」為是。銑注：「蕙，香草也。」是五臣作「蕙」耳。

胡氏《箋證》曰：注「善曰：邊讓《章臺賦》曰：惠風如春施。」《旁證》曰云云。紹煐按：本書《琴賦》「惠風流其間」，善引邊賦與此同。此「惠風」與下「甘露」對，猶《琴賦》「惠風」與上「清露」對耳。

許氏《筆記》曰：「蕙風」。依注作「惠」。

高氏《義疏》曰：「惠」，各本作「蕙」。胡（克家）曰云云。胡紹煐曰「本書《琴賦》云云。朱銘曰：「按《尸子·仁意篇》：『祥風、瑞風，一名景風，一名惠風。蕙，當作惠。⋯⋯』案：《尸子》見《御覽·天部》十九引，不言篇名。下文『春為發生』云云，與《爾雅·釋天》邢疏引《仁意篇》同，故知亦《仁意篇》之文也。」

【疏證】

諸《文選》本悉同。謹案：善自作「惠」，注引張衡及邊讓《帝臺賦》語可悟，五臣作「蕙」，銑注可證。潘校、孫、胡《考異》等云「乃五臣妄改作蕙」，是也。本書孫興公《遊天台山賦》「惠風佇芳於陽林」注、謝叔源《遊西池》「惠風蕩繁囿」注並引「邊讓《章華臺賦》曰：『惠風春施』，亦足為當作「惠」字之佐證。毛本當誤從尤本等，陳校當從善注及尤本等正之。

善曰：邊讓《帝臺賦》曰：惠風如春施。

【陳校】

注「帝臺賦」。「帝」，當作「章華」。見第十一卷《游天台賦》注。

【集說】

胡氏《考異》曰：注「邊讓《帝臺賦》曰」。何校「帝」改「章華」二字。陳同，是也，各本皆誤。

梁氏《旁證》同胡氏《考異》。

高氏《義疏》曰：「章華臺」。各本誤作「帝臺」，今依何氏、陳氏校改。《後漢書·文苑·邊讓傳》載此賦作「惠風春施」，各本「惠風」下誤衍「如」字。並校刪。

【疏證】

奎本以下諸六臣合注本、尤本悉同。明·陳耀文《天中記》卷二「惠風」

引「《魏都賦》：惠風如薰。邊讓《章華臺賦》曰：惠風春施」。本書孫興公《遊天台山賦》注、謝叔源《遊西池》注並引邊賦並作「《章華臺賦》」，已見上條。《後漢書·邊讓傳》云：「能屬文，作《章華》賦」云云，乃省去「臺」字。毛本誤從尤本等，陳校則據本書內證（或亦有《後漢書》）正之。

禁臺省中　劉注：升賢門內，聽政（門）〔閣〕外，東入有納言閣、尚書臺。宣明門內，升賢門內，升賢門外，東入有內醫署。

【陳校】

注重出「升賢門內」四字，疑衍。

【集說】

余氏《音義》曰：「宣明門內有升賢門。」何曰：「宋本『升賢門』下，有『內』字，然此四字疑衍」。

胡氏《考異》曰：「宣明門內，升賢門，升賢門外」。「升賢門」三字不當重。「宣明門內」四字為一句，與上之「升賢門內」、下之「顯陽門內」句例同也。「升賢門外」四字為一句，與上之「聽政閣外」、下之「宣明門外」句例同也。又袁本上「升賢門」下，有「而」字，茶陵本有「內」字。何校云：「然此四字疑衍。」陳同。是矣。

梁氏《旁證》曰：注「宣明門內升賢門升賢門外」。胡公《考異》曰：「『升賢門』三字不當重，何、陳並以為衍。」是也。

高氏《義疏》曰：「升賢門外」。尤本「外」字上有「升賢門」三字。胡曰：「三字不當重。宣明門內四字為一句」云云。

【疏證】

尤本衍「升賢門」三字，下無「內」字。奎本以下諸六臣合注本俱衍「升賢門內」四字。謹案：顧炎武《歷代帝王宅京記·宮室》「聽政閣、納言閣、尚書臺、升賢署、謁者臺閣」注引《魏都賦》曰：「升賢門內，有聽政閣。閣外東入有納言閣、尚書臺。宣明門內，升賢門外，東入有升賢署。顯陽門內，宣明門外，東入最南，有謁者臺閣。」正作「宣明門內，升賢門外」，兩句中無衍「升賢門內」四字，可印證陳、何校之確。又汪氏《權輿》薈萃張載注，亦不衍「升賢門內」四字。卷八「魏宮闕」。茶陵本蓋出建本。毛本當從六臣建本、茶陵本等。前胡說尤審。

於後則椒鶴文石……有虞作繪　劉注：《尚書·咎繇薦》：舜曰：予欲觀古人之象。

【陳校】

　　注「咎繇薦舜曰」。「薦」，當作「謨」。

【集說】

　　胡氏《考異》曰：注「咎繇薦舜曰」。何云：「薦，疑作謨。」陳云：「當作謨。」是也，各本皆誤。

　　梁氏《旁證》同胡氏《考異》。又引姜氏皋曰：「注引舜曰：『予欲觀古人之象，日、月、星、辰、山、龍、華、蟲，作繪粉米。』此二十一字，今在梅氏所分《益稷篇》中。張注自當作『《咎繇謨》』，與《尚書大傳》亦合。」

　　姚氏《筆記》曰：何云「薦」字誤。

　　許氏《筆記》曰：注「皋陶薦舜曰」。「薦」，何改「謨」。

　　高氏《義疏》曰：「《咎繇謨》」。各本「謨」，誤「薦」。今依何氏、陳氏校改。《旁證》引姜皋曰：「注引舜曰……張注自當作『《咎繇謨》』，與《尚書大傳》亦合。」

【疏證】

　　奎本以下諸六臣合注本、尤本悉同。謹案：「咎繇」，即「皋陶」。此「謨」、「薦」形近而誤。陳、何校、胡氏、姜氏等諸家說，皆是。

右則疏圃曲池……亢陽臺於陰基　善曰：《魯靈光殿賦》曰：榭而高大，謂之陽基。在下，故曰陰基。

【陳校】

　　注「《魯靈光殿賦》曰」。「賦」下，舊本有「注」字。

【集說】

　　胡氏《考異》曰：注「《魯靈光殿賦》曰。」袁本、茶陵本「賦」下有「注」字。

　　梁氏《旁證》曰：注「《魯靈光殿賦》曰。」「曰」上當有「注」字。六臣本尚不誤。

　　高氏《義疏》曰：尤本、毛本「《魯靈光殿賦》」下脫「注」字。今依袁、

茶二本。

【疏證】

　　尤本同。奎本以下諸六臣合注本有「注」字。謹案：語見本書《魯靈光殿賦》「陽榭外望」張注：「榭而高大謂之陽。」此亦古人於傳注，援引、傳刻時不顧細分之失。毛本當誤從尤本，陳校當從本書內證、贛本等正之。

長塗牟首……鉤陳罔驚　善曰：服虔《甘泉》注曰：紫宮外營鉤陳星。

【陳校】

　　注「服虔《甘泉》注曰」。「泉」下，舊本有「賦」字。

【集說】

　　胡氏《考異》曰：注「服虔《甘泉》注曰。」何校「泉」下添「賦」字，陳同。是也，各本皆脫。

　　梁氏《旁證》同胡氏《考異》。

　　高氏《義疏》曰：「服虔《甘泉》注。」各本脫「賦」字，今增。

【疏證】

　　奎本以下諸六臣合注本、尤本悉脫。謹案：本書《西都賦》「周以鉤陳之位」注引服虔《甘泉賦》注曰：「紫宮外營鉤陳星也」，有「賦」字。毛本當誤從尤本等，陳校不待「舊本」，但據上下文，似亦能補之。

嬰堞帶浹　劉注：乃浹厓也。

【陳校】

　　注「乃浹」。舊本無「乃」字。

【集說】

　　高氏《義疏》曰：《爾雅·釋丘》曰：「浹為厓。」《廣雅·釋丘》曰：「浹，厓也。」《說文》曰：「浹，水厓也。」並無「乃」字。

【疏證】

　　奎本以下諸六臣合注本、尤本悉無「乃」字。謹案：據《說文》，當作「浹，水厓也，」五臣銑注同。毛本當亦同，「乃」係「水」之譌，傳寫復倒文耳。陳校則從尤本等。

亭亭峻阯 善曰：《說文》曰：阯，基也。

【陳校】

「阯」，舊本作「趾」。

【集說】

余氏《音義》曰：「趾」，六臣作「峙」。

顧按：今本「趾」字，是五臣本混入者。

梁氏《旁證》曰：六臣本「趾」作「峙」。朱氏珔曰云云。

朱氏《集釋》曰：「峻趾」，尤本作「峻阯」，注引《說文》曰：「阯，基也。」則正文非「趾」也。

胡氏《箋證》曰：注「善曰」云云。按：依注，則正文當作「峻阯」。峻，峭也。「峻阯」猶「峭阯」。《太玄·大》：「豐牆峭阯」，是也。蓋善本作「阯」、五臣作「趾」。

許氏《筆記》曰：「峻趾」。「趾」，何改「阯」。案：《說文》：「阯，基也。或作址，從土。」李注正作「阯」，今譌作「趾」。非李原本也。

高氏《義疏》曰：「阯」，尤本作「趾」，毛本作「趾」。茶陵本作「峙」，校云：五臣作「趾」，袁本作「趾」。是作「趾」者為五臣本。毛作「趾」，茶陵作「峙」，尤本作「趾」，皆非。今以李注改正。

【疏證】

尤本作「趾」。五臣正德本、陳本作「趾」。奎本、明州本作「趾」，無校語。贛本、建本作「峙」，校云：五臣作「趾」。《古今事文類聚》續集卷二引、《古今合璧事類備要》別集卷一「左思《三都賦》」注引同贛本。謹案：袁本祖奎本、茶陵出建本。毛本以五臣亂善。尤本「趾」，與「址」、「阯」同。本書潘安仁《西征賦》：「今數仞之餘趾」善注：「《說文》曰：趾，基也。」是其證。然諸家善注引《說文》悉作「阯」，且善與五臣既有別，陳、何校改之，是也。本條陳校所謂「舊本」，指尤本。

腜腜塯野……芒種斯阜 劉注：《周官》曰：澤草所生，種之芒種。

【陳校】

注「《周官》曰」。舊本無「曰」字。

【疏證】

奎本以下諸六臣合注本、尤本悉有「曰」字。謹案：語見《周禮注疏・地官・稻人》。援引他書，合當有「曰」字。毛本當誤從尤本等，陳氏「舊本」當謂尤本等。

又善曰：賈逵《國語》曰：阜，長也。

【陳校】

注「賈逵《國語》曰。」「語」下，舊本有「注」字。

【集說】

胡氏《考異》曰：「賈逵《國語》曰」。案：「語」下，當有「注」字。陳云：「別本有。」

梁氏《旁證》同胡氏《考異》。

高氏《義疏》曰：「賈逵《國語》」下，各本脫「注」字。陳曰：「別本有。」今從之。案：此《魯語》上「助生阜也」句注。

【疏證】

明州本、尤本、建本脫。奎本、贛本有「注」字。謹案：本篇下「關石之所和鈞」注援《國語》賈注，未脫「注」字。尤本誤取明州本，毛本當誤從尤本等，陳校當據贛本等補。今國圖影周鈔本本條起有錯頁亟當糾正。第 37 與 39、38 與 40 頁當互換。

水澍稉稌，陸蒔稷黍　善曰：《方言》曰：蒔，更也。郭璞曰：謂更種也，時吏切。

【陳校】

注「更也」。舊本作「植立也」，並無「郭璞」以下七字。

【集說】

余氏《音義》曰：何曰：「蒔，更也。舊刻作：『蒔，植立也』，無『郭璞曰』以下七字。」

胡氏《考異》曰：注「蒔，更也。」袁本、茶陵本「更」作「植立」二字，是也。注「郭璞曰：謂更種也」，袁本、茶陵本無此七字。

梁氏《旁證》曰：六臣本引作「蒔，植立也」。然《方言》本有兩訓，並引為是。

胡氏《箋證》曰：善云：「下則澍生秔稌，高則植立稷黍。」「植立」正釋「蒔」字。善引《方言》當為「植立」之訓，不當為「更」。植立，亦謂種也，故《廣雅》曰：「蒔，種也。」亦省作「時」。《堯典》：「播時百穀。」鄭讀「時」為「蒔」。《晏子春秋·諫覽篇》「民盡得種時」，「時」與「蒔」同。「種」謂之蒔，故「樹」亦謂之蒔。《晉書·姚萇載紀》云：「萇命其將於一柵孔中蒔樹一根，以旌戰功。」是也。

高氏《義疏》曰：「蒔，更也」。胡曰：袁本、茶陵本「更」作「植立」二字，是也。步瀛案：《方言》十二兩訓皆有。胡紹煐曰云云。步瀛案：袁、茶二本無「郭璞曰：謂更種也」七字，則引「植立」之訓為宜。尤本有郭注，則宜從「更也」之訓。何者為李氏原本，今無以定之矣。

【疏證】

尤本引善注同。奎本以下諸六臣合注本正作「《方言》曰：蒔，植立也」，無「郭璞曰」以下七字。謹案：語見《方言》卷十二：「蒔：植立也。蒔，更也。」郭注：「謂更種也。音侍」。是《方言》訓「蒔」有「植立」和「更（更種）」二義。梁氏謂「《方言》本有兩訓，並引為是。」其說並不能窮五臣與善有異之根源。縱觀五臣之注多襲李善，為掩蓋因仍之跡，故時有同中求異之特徵，故當以此原則考察本條。檢《廣雅·釋詁》有「蒔，立也」；《釋地》云：「蒔，種也。」「立」、「種」二說，無疑遠承《方言》二義而來。李善既取《方言》，五臣遂改用《廣雅》，是求異。正合同中五臣求異之初衷。今五臣良注作「蒔，種也」，乃取《釋地》，則從求異善注原則推論，善必非《方言》「更（更種）」之說，唯有從其「植立」之訓矣。良注取「種也」，其實未必明與此相關之郭注「更種」之義蘊。按《說文·艸部》：「蒔，更別種」段注：「今江蘇人移秧插田中曰蒔秧。」此可解郭注「更種」之義，原來，《方言》之「蒔」，郭注之所謂「更種」，即今之秧苗由秧田移栽大田也，此則「改種」之本義也。本條當依奎本等六臣合注本、前胡說為是。尤本或別有所從，毛本則誤從尤本。陳、何校良是。袁、茶二本，蓋出奎本、建本。又，本條原錯植在「王弼《周易注》」條下。今乙正。

內則街衝輻輳 善曰：杜預《左氏傳注》曰：衝，交道也。

【陳校】

「內則街衝輻輳」。「衝」，五臣本作「衢」。

【集說】

梁氏《旁證》曰：六臣本「衝」作「衢」。案：李注引杜預《左氏傳注》曰：「衝，交道也。齒容反」，《淮南子・覽冥訓》注亦曰：「衝，交道也。」

胡氏《箋證》曰：「善曰」云云，今見《左・昭元年傳》「及衝」注。五臣本作「街衢」。按：賦文易「街衢」為「街衝」者，避下「行旅讓衢」「衢」字複耳。五臣不達此旨，妄改作「衢」，非也。

高氏《義疏》曰：五臣「衝」作「衢」。胡紹煐曰：「按賦文」云云。

【疏證】

尤本並注同。奎本以下諸六臣合注本作「衢」、善注「衝」，並校云：善本「衢」作「衝」。五臣正德本、陳本並向注作「衢」。謹案：五臣作「衢」，向注可證。善作「衝」，注引杜注已明。《藝文類聚》卷六十一引亦作「衢」，此或五臣所據，然還以後胡說為是，五臣之改，雖不無據，然不達善旨，究竟低一頭地。善本固當作「衝」，毛本從尤本是，陳校祇可備異聞，不得以亂善焉。

朱闕結隅 劉注：鄴城內諸街有赤闕、黑闕。

【陳校】

注「鄴城內諸街」。舊本「鄴」上有「言」字。

【集說】

胡氏《考異》曰：注「鄴城內諸街」。袁本、茶陵本「鄴」上有「言」字。
高氏《義疏》曰：「鄴城內諸街」。袁、茶二本「鄴」上有「言」字。

【疏證】

尤本同。奎本依諸六臣合注本並有「言」字。謹案：「言」字，尤本偶脫。毛本當誤從尤本，陳校當據贛、建二本等六臣合注本補之。

石杠飛梁 劉注：《爾雅》曰：石杠，謂之倚。郭璞曰：石橋倚江。

【陳校】

注「石杠，謂之倚。」「倚」，當作「徛」。

【疏證】

　　尤本同。奎本以下諸六臣合注本並作「《爾雅》曰：石杠，謂石橋也」，並無郭注。謹案：字當作「徛」。陳校是。《爾雅・釋宮》曰：「石杠，謂之徛」。郭璞注：「或曰今之石橋。」鄭樵《爾雅注・釋宮》作「石杠，謂之徛」，悉同郭本《爾雅》。《廣韻・真韻》：「徛，石杠聚石以為步渡。」皆是其證。魏晉以降，古人傳寫、傳刻古籍，彳、亻多混，此係致誤之由。毛本當誤從尤本，陳校當據《爾雅》等正之。然陳校亦不能免斷斷之譏。自前胡《考異》、梁氏《旁證》至高氏《義疏》悉從六臣合注本，蓋注「謂之徛。郭璞曰：石橋音江」，六臣合注本並作「石杠，謂石橋也」。無「郭璞」以下七字。梁氏云「此舊注，不得引郭注」。最得本條所失之本源。前胡與高氏則尚糾纏坐實，是否尤延之所添，然無論是否，並無確證矣。

廈屋一揆　善曰：夏屋，已見上注。

【陳校】

　　「廈」，舊本作「夏」。

【集說】

　　高氏《義疏》曰：「廈」，「庌」之或體字。《說文》曰：「庌，廡也。」經傳以「夏」為之，故注引「夏屋」以證。

【疏證】

　　尤本文與注各同。贛本、建本正文同，注複出作「夏」。五臣正德本並翰注作「廈」；陳本並翰注作「夏」。奎本、明州本並注作「廈」。謹案：《古今事文類聚》續集卷二引、《古今事文類聚》續集卷五「官廨」注引並作「廈」。贛本注複出，引《毛詩》曰：「夏屋渠渠。」《毛詩》見《秦風・權輿》篇，正作「夏」。本書宋玉《招魂》「冬有突夏」王逸注、劉孝標《辯命論》「瑤臺夏屋」注引《毛詩》並作「夏」。依注例文，則善本固作「夏」。五臣正德本翰注作「廈」，則可證五臣作「廈」。檢本篇上文「隆廈重起」，前胡《考異》曰：「案：廈，當作夏。載注引《詩》夏屋，善必與之同。蓋五臣廈，而各本亂之。下文廈屋一揆，亦如此。」前胡言之甚明。然則，尤本作「廈」者，蓋誤從明、贛二本，以五臣亂善也。奎本等六臣合注本當脫校語，五臣陳本亦誤。毛本誤從尤本，陳氏所謂「舊本」此當謂尤本耳。

營客館以周坊……剞劂罔掇　善曰：鄭玄《論語》注曰：掇，止。掇，古字通。

【陳校】

注「掇止」。舊本「止」下有「也」字。

【集說】

胡氏《考異》曰：注「掇止掇古字通」。案：「止」下，當有「也掇與」三字。各本皆脫。

梁氏《旁證》同胡氏《考異》。

高氏《義疏》曰：《論語》鄭注，何晏《集解・微子篇》引之。掇、掇皆從「叕」聲，故通假。

【疏證】

尤本同。奎本作「掇與掇」，脫「止也」二字。明州本、建本脫「也掇與」三字。贛本有「也」字，仍脫「掇與」二字。謹案：前胡以善注例校正，是也。本書《西都賦》「掇而弗康」注、張平子《東京賦》「饗祀不掇」注、陸士衡《五等論》「皇統幽而不掇」注引並有「也」字，因並不涉「掇」字，故無「掇與掇，古字通」說。毛本當誤從尤本，陳校不如前胡，蓋與善注體例較少措意耳。

財以工化……著馴風之醇釀　善曰：《說文》曰：釀，厚酒也。女龍切。優渥然以酒之釀，以喻政厚也。

【陳校】

注「優渥然」。舊本無此三字。

【集說】

胡氏《考異》曰：注「優渥」。袁本、茶陵本無此二字。案：無者是也。又茶陵刪此上「女龍切」、此下「然」，皆非。

梁氏《旁證》曰：段校「以」改「似」。

高氏《義疏》曰：《說文》，見《酉部》。尤本「然以」上有「優渥」二字。胡曰「袁本」云云。

【疏證】

尤本同。贛本、建本無此三字，亦脫「女龍切」三字。奎本、明州本無「優渥」二字，有「女龍反」三字。謹案：奎本最是，蓋即袁本遠祖。尤本之

衍，未知緣故，毛本當誤從尤本。陳校多刪一「然」字，亦非，其所謂「舊本」此蓋指贛、建二本耳。段校改「以」為「似」，亦不必，蓋未見版本依據。

白藏之藏……關石之所和鈞　善曰：賈逵《國語》注曰：開，通也。鄭玄《儀禮注》曰：和，調也。孔安國《尚書傳》曰：金鐵曰石，供民器用，通之使和平。

【陳校】

注「開，通也。」「開」，當作「關」。

【集說】

余氏《音義》曰：何校「開」改「關」。

胡氏《箋證》曰：「善曰」云云。按：賈注以「關」為「通」，而某氏傳襲之，遂有「通使和平」之說。韋昭《周語注》云：「關，門關之征也。石，今之斛也。言征賦調均，則王府常有也。」

高氏《義疏》曰：「賈逵《國語》注」，當即《周語下》「關市和鈞」注。注引《尚書》偽《五子歌》偽孔傳云云。孔穎達曰：「關者，通也。名石而可通者，惟衡量之器耳。」王鳴盛《後案》附辨曰：「《國語》韋昭注與傳、疏迴別，惟賈逵《國語》注：『關，通也』，似是偽孔傳之所本」。胡紹煐曰：「賈注以關為通，而某氏傳襲之，遂有通使和平之說。」

【疏證】

奎本以下諸六臣合注本、尤本悉作「關」。《古今事文類聚》續集卷二引亦作「關」。謹案：檢《國語・晉語四》：「輕關易道，通商寬農」韋昭注：「輕關，輕其稅也。」關，即關稅。此可為善引賈《國語》注作「關」不作「開」之佐證。此毛本偶誤，陳校當據尤本等正之。又，王應麟《困學紀聞・書》云：「《周語》：單穆公引《夏書》曰：『關石龢均，王府則有。』韋昭注云：『逸書也。關，門關之征也。石，今之斛也。言征賦調均，則王之府藏常有也。一曰：關，衡也。』時未見《古文》，故云《逸書》。左思《魏都賦》：『關石之所和，鈞財賦之所底慎』，蓋亦用韋說。李善引『賈逵《國語》注曰：關，通也。……孔安國謂：金鐵曰石。』未詳。」王引賈注亦作「關」。又觀上下文義，左《賦》本用韋注，善引賈注似誤。陳校於《紀聞》，竟未及隻字，未知何意。後胡說，似出《紀聞》，高氏引王鳴盛說亦同。

至乎勍敵糾紛，庶土罔寧 善曰：《尚書》曰：庶土交正。《毛詩》曰：庶士有揭。又曰。

【陳校】

　　注「《尚書》曰：庶土交正。《毛詩》曰：庶士有揭。」按：李注兼引《書》、《詩》，又「土」、「士」互異，必有誤。

【集說】

　　胡氏《考異》曰：注「庶士有揭。又曰」。袁本、茶陵本無此六字。案：無者最是。陳云：「注必有誤。」未悟為增多耳。

　　胡氏《箋證》曰：按：善以「土」、「士」二字義並可通，故連《詩》《書》。本書《吳都賦》「剖判庶士」，何氏焯校「士」改「土」，孫氏志祖又謂當作「士」，兩校不同。

　　徐氏《規李》曰：注「《尚書》曰：『庶土交正。』《毛詩》曰：『庶士有揭』」。案：庶土，眾土之「土」，非士大夫之「士」。引《尚書》是，引《毛詩》非。自注：《六臣注》無《毛詩》一條。

　　許氏《筆記》曰：注引《尚書》，又引「《毛詩》庶士有揭」，六臣本無此《毛詩》文。此亦妄人加之。

　　高氏《義疏》曰：《尚書》，見《禹貢》。尤本「《毛詩》曰」下有「庶士有揭又曰」六字。胡曰「袁本」云云。許巽行亦謂「此亦妄人加之。」是也。今削去。胡紹煐謂：「善以土、士二字義並可通，故連引《詩》《書》。」非也。「庶士」，既不得專指士卒，又不得泛該夫市民。按之上下文，亦多未洽。且善以為兩通，必明言之，斷無二條判然不同而無區別者。枕泉之說，非是。

【疏證】

　　尤本同。奎本以下諸六臣合注本文作「土」，注無「庶士有揭又曰」六字。謹案：五臣正德本、陳本作「土」。向注可證。六臣合注本是也。尤本正文作「土」，則注祇須引「《尚書》曰：庶土交正」即功竟。蓋先有誤本作「士」，複有淺者因引《毛詩》為注而衍此六字耳。惟怪尤本正文不誤，而注仍衍六字，亦疏矣。毛本則誤從之耳。陳校當據六臣合注本而有此議。高氏《義疏》駁後胡說甚是。《毛詩》，見《衛風·碩人》篇，作「庶士有朅」。

齊被練而銛戈……席卷虔劉　劉注：降劉表於荊州之屬也。

【陳校】

注「降劉表於荊州」。「表」，當作「琮」。

【集說】

胡氏《考異》曰：注「降劉表於荊州之屬也。」袁本、茶陵本無「之屬」二字，是也。何校「表」改「琮」。陳同。各本皆作「表」，或此本云「表」耳。

梁氏《旁證》曰：六臣本無「之屬」二字。何校「表」改「琮」。陳同。

【疏證】

尤本同。奎本以下諸六臣合注本並作「表」、無「之屬」二字，蓋袁本、茶陵本所出。謹案：陳、何校改「琮」，或是。此蓋從《三國志・魏志・武帝紀》:「(建安十三年)秋七月，公南征劉表。八月表卒，其子琮代，屯襄陽。……九月，公到新野，琮遂降」云云。然前胡謂「或此本云表耳」，亦非無據，蓋諸本皆同，自有版本依據；且從劉注言，原本作「表」，也極可能，蓋舉劉琮不足以匹上下文所涉及魏武之敵，如呂布、袁術、馬超之流，非劉表不相稱也。

振旅輷輷　劉注：《史記》蘇秦曰：輷輷殷殷，若三軍之眾。善曰：《蒼頡篇》曰：輷輷，眾車聲也。呼萌切。今為輷字，音田。

【陳校】

「輷輷」，當作「轟轟」。

【集說】

顧按：當作「輷輷」。見《玉篇》。

胡氏《考異》曰：案:「輷輷」，當作「輷輷」。善注有明文。其云「今為輷字，音田」者，猶《西京賦》注之「今並以亙為垣」耳。五臣因此改，故正文下有「田」字音。各本亂之，而失著校語。《集韻》「轟」字重文有「輷」，即本此。亦可證：載注、善注，兩見「輷輷」，皆同。

梁氏《旁證》曰：胡公《考異》曰:「輷輷，當作輷輷。李善有明文。」謹案：此李為正文及劉注說其讀也。《集韻・十三耕》「呼宏切」: 有轟、輷、軥、輷輷四字。其輷字，即本所引《倉頡》也。《一切經音義》十二云:「轟，今作軥，《字書》作輷，亦本此。」其明證矣。而《玉篇》「輷、軥同轟」;《廣韻》「輷，同轟」，皆別又出也。注下文云「今為輷字，音田」者，《集韻》「一先」

又有「輼」字，即本此。李謂「振旅輼輼，音田」，則與《詩‧采芑》、《爾雅‧釋天》之「振旅闐闐」、《說文‧口部》之「振旅嗔嗔」，字異義同。故並存兩讀。五臣本正文下有「田」字之音，取李後一讀耳。

朱氏《集釋》曰：《說文》：「轟，羣車聲也。」《一切經音義》：「轟，今作輼，《字書》作軥，同。呼萌切。」段氏謂：「古字作軥，今字作輼輼。《玉篇》作輴，皆當在《真》、《臻》部。」余謂：田，本讀為陳，此賦語蓋即《詩‧采芑》篇之「振旅闐闐」也。《說文‧口部》引又作「嗔嗔」。闐、嗔、輼皆字異而義同。注亦當引《詩》而云：「輼，與闐通。」

薛氏《疏證》曰：《穀梁傳‧桓十四年》：「夫嘗必有兼旬之事焉」，釋文作「兼旬」，云：「十日為旬。一本作旬。」由偏旁例推，則「輼」與「輼」，可通也。注：「夫人親舂是兼旬之事」音義：「旬，如字。一本作旬，注亦然。」

胡氏《箋證》曰：按：依善注則正文「輼輼」及張（劉）注引《史記》、善引《倉頡篇》皆當作「輼」。《眾經音義》十二「轟」：「《字書》作軥，同。呼宏反。」《玉篇》、《廣韻》「軥，同轟。」《說文》「轟，群車聲也。」今《史記》作「輴」。《廣雅》：「輴輴，聲也。」軥與輴、轟音同，而與輼音異。《易林》：「轟轟，輼輼。」「輼」，即「轟」。輼，讀同闐，《爾雅》「振旅闐闐」，是也。今諸本並作「輼」，蓋因善注而改。《春秋後語》：「夜行不絕，輼輼殷殷」注：「輼，火宏切」，正作「軥」。

高氏《義疏》曰：胡曰云云。又，梁曰：「《集韻‧十三耕》」云云。朱珔曰云云。胡紹煐曰：「今《史記》作輴。《廣雅》：『輴輴，聲也』」云云。

【疏證】

奎本以下諸六臣合注本、尤本並注悉同。五臣正德本、陳本作「輼輼」。謹案：《古今合璧事類備要》別集卷一「左思《三都賦》注引亦作「輼輼」。五臣作「輼輼」，向注可證。善注固作「輼輼」。五臣之作「輼輼」者，實襲善注而又欲求異同耳。前胡言之明明白白。輼與輼音異同，諸家說有不同。然善與五臣既不同，自當改為「輼輼」。毛本當誤從尤本等，陳校、顧按、梁校皆足資參考。

喪亂既弭而能宴，武人歸獸而去戰 劉注：《尚書》曰：往伐歸獸。

【陳校】

注「《尚書》曰」。「書」下，舊本有「序」字。

【集說】

梁氏《旁證》曰：「書」下當有「序」字。

朱氏《集釋》曰：注引「《尚書》曰：往伐歸獸。」案：所引乃《尚書序》文，非《書》語也。

高氏《義疏》曰：《尚書》，見《武成》序。

【疏證】

明州本、贛本、尤本、建本脫同。奎本脫葉。謹案：語見《尚書‧武成》序，云「武王伐殷，往伐歸獸。」毛本當誤從尤本等，未知陳校所謂「舊本」何指。

又注　善曰：《毛詩》曰：喪亂既平。周公攝政，弘化弻亂。

【陳校】

注「周公攝政」。上脫引書名。

【集說】

胡氏《考異》曰：注「《毛詩》曰：喪亂既平。」袁本、茶陵本無此七字。案：下「周公攝政」，陳云：「上脫引書名。」是也，各本皆同，無以訂補之。

梁氏《旁證》曰：陳曰云云。

高氏《義疏》曰：袁、茶二本無「《毛詩》曰」以下七字。「周公攝政」二句，胡曰「陳曰」云云。是也。各本皆同，無以補之。

【疏證】

尤本同。明州本、贛本、建本無「《毛詩》曰」七字、脫書名。奎本脫葉。謹案：《毛詩》，見《小雅‧常棣》篇。「《毛詩》曰」七字不可脫，是善徵出處，尤本當有來歷。「周公」八字，蓋解「既弻」字，似出《漢書音義》孟康語。毛本當從尤本等，陳校云「脫引書名」，是。

豐肴衍衍　善曰：《周易》曰：飲食衍衍。王肅曰：衍衍，寬饒之貌也。

【陳校】

「豐肴衍衍」。據李善注「衍衍」當作「衎衎」。五臣本亦作「衎衎」。

【集說】

余氏《音義》曰：何曰：「據善注當作衍衍。」

孫氏《考異》曰：何曰云云。志祖案：呂向注：「衍衍，多貌。」蓋五臣本作「衍」耳。

胡氏《考異》曰：何曰云云，陳同。案：所說是也，袁、茶陵二本所載五臣向注字作「衍」，或各本亂之。

梁氏《旁證》同胡氏《考異》。案向注，則是《五臣》作「衍」耳。

姚氏《筆記》曰：何云：「據善注當作衍。」

胡氏《箋證》曰：何氏焯曰云云。《旁證》云：「陳同，是也。」紹煐按：「向注：衍衍，多貌。」則是五臣作「衍」耳。

許氏《筆記》曰：何校改「衍衍」。《玉海》引作「衍衍」，知宋時已譌。

高氏《義疏》曰：「衍衍」，各本誤作「衍衍」。何曰云云。陳說同。胡曰：「所說是也。袁、茶陵二本所載五臣向注字作衍，或各本亂之。」梁說同。今從之。胡紹煐曰：「向注『衍衍，多貌。』則是五臣作衍耳」。

【疏證】

諸《文選》本咸同。謹案：五臣作「衍」，向注可證。據善注，則善本作「衍」。奎本失著校語。諸六臣合注本從之。《古今事文類聚》續集卷二、《玉海》引作「衍」，亦為五臣所亂。毛本當誤從尤本等，陳、何氏當依善注正之。

酣湑無譁　善曰：毛詩曰：湑，茜也。

【陳校】

注「《毛詩》曰」。「詩」，舊本作「萇」。

【集說】

胡氏《考異》曰：注「毛詩曰湑。」案：「詩」，當作「萇」，各本皆誤。

梁氏《旁證》同胡氏《考異》。

姚氏《筆記》曰：「《毛詩》曰」，何改「毛萇傳。」

高氏《義疏》曰：《毛詩》，見《伐木》。「萇」，誤作「詩」。今依梁氏校改。

【疏證】

明州本、尤本、建本同。奎本、贛本作「毛萇曰」，無「傳」字。謹案：《毛詩》，見《小雅·伐木》篇：「有酒湑我，無酒酤我」傳：「湑，茜之也。」此誤毛傳語為經文。自明州本已誤作「《毛詩》曰」，尤本、建本遞相誤踵之。毛本當誤從尤本等，陳校當從《毛詩》、贛本等正之。

又鄭玄曰：沛茜之也。

【陳校】

注「沛茜之也。」「沛」，舊本作「沛」。

【集說】

胡氏《考異》曰：注「沛茜之也。」案：「沛」，當作「沛」，各本皆譌。

梁氏《旁證》同胡氏《考異》。

高氏《義疏》曰：「沛」誤作「沛」。今依梁氏校改。

【疏證】

奎本以下諸六臣合注本、尤本誤悉同。謹案：鄭《箋》，見《毛詩注疏·小雅·伐木》篇，「王有酒，則沛茜之。」正作「沛」，《北堂書鈔》卷八十二「有酒湑我」引《毛詩》同。奎本等因形近而譌。毛本當誤從尤本等，陳校當從《毛詩》鄭箋正之。

冠《韶》《夏》，冒六莖

【陳校】

「六」，當作「英」。

【集說】

葉刻：何校：他本作「五莖」。以「韶夏」例之，當作「英［莖］」。注引「六英」、「五莖」者，詳舉之也；引「六莖」者，專注本文「六莖」也。如本文無「六莖」字，不必重注矣。六臣作「冒六莖」，諸本同，然三字句讀之，文義更順。袁本注云：善本無「六英」字，當是無「英五」二字也。

余氏《音義》曰：何曰：「諸本皆有『英五』二字。袁本注云『善本無六莖二字。』當是無『英五』二字也。」

孫氏《考異》曰：「冒五莖」。一本作「冒六莖」。何云：「以『《韶》《夏》』」

例之，當作『英莖。』」又云：「注引『六英』、『五莖』者，詳舉之也。引『六莖』者，專注本文『六莖』也。如本文無『六莖』字，不必重注矣。六臣作『冒六英五莖』，諸本同。然三字句讀之，文義更順。袁本注云：『善本無六英字。』當是無『英五』二字也。」

胡氏《考異》曰：袁本、茶陵本「六莖」作「六英五莖」，云善無「六英」二字。何云：「以《韶》《夏》例之，當作英莖。」陳同。案：其說是也，各本皆非。

王氏《讀書志餘》曰：「冒六英五莖」，句法甚累，且「英、莖」與「韶、夏」相對為文，若加「六」、「五」二字，則與上句不協。後人以李善注引《樂動聲儀》「《帝嚳樂》曰六英，《帝顓頊樂》曰五莖」，因加「六」、「五」二字。不知李注自解「英」、「莖」二字，並非解「六」、「五」二字也。

梁氏《旁證》曰：何曰：「注引《動聲儀》『六英五莖』者，詳舉之也。又引《漢書》『六莖』者，注本文『六莖』也。如本文非『六莖』字，不必重注矣。」按：《初學記·樂部》引《動聲儀》作「五英六莖。」考《漢書·禮樂志》《顓頊》作「六莖」，《帝嚳》作「五英」。《廣雅·釋樂》據之作「六韺五韺」。《太平御覽·樂部》四引《帝系譜》曰：『《顓頊》曰：六莖，《帝嚳》曰五英』。注：『道有根莖，故曰六莖。道有英華，故曰五英。』則此「六莖」非無據也。但此賦「六」字，恐係「英」字之誤。

姚氏《筆記》曰：何改「英」。

胡氏《箋證》曰：注善曰：「《樂動聲儀》」云云。何氏焯曰云云。紹煐按：《旁證》云：「六字係英字之誤。」王氏念孫校同。

許氏《筆記》曰：「五莖」，何改「英莖」。

黃氏《平點》曰：「六莖」二字有誤。當作「英莖」。尤袤云：「『冒六莖』，五臣多『五英』二字」。

高氏《義疏》曰：「英莖」，尤本作「六莖」，袁本、茶陵本作「六英五莖」。茶陵本校曰：善本無「六英」字。何曰：「以《韶》《夏》例之，當作英莖。」陳同。孫志祖曰：「袁本注云：『善本無六英字。』當是無『英五』二字。」步瀛案：袁本無校語，茶陵本乃有。孫說誤去「英五」作「六莖」，與尤本同，亦誤。王念孫《讀書志餘》下曰：『冒六英五莖』云云。

【疏證】

尤本同。奎本以下諸六臣合注本悉作「六英五莖」，校云：善無「六英」

字。五臣正德本、陳本正作「六英五莖」。謹案：《北堂書鈔》卷一百四十九「天宇」注引亦作「六英五莖」。綜合此數本及校語，是善作「英莖」、五臣作「六英五莖」。尤本、孫氏說誤，陳何校、諸家作「英莖」者，是。高氏謂「袁本無校語」，然諸六臣合注本咸有校語，不當袁本獨缺，恐如奎本、明州本，亦在善注末耳。何校、胡氏《考異》皆明言袁本有校，抑高氏所見袁本為別一翻本歟？

金石絲竹之恒韻……鞮鞻所掌之音　善曰：鄭玄《周禮注》曰：鞮鞻，四夷舞者屝也。

【陳校】

　　注「四夷舞者屝也」。「屝也」二字，有誤。

【集說】

　　顧按：此是「屝」字，鄭宗伯序〔春〕官注也。

【疏證】

　　奎本同。明州本、贛本、尤本、建本作「屝」，不誤。謹案：鄭注，見《周禮·春官·敘》：「鞮鞻氏下士四人」注：「鞻，讀如屨也。鞮屨，四夷舞者所屝也。」《說文·尸部》：「履屬。從尸，非聲。」臣鍇按：「《春秋左傳》曰：『屝屨資糧』，注：『屝，草履也。扶沸反。』」毛本當誤從他本，陳校當從《周禮》、尤本等正之。據《周禮》鄭注，「舞者」下，尚當加一「所」字。

既苗既狩……邁梁騶之所著　劉注：《魯詩傳》曰：梁騶，天子獵之田曲也。

【陳校】

　　注「天子獵之田曲也」。似當作「天子田獵之曲」。

【集說】

　　胡氏《考異》曰：注「天子獵之田曲也。」袁本、茶陵本無「獵之曲」三字。案：無者是也，《東京賦》善注引作「天子之田也」可證。尤誤添。

　　梁氏《旁證》曰：六臣本無「獵之曲」三字。胡公《考異》曰：「無者是。《東京賦》善注引作天子之田也。可證。」姜氏皋曰：「梁騶二字，說《詩》者皆列《騶虞》之下。考《大戴禮》，凡《雅》二十六篇，其八篇可歌。歌《鹿

鳴》、《貍首》、《鵲巢》、《采蘩》、《采蘋》、《伐檀》、《白駒》、《騶虞》。《禮》：
『散軍而郊射。左射貍首，右射騶虞』，注：『《貍首》、《騶虞》所以歌為節也。』
凡射以《騶虞》為節。獵，亦射也，故《梁騶》為天子獵之曲。或他處作『天
子之田』者，反是傳寫之譌耳。」

【疏證】

尤本同。奎本以下諸六臣合注本作「梁騶，天子田也」。謹案：本書《東
都賦》「制同乎梁鄒」注引「《毛詩傳》曰：古有梁鄒。梁鄒者，天子之田也。」
《後漢書‧班固傳》作「梁騶」，章懷注云：「《魯詩傳》曰：古有梁騶者，天
子之田也。」前胡之校有本書內證及章懷注之佐證，似佐證豐富，然梁引姜
說「《梁騶》，為天子獵之曲」，則於語境為合，姜說固不誤。然若復玩劉注原
文，語序終還依陳校為長。尤本之誤，祗在語序顛倒耳。毛本當誤從尤本，陳
校則從語序乙正之，最是。

林不槎枿……矞雲翔龍　劉注：黃初，又備於眾和。周圍七尋，中高一
仞，旁厚一里。蒼質素章，龍馬鳳凰。僬人之象，粲然盛著。是以有魏
詩雲鳥之書。黃初二年。

【陳校】

注「又備於眾和。」「又」，當作「文」。

【集說】

胡氏《考異》曰：注「文備於眾和」下至「是以有魏詩雲鳥之書黃初」。
袁本、茶陵本無此四十四字。案：疑此乃記《三國志》注文於旁，尤取以增多
而又有譌誤也。

梁氏《旁證》曰：注「文備於大和。」毛本「文」誤作「又」、「大」誤作
「永」。自此句至「是以有魏詩雲鳥之書黃初」四十四字，六臣本所無。胡公
《考異》曰：「疑此乃記《三國志》注文於旁」云云。

【疏證】

尤本作「又」（胡刻本作「文」）。奎本以下諸六臣合注本並無「文備於
眾和」下至「是以有魏詩雲鳥之書黃初」四十四字。前胡「疑此乃記《三
國志注》文於旁」說是。毛本當誤從尤本，陳校當從贛本等六臣合注本正
之。

澤馬彳阜　善曰：《說文》曰：彳，步也。丑赤反。

【陳校】

注「（于）〔彳〕，步也」。「步」上，舊本有「小」字。

【集說】

余氏《音義》曰：「彳」下，何增「小」字。

胡氏《考異》曰：注「彳，步也。」袁本、茶陵本「步」上，有「小」字，是也。

梁氏《旁證》曰：六臣本「步」上有「小」字。按《說文》：「彳，小步也。」徐鍇曰：「丑赤反」；「彳，步止也。從反彳，讀若蓄。」徐鍇曰：「丑錄反。」然則，依李注，正文當作「彳阜」。徐鍇於「彳」下引《魏都賦》曰：「澤馬彳阜」，亦誤也。

胡氏《箋證》曰：《旁證》曰「按《說文》彳，小步」云云。紹煐按：本書《赭白馬賦》「秀騏齊彳」，善「彳」字不引《說文》。已見前，故不重釋也。是善本作「彳」甚明。《繫傳》所引不誤。六臣本注無「丑赤反」三字，而正文旁注云「丑錄」。「丑錄」正是「彳」字。今善本注文「丑赤反」，疑為後人所加。《旁證》未見及此。

高氏《義疏》曰：《說文》見《彳部》。「步」下當有「止」字。袁本、茶陵本作「小步也」，亦誤。又「丑赤反」，當作「丑錄反」。梁曰：「按《說文》彳，小步」云云。胡紹煐曰：「本書《赭白馬賦》秀騏齊彳」云云。

【疏證】

尤本同。奎本以下諸六臣合注本「彳」下，悉有「小」字。謹案：《說文·彳部》：「彳：小步也。……凡彳之屬，皆從彳。丑亦切」。《說文繫傳·通釋》：「彳：小步也。……凡彳之屬，皆從彳。臣鍇曰：微步也。丑亦反。」又《通論》：「德。或加彳。彳，小步也。德，升也，言漸也。」《說文·彳部》：「彳：步止也。從反彳，讀若畜，丑玉切。」總而言之：《說文》若作「彳」，訓「小步」，音「丑亦」；若作「彳」，則訓「步止」，讀若畜。丑亦，即善注之「丑赤」；丑玉，即六臣本之「丑錄」也。「步」下添「止」，抑「步」上增「小」，是取決於注當作「彳」還是「彳」。梁氏據善注「丑赤」之音主「彳」說，後胡則據本書內證及六臣本音「丑錄」宗「彳」說。後胡說尚有諸《文選》本版本支持，故權衡兩說，當以後胡為是。李善文、注並作「彳」，注當於「步」

下增「止」字。毛本蓋從尤本，陳校亦衹可備異聞。

九尾而自擾　善曰：應劭《漢書》曰：擾，音擾，馴也。

【陳校】

注「應劭《漢書》曰：擾，音擾。」按：「《漢書》」下，當有「注」字，下「擾」字當作「柔」。

【集說】

余氏《音義》曰：下「擾」字，何改「柔」。

胡氏《考異》曰：注「應劭《漢書》曰：擾，音擾。」何校下「擾」字改「柔」。陳同，又云：「書下當有注字。」是也，各本皆脫誤。

梁氏《旁證》同胡氏《考異》。

高氏《義疏》曰：「《漢書》」下各本脫「注」字，「柔」作「擾」，今依何氏、陳氏、胡氏、梁氏校改。《漢書‧高帝紀贊》注引「應劭曰：擾，馴也。」《周禮》：「天官大宰之職，以擾萬民」鄭注曰：「擾，猶馴也。」《史記‧夏本紀》：「擾而毅」《集解》引徐廣曰：「擾，一作柔。」《廣雅‧釋詁》四曰：「𤙆，柔也。」王念孫《疏證》曰：「應劭云：『𤙆，音柔。𤙆、柔聲義並同，故古亦通用。』是也。案：擾字本從夒作擾。訓馴者，本字當作𤙆。」《說文‧牛部》曰：「𤙆，牛柔謹。」段注曰：「《玉篇》曰：『《尚書》𤙆而毅字如此。』按凡訓擾字當作此，隸作𤛒。」又《手部》曰：「擾，煩也。」段曰：「引申為煩亂之稱。訓『馴』之字，依許作𤙆，而古書多作擾，蓋擾得訓馴，猶亂得訓治，徂得訓存，苦得訓快，皆窮則變，變則通之理。《周禮》注曰：『擾，猶馴也。』言『猶』者，字本不訓『馴』」。

【疏證】

奎本以下諸六臣合注本、尤本引善注下「擾」字，悉誤。謹案：《史記‧夏本紀》「學擾龍」集解：「應劭曰：『擾，音柔。擾，馴也。』」本書張平子《東京賦》「擾澤馬與騰黃」善注引「應劭《漢書注》曰：『擾，音柔，擾，馴也。』」宋‧羅願《爾雅翼‧釋獸一‧音釋》「擾澤馬」注引並同張《賦》。三家出處有異，內容並同，應注，當李善淵源所自。然則，陳、何校亦未盡善，「《漢書》」固當補「注」字，而於「音」下，當增「柔」字，而非改「音」作「柔」也。毛本當誤從尤本等。高引王、段二家「𤙆、柔，古通用」說，足資參考。

旼旼率土……宅心醇粹　　善曰：《尚書》曰：宅，山阜猥積。

【陳校】

按：引《尚書》以釋「宅心」二字，當引「宅心知訓」句。「山阜」四字，疑別有誤。

【集說】

孫氏《補正》曰：何云：「引《尚書》之文以解『宅心』二字，當引『宅心知訓』句。『山阜猥積』四字，疑別有誤。」鯤云：「此賦下文有『山阜猥積而崎嶇』句。此四字當有刻誤」。

胡氏《考異》曰：何校改「宅山阜猥積」為「宅心知訓」。陳同。參下文。

梁氏《旁證》曰：何校改作「宅心知訓」。按李注引《尚書》以釋「宅心醇粹」句也。此當因下文「山阜猥積而崎嶇」句致誤耳。

高氏《義疏》曰：《尚書》，見《康告》。案：原誤作「宅山阜猥積」，今依何氏校改。梁曰：「此當因下文『山阜猥積而崎嶇』句，致誤耳」。

【疏證】

此條善注，惟見於尤本系統，毛本當從尤本。自奎本以下諸六臣合注本悉脫，蓋此條所屬之正文（「旼旼率土」一節）下脫注文凡三百七字。包括部分舊注及全部善注。胡氏《考異》論尤本此補曰：「《詩》曰：『方叔蒞止』，下至『儼然玄墨』，此三百七字，袁本、茶陵本無。案：此初無，與二本同，修改添之。蓋無者脫，而尤得之。計當時存本尚眾，或有不失善舊者。惜尤延之未能精擇，每誤取增多。若準此條，固無嫌耳。」謹案：尤補涉下文有譌，陳、何校正之，所據是《尚書·康誥》。此條於探索尤本來歷，有重要價值。再次證實：尤本非能以監本為底本，而是參酌眾本（是以明州本、贛本為主，兼及他本）而成。《考異》斷云「此初無，與二本同」，蓋據尤本該葉版心有「乙卯（1195）重刊」字樣耳。《考異》論尤氏「每誤取增多」之原因，亦較他處所論為客觀。尤本所增善注，誠大抵別有所本也。

雖自以為道洪化以為隆

【陳校】

按：「道洪化隆」中間，不當有「以為」二字。

【集說】

余氏《音義》曰：何曰：「參考五臣所注，下『以為』二字，傳寫誤加。」

孫氏《考異》曰：潘云：「下『以為』字，疑衍。」何云：「細詳文義，參考五臣所注，『化』下『以為』二字，傳寫誤加。」

胡氏《考異》曰：何曰云云。陳曰云云。案：所說是也，各本皆非。

梁氏《旁證》曰：何校去下「以為」二字。各本皆誤。

姚氏《筆記》曰：何從五臣滅〔下〕「以為」。

朱氏《集釋》曰：胡氏《考異》謂云云。余謂：「化」字當在「以為」下，「道洪」、「化隆」為對。「雖自以為道洪以為化隆」，此與下「世篤玄同」三句皆韻。若上裁為一句，轉嫌累疊。兩著「以為」字，於文義有何不可通？《禹貢・荊州》「浮于江沱潛漢」，《史記・夏本紀》「漢」上有「于」字，當讀「浮于江沱潛」為句，「于漢」又為句。段氏謂：「《書・無逸篇》云：『無淫于觀于逸，于游于田。』以『淫』領四『于』字，此以『浮』領二『于』字，句法正同。《釋文》不善會《史記》，而讀作『潛于漢』，誤也。」賦語亦其例矣。

胡氏《箋證》曰：何氏焯曰云云。紹煐按：「道洪化隆」四字相對成文，此涉誤衍，校書者失於刪去耳。

許氏《筆記》曰：「化」下誤多「以為」二字。何校削去。

黃氏《平點》曰：「化以為隆」句，依朱珔說改「以為化隆」。

高氏《義疏》曰：「洪化」下各本有「以為」二字，今依何氏、陳氏、孫氏、胡氏諸家校刪。朱氏珔謂：「化字當在以為下，作『以為道洪，以為化隆。』」語句甚滯，決不可從。

【疏證】

諸《文選》本悉衍。謹案：《古今事文類聚》續集卷二引、《古今合璧事類備要》別集「左思《三都賦》」注引亦衍。然朱、黃二家亦可參考，無妨兩存也。高氏未免膠固。毛本當從尤本等，陳當從文氣或參五臣校之。

是故料其建國聊……諮其考室 劉注：《詩》云：斯干，宣王考室也。

【陳校】

注「《詩》云：斯干。」「詩」下脫「序」字。

【集說】

高氏《義疏》曰：注引《詩》乃《小序》之文。

【疏證】

奎本以下諸六臣合注本、尤本悉脫。謹案：語見《毛詩注疏·小雅·斯干》序。毛本當誤從尤本等，陳校當從《毛詩》、上下文義等正之。此條，前胡《考異》所漏錄、漏校。

至於山川之倬詭……狐狐精衛　劉注：《山海經》曰：女娃遊於海，溺而不反。精衛。常取西山之木石，以堙東海焉。

【陳校】

注「溺而不反。」「不反」下，當有「化為」二字。

【集說】

胡氏《考異》曰：注「溺而不反精衛。」陳云：「反下，當有『化為』二字。」是也，各本皆脫。

梁氏《旁證》曰：陳校「精衛」上添「化為」二字。是也，各本皆脫。

高氏《義疏》曰：《山海經》，見《北山經》。「溺而不反」。胡曰『陳曰』云云。步瀛案：陳、胡說是，今從之。

【疏證】

奎本以下諸六臣合注本、尤本脫同。謹案：事見《山海經·北山經》作「故為」，《西溪叢語》卷下引，同。《藝文類聚》卷八引作「是故」。《類聚》卷九十二、《太平御覽》卷九百二十五引作「是為」。本書江文通《雜體詩·阮步兵》「精衛銜木石」注引作「化為」。毛本當誤從尤本等，陳校當據本書內證補之。本條可見陳校在諸多內外證之間，偏重內證之特色，蓋依本書內證，考檢善注原貌為最可信賴耳。

醇酎中山，流湎千日　劉注：中山出好酎酒。其俗傳云：昔有人曰玄石者，從中山酒家酤酒。酒家與之千日之酒，語其節度……

【陳校】

注「玄石沽酒」事，出張華《博物志》，見《七命》注中。此注不引張書者，蓋書出此注之後也。

【疏證】

　　奎本以下諸六臣合注本、尤本同。謹案：本書《七命》「玄石嘗其味」注作「張華《博物志》曰：『玄石從中山酒家酤酒，酒家與之千日之酒。』」二句與本條全同，足證陳校體貼舊注至確。乃劉氏非別取他書為本條注焉。《北堂書鈔》卷一百四十八「千日酒」注首引《博物志》之外，別引《搜神記》造酒者作「狄希」，情節略同，文字多有不同。陳校「玄」字，諱作玄。逕改。下同。

善曰：薛君《韓詩章句》曰：均眾，謂之流；閉門不出容，謂之湎。

【陳校】

　　注「閉門不出容，謂之湎。」「容」，舊本作「客」。

【集說】

　　胡氏《考異》曰：注「閉門不出容。」案：「容」當作「客」，各本皆譌。陳云：「別本客。」今未見。

　　梁氏《旁證》曰：注「閉門不出客」。案：《初學記·酒》第十一引「《韓詩》曰：『齊顏色，均眾寡，謂之沉；閉門不出者，謂之湎。』」又《饗宴第五》引「《韓詩外傳》曰：『閉門不出客，謂之湎。』」引書前後不同，而此處之脫誤可證。

　　高氏《義疏》曰：《韓詩章句》。《初學記·器物部》引作「齊顏色，均眾寡謂之沈；閉門不出者，謂之湎。」《禮部》下引下句作「《韓詩外傳》曰：『閉門不出客，謂之湎』」，《詩·蕩》釋文引《韓詩》同。則本注各本作「不出容」，「容」乃「客」字之譌。今依陳氏、胡氏校改。《初學記》作「者」，亦誤。「《外傳》」，又「《內傳》」之誤也。盧文弨《釋文考證》謂當從宋本作「容」，非是。

【疏證】

　　明州本、贛本、尤本、建本誤同。奎本作「客」。謹案：本書張景陽《七命》「玄石嘗其味」善注引《韓詩章句》作「客」。又作「齊顏色，均眾寡，謂之流」，與本條亦不同。《初學記·饗燕第五》「敘事」引《韓詩外傳》「閉門」云云，上有「飲者」二字，亦作「客」字。胡、梁、高三家說皆是。明州本首誤，贛、尤本等遞相踵之。毛本當誤從尤本等，陳校當據本書內證等

正之。

淇洹之筍 善曰：杜預《左氏傳注》曰：水出洹汲郡。汲即衛地也。洹，或為園。洹，音垣。

【陳校】

注「洹，音垣」。「垣」，舊刻作「桓」。

【集說】

朱氏《集釋》曰：注又云：「洹，或為園」，蓋音相近也，疑當作「園」。

【疏證】

奎本、明州本、尤本、建本同。贛本亦作「垣」「音」上脫「洹」字。謹案：《重修廣韻·元部》：「洹，水名，亦縣名，在相州。又音桓。」《廣韻·桓部》：「洹，水名，在鄴。又于元切」。是洹有二音：一音桓，胡官切；一音垣，即「于元切。」此處既引《左傳》，自當作「桓」，蓋《左傳》注正作「桓」。《春秋左傳注疏·成公十七年》：「初，聲伯夢涉洹」注：「洹水出汲郡」音義：「洹音桓。一音恒（怛），今土俗音袁。」今作「垣」者，蓋避宋（欽宗桓）諱改。《禮部韻略·二十二元》「垣」：釋云：「垣，墻也。……又廟諱胡官切，不收。」又「洹」：「水名」，釋云：「水在齊魯閒。又廟諱胡官切不收。」皆其證。正德本、奎本正文「洹」下有音注「桓」，是五臣音與善音實同。陳校是也。朱氏《集釋》云云，是偶疏於「洹」有二音矣。

其軍容弗犯……歌鍾析邦君之肆 劉注：悼公得二肆而賜魏縫一肆，故諸侯歌鍾析邦君之肆也。

【陳校】

注「故諸侯歌鍾」。「諸侯」當作「謂之」。

【集說】

胡氏《考異》曰：注「故諸侯歌鍾析邦君之肆也。」陳曰云云。袁本亦誤。茶陵本脫此注，非。

梁氏《旁證》曰：陳曰云云。

高氏《義疏》曰：「故謂之歌鍾。」袁本、尤本「謂之」作「諸侯」誤也。今依陳氏、胡氏校改。

【疏證】

尤本誤。奎本作「謂之」。明州本、贛本脫此注。謹案：事見《國語・晉語七》，然此是劉注敘述之語，上文既有「管敬仲相桓公九合諸侯，魏縫輔晉悼公七合諸侯，故謂之元勳配管敬之績也」云云，故陳校據上下文勇改「諸侯」為「謂之」，得與奎本密合。贛本則茶陵本之宗祖耳。

閒居隘巷……則干木之德自解紛也　劉注：《呂氏春秋》曰：司馬康諫曰：無乃不可加乎兵。

【陳校】

注「無乃不可加乎兵？」舊本「乎兵」二字，乙。

【集說】

胡氏《考異》曰：注「無乃不可加乎兵」。案：「乎兵」當作「兵乎」，各本皆倒。陳云「別本兵乎。」今未見。

梁氏《旁證》曰：今《呂氏春秋・期賢篇》「加乎兵」作「加兵乎」。

高氏《義疏》曰：「不可加乎兵」。胡曰：「乎兵，當作兵乎」云云。

【疏證】

奎本以下諸六臣合注本、尤本悉倒。謹案：事見《呂氏春秋・期賢》，正作「兵乎」。《新序・雜事》篇同，《太平御覽》卷三百二十七引《呂氏春秋》亦同。本書王子淵《四子講德論》「魏文有段干田翟」注引亦作「兵乎」。毛本當誤從尤本等，陳校當從《呂氏春秋》、本書內證等乙正之，其所謂「舊本」，未知為何本。

辯榮枯……張儀張祿亦足云也　劉注：《史記》：楚相忘璧。

【陳校】

注「楚相忘璧。」「忘」，舊本作「亡」。

【疏證】

奎本以下諸六臣合注本、尤本悉作「亡」。謹案：事見《史記・張儀列傳》，正作「亡」。《記纂淵海》卷六十八、六十九兩引作「亡」。《白孔六帖》卷四十五「掠笞」注、卷四十七「執為盜璧，誰辨張儀」注兩引作「亡」。此毛本獨因音近而誤，陳校當從尤本等正之。

摧惟庸蜀……句吳與黿鼉同穴　善曰：《世本》曰：吳孰姑徒句吳。

【陳校】

注「吳孰姑徒句吳。」「徒」，疑當作「徙」。

【集說】

梁氏《旁證》曰：注「徙」，或誤作「徒」。

【疏證】

明州本、贛本、建本誤同。奎本、尤本作「徙」。謹案：《史記·吳太伯世家》「王壽夢卒」索隱引《系本》作「徙」。「《系本》」即「《世本》」，避唐諱也。方以智《通雅》卷二十引《世本》作「徙」。然則，「徒」，當「徙」之誤。毛本當誤從贛本、建本等。本條，今坊本《旁證》誤係下文「秦餘徙帑」句下。

宵貌蕞陋　善曰：《左氏傳》曰：蕞爾小國。杜預曰：蕞爾，小貌也。

【陳校】

注「蕞爾小國。」舊本無「小」字。

【集說】

胡氏《箋證》曰：《左·昭七年傳》：「抑諺曰：蕞爾國。」無「小」字。此引有之，當是古本。本書《太子宴玄圃詩》「蕞爾小臣」，善注引與此同。《論衡》「抑諺曰：蕞爾小國」，亦有「小」字，足證今本之誤。

王煦《拾遺補編》曰：此乃《左·昭七》文。「小」字衍。

高氏《義疏》曰：善注引《左傳》，見《昭七年》：「諺曰：蕞爾國」，無「小」字。胡紹煐曰：「此引有之」云云。步瀛案：《論衡》，見《死偽篇》。

【疏證】

奎本以下諸六臣合注本、尤本悉有「小」字。謹案：語見《春秋左傳注疏·昭公七年》：「抑諺曰：蕞爾國」注：「蕞，小貌」。本書陸士衡《皇太子宴玄圃宣猷堂有令賦詩》「蕞爾小臣」注、嵇叔夜《養生論》「夫以蕞爾之軀」注引並有「小」字。當從後胡說，古本《左傳》有之，今本脫爾。毛本當從尤本等，不誤。陳此處所謂「舊本」，未知為何本。

或魋髻而左言……或明發而嬥歌 善曰：《爾雅》曰：嬥嬥契契。佻，或作嬥。

【陳校】

注「《爾雅》曰：嬥嬥契契」。「嬥嬥」，舊本作「佻佻」。

【集說】

胡氏《考異》曰：注「嬥嬥契契。」案：「嬥嬥」，當作「佻佻」，各本皆誤。陳云：「別本佻。」今未見。

梁氏《旁證》曰：「嬥嬥」，當作「佻佻」。朱氏珔曰：「按注云：『佻，或作嬥。音葦苕，一音徒了切。』是所引本作佻也。《爾雅·釋（文）[訓]》：《詩》云：『佻佻，獨行歎息也。』此引《詩》，即《大東》『佻佻公子』語。彼處《釋文》引《韓詩》作『嬥嬥』，故佻亦可作嬥。」

朱氏《集釋》曰：注又云：「佻，或作嬥。」案：今《釋訓》作「佻佻」如注語，是所引本作「佻」也。《爾雅·釋（文）[訓]》：「《詩》云：『佻佻，獨行歎息也。』」此引《詩》，即《大東篇》之「佻佻公子。」彼處《釋文》言：「《韓詩》作嬥嬥。」郝氏謂：「從兆从翟之字，古多通用。《周禮》『守祧』注，故書『祧』作『嬥』，亦其證矣。」

許氏《筆記》曰：「嬥歌」。此與注中引《爾雅》「嬥嬥契契」，皆當作佻。注又云：「佻，或作嬥」，是據別本兩存之。後人改「佻歌」為「嬥歌」，遂並改《爾雅》之文，大謬。《詩·大東》云「佻佻公子」，《釋文》：「佻佻，獨行貌。徒彫反，又徒了反。《韓詩》作嬥嬥，往來貌。音挑。」是佻與嬥，古字亦通。嘉德案：玩注則正文自作佻字。

高氏《義疏》曰：《爾雅》及郭注，見《釋訓》。本注「佻佻」，各本作「嬥嬥」。胡曰：當作「佻佻」云云。步瀛案：據下云「佻，或作嬥」，則此處作「佻佻」無疑。今校改。朱珔曰：「此引《詩》，即《大東篇》之『佻佻公子』」云云。

【疏證】

奎本以下諸六臣合注本、尤本同。謹案：「佻」、「嬥」雖通，然觀注「佻（奎本作「跳」，通），或作嬥」語，此處必作「佻佻」無疑。嘉德說是也。前胡、朱、高三家說亦是。毛本當誤從尤本等，陳此處所謂「舊本」，未知為何本。

善又曰：佻，或作嬥。音葦苕，一音徒了反。

【陳校】

注「音葦苕」。「葦」字疑衍。

【集說】

胡氏《考異》曰：注「一音徒了反。」袁本、茶陵本無此五字。案：袁本正文下有「徒了」音，茶陵本有「徒召」音，疑此或尤取五臣音添。非如其餘真善音被刪者也。非字，今坊本屬上，大謬

高氏《義疏》曰：胡曰：「袁本、茶陵本無此五字。案：袁本正文下有『徒了』音，茶陵本有『徒召』音，疑此或尤取五臣音添。」步瀛案：此亦意測，不足信也。

【疏證】

尤本同。明州本、贛本、建本作「葦苕」。奎本無「葦（葦）」字。謹案：陳校恐非。葦，非衍字，乃「佻」音之反切上字。陳校之誤，蓋未悟「葦苕」下，蓋因下文而省一「反」字耳。毛本當從尤本，陳校即便有奎本可據，亦不能以葦（葦）為衍字矣。「一音徒了反」，奎本以下諸六臣合注本並無此五字。前胡「疑此或尤取五臣音添」，亦非。高說是。

因長川之裾勢　劉注：長川裾埶，謂吳也。善曰：据埶，依据川之形埶也。据，古據字。九御切。

【陳校】

「因長川之裾勢」。「裾」，舊本作「据」。注同。

【集說】

孫氏《考異》曰：何校「裾」改「据」。志祖按：呂向注「裾如衣以為要勢」，蓋五臣本作「裾」耳。

胡氏《考異》曰：何校「裾」改「据」，注同。案：所校是也。善「据」，五臣「裾」，此及袁、茶陵二本所載五臣向注皆有明文，各本亂之，而失著校語。

梁氏《旁證》曰：六臣本「之」作「而」。何校「裾」改「据」，是也。按李注當作「据」，向注作「裾」，皆有明文。

胡氏《箋證》曰：按：依注，則善本作「据」。向注「裾，如衣以為要勢」，

是作「裾」為五臣本。又按：《漢書・揚雄傳》注引晉灼「据，今據字也。」與善注異。

　　許氏《筆記》曰：注「裾」，古「據」字。《史記・司馬相如傳》「据以驕驁」，《漢書・司馬傳》「裾以驕驁」、《酷吏傳》「禹為人廉裾」，皆讀與「据」同。嘉德案：晉灼曰：「据，今據字。」何校改「裾」為「据」，然《史》、《漢》「裾」、「据」同用，不改亦是。

　　高氏《義疏》曰：尤本「据」作「裾」，胡克家曰云云。胡紹煐曰：「按：依注，則善本作据。向注：裾，如衣以為要勢。是作裾為五臣本。」許異行曰云云。許嘉德曰云云。案：「裾」、「据」雖通，然善本自當作「据」。又「之据勢」。五臣「之」作「而」。

【疏證】

　　諸《文選》本悉作「裾」，奎本以下諸六臣合注本無校語。謹案：段注《說文・手部》：「據，或作据。《漢書・揚雄傳》：『三摹九据』晉灼曰：『据，今據字也。據，猶位也，處也。』何氏《公羊傳注》據，亦皆作据。是假借『拮据』字。」段引《漢書》晉灼注，證据為據之古字，許異行則據《史、漢》證裾為據之古字。然則，三字並可通假。然五臣作「裾」，向注可證。善注「据，古據字」，足證善本為「据」。尤本蓋以五臣亂善，毛本當誤從尤本等。陳、何校則據善注改作「据」，故二胡、梁、高等皆以陳、何為是矣。二許異行說非也。

吳蜀二客，矆焉相顧　劉注：矆，懼也。《左傳》曰：駟氏矆懼。善曰：張以懗，先壠反，今本並為矆。矆，大視也，呼縛反。

【陳校】

　　「矆」，當作「懗」。注同。韓文公《順宗實錄》中有「朝中懗懼」語，祝充注引《左傳》「駟氏懗懼」以釋之。此賦注與今本《左傳》作「聳」不同，並《釋文》所未採也。

【集說】

　　顧按：《春秋傳》曰：「駟氏懗」。見《說文》。

　　胡氏《考異》曰：陳云：「矆，當作懗，注同。」案：所說是也。袁本、茶陵本云：善作「懗」。載注：「《春秋傳》曰：駟氏懗。」各本作「駟氏懗懼」，甚誤。《說文・心部》「懗」下，引「《左氏》『駟氏懗。』」《集韻・二腫》載懗、

慫、悚三形。慫字即本此,可為證也。尤以五臣亂善,非。又二本「載注」云云,亦誤與此同。於其校語不相應,甚非。不更出。

梁氏《旁證》曰:陳云:「矖,當作慫。」是也。按李注明言「張以慫先壠反。今本並為矖也」。五臣作「矖」,向注可證。又曰:「注《春秋傳》曰:駟氏慫慄。」胡公《考異》曰:「當作駟氏慫。《說文·心部》慫下,引左氏『駟氏慫。』《集韻·二腫》載慷、慫、悚三形。慫字即本此。」顧千里曰:「案:此字,張雙聲不省,與《漢書·刑法志》慫之以刑,用字正同,亦雙聲不省。六臣本校語皆云:善本作「慫」,是張相傳作慫,無疑也。其許氏作慫而雙省聲者,非張所用。注中不引《說文》,即其明證矣。《集韻》分載慷、慫,未並而一之,最是。」姜氏皋曰:「《說文》:『慫,懼也。從心、雙省聲。《春秋傳》曰:駟氏慫。』從雙省聲,是與竦字音義相近。且《左氏·昭十九年傳》本作:『駟氏竦』。《釋文》:『竦,息勇反,懼也。』是竦、慫二字本同。又《左氏·昭六年傳》:『竦之以刑。』《漢·刑法志》引作『慫之以行。』晉灼曰:『慫,古竦字。』是悚、慫皆同於竦。注多一懼字,當因《左氏傳》『駟氏懼』句而衍耳」。

朱氏《集釋》曰:如李氏說,則張注作「慫」,蓋本之《說文》。《說文》:「慫,懼也。從心、雙省聲。」引此《傳》亦作「慫」。《傳》文見《昭公十九年》,今本作「竦」。段氏謂:「後人所易也。又《昭六年傳》『竦之以行』,《漢書·刑法志》引之作『慫』。晉灼曰:『古悚〔竦〕字。』慫,本從雙省。〔按〕《漢書》雙,不省(耳)。」余謂:慫與竦,音義皆近,故「慫」亦作「竦」。《說文》:「竦,敬也。」敬則懼。《詩·長發》「不戁不竦」毛《傳》:「竦,懼也。」《家語·弟子行》用《詩》語「不戁不悚」,注亦云:「悚,懼。」則通作「悚」。本書《長楊賦》「整輿竦戎」,注云:「竦與竦古字通」,是又通作「竦」。《方言》:「竦,悚也。」《集韻》:「悚與慷、慫同。」《一切經音義》:「竦,古文竦、慫、慫三形。」然則,悚者,慫之或體,竦者,悚之借字也。此處作「矖」,當因涉次句「瞵」字從目而誤。注中下「懼」字衍。

徐氏《規李》曰:「慫焉相顧」自注:「慫」,刻本譌「懼」。注「《左傳》曰:駟氏慫。」案:今《左氏》作「竦」。《說文》引《左》作「慫」。

胡氏《箋證》曰:如善注,則張本作「慫」,引《春秋傳》同。今《昭十九年傳》作「竦」。又《昭六年傳》「竦之〔以〕行」,《漢書·刑法志》作「慫」。

「懼」、「竦」古今字。《說文》：「惷，懼也。从心、雙省聲。《春秋傳》曰：『駟氏惷。』」从雙省聲。則讀若竦矣。《左·昭十九年傳》釋文：「竦，息勇反」，是惷同竦。今本作「矐」，讀呼〔縛〕反，則音、義俱非也。

　　許氏《筆記》曰：又注：「矐，懼也。《左傳》曰：『駟氏左目右上瞿下又懼。』」此亦妄人所改也。善曰：「張以懼，先壠反，今本並為矐。」然張本為「懼」，今本為「矐」，音義各殊。今牽合為一，遂並改《左傳》之文，其謬甚矣。玩李氏云：「矐，大視也」者，蓋以證非「惷懼」之意，而明今本作「矐」譌耳。張引《左傳》作「懼」，《說文》引《左傳》作「惷，从心、雙省聲。」今本《左傳》作「竦」，《西京賦》又作「慫」，此又古今字之別也。嘉德案：茶陵本云：善作「懼」，是張、李並為「懼」，五臣乃作「矐」。

　　高氏《義疏》曰：「懼」，諸本皆作「矐」。胡克家曰：「陳云：『矐，當作懼』……可為證也。」朱珔曰：「《說文》：惷，懼也……當因涉次句矐字从目而誤。善注，今本並為矐。」胡紹煐曰：「《說文》：『惷，懼也。从心、雙省聲。』則讀若竦。《左·昭十九年傳》釋文：『竦，息勇反。』是惷同竦。今本作矐，讀呼〔縛〕反，則音義俱非也。」許巽行曰：「李氏云：『矐，大視也』者，蓋以證非惷懼之意，而明今本作矐譌耳。」

【疏證】

　　五臣正德本、陳本及尤本同。奎本、贛本同，有校云：善本作「懼」。明州本、建本同，校云：善作「懼」。謹案：「懼」、「竦」古今字、「惷」與「竦」同，三字與「矐」音、義俱異，後胡辨之甚明。檢《玉篇·心部》：「懼，驚也。」「懼」即「懼」。《戰國策·魏策三》：「秦王懼然曰：國有事」云云，鮑氏本作「懼」。吳師道補曰：「姚本作懼」，是其證。據《廣韻·江韻》：「懼，懼也。」《集韻·腫韻》：「惷，或作懼」，是「懼」亦同「惷」也。五臣作「矐」，向注可證。善注「懼」，則善注云：「張以懼先壠反。今本並為左目右上瞿下又」是為明證。前胡、梁氏言之亦詳。毛本當誤從尤本等，陳校則據善注以正之。朱引玄應《一切經音義》，見卷十五。高引善注「今本並為矐。矐，大視」，誤刪一「矐」字，蓋因誤會朱珔末句「注中下懼字衍」之校正耳。洪氏《讀書叢錄》卷十一「矐焉」條，引文並劉、李二家注後，案曰：「今本《左氏傳》作『竦懼』。《說文》引《春秋傳》曰：『駟氏惷懼』，正與張注合，李善本作『矐』，是後人所改。」洪「後人所改」，實同前胡、段氏諸家。

神惢形茹 善曰：惢與蘂同，而禮切。《說文》曰：惢，心疑也。亦而髓反。

【陳校】

注「而禮切」。舊本作「而髓反」、無下「亦而髓反」四字，為是。

【集說】

胡氏《考異》曰：注「而髓切」。袁本、茶陵本「而」上有「並」字，是也。又曰：注「《說文》曰：惢，心疑也。亦而髓反」，袁本、茶陵本無此十一字。

【疏證】

尤本同。奎本、明州本、建本作「惢與蘂同。並而髓反」。贛本作「惢與蘂同」，無「而髓切」以下十四字。謹案：當以奎本、明州本、建本三本及前胡校為是。毛本當誤從尤本，陳校保留「《說文》」以下七字，亦非，蓋復引《說文》「心疑」說，與善注上引「《字書》曰：蘂，垂也，謂垂下也」云云，義不合。

兼重恈以貽繆 善曰：廣倉曰：恈，用心並誤也。方奚反。

【陳校】

注「廣倉曰」。「廣」，疑作「埤」，否則「《廣雅》」之誤。余氏《音義》、姚氏《筆記》

【集說】

葉刻：何曰：「廣，疑作埤，否則《廣雅》之誤」。

余氏《音義》曰：何曰：「陳校：廣，疑作埤，否則《廣雅》之誤。」案：《隋·經籍志》注曰：「梁有《廣倉》一卷，樊恭撰。亡。」善注或從諸書散見引出，或私有其本，不當疑為「《埤倉》」、「《廣雅》」。

張氏《膠言》曰：李注引「《廣倉》曰：恈，用心並誤也。」何氏義門曰云云。葉樹藩云：「《隋經籍志》注云：『梁有《廣倉》，樊恭譔。』是實有其書，何氏疑其誤，豈未深考耶？」雲璈按：《隋經籍志》明云「《廣倉》已亡」，則隋時已無其書，不知李氏何從據而引之？此何氏所以疑之也。余蕭客云「李氏或從諸書散見引出，或私有其本」，亦揣度之辭耳。

梁氏《旁證》曰：張氏雲璈曰：「葉樹藩以《隋經籍志》注有『《廣倉》梁樊恭譔』，何校『廣疑作埤』者，誤。不知《隋志》明云『《廣倉》已亡』，何氏所以疑之也。」

姚氏《筆記》曰：陳少章云：「廣倉」云云。余按：如引《廣雅》，當作「諈」。㹴，誤也。《廣雅》作「諈」，無「㹴」。【此條據續修本更正——出版時刪去本注】

徐氏《糾何》曰：何曰云云。案：《隋·經籍志》：「梁有《廣倉》一卷。樊恭撰。」

許氏《筆記》引何校及「案」，全同徐《糾何》。

高氏《義疏》曰：何焯曰云云。葉樹藩曰云云。郝懿行校《文選》及梁章鉅、許巽行說並同。張雲璈曰「《隋經籍志》明云《廣倉》已亡」云云。步瀛案：義門偶爾失考，殊不足病。仲雅曲為之說，非是。《隋志》不載而《新、舊唐志》載者亦有之，余（蕭客）說是也。

【疏證】

奎本、尤本引善注同。明州本、建本已脫「《廣倉》」以下九字，贛本則並「方奚反」三字亦去之。謹案：毛本當從尤本等。高云「義門偶爾失考」，是。據余氏《音義》，何說蓋取陳校。《廣雅·釋詁三》：「諈，誤也」。字即「紲」。《集韻·脂韻》：「諈，錯繆也。或从心，通作紲。」如從姚說，則善注當為：「《廣雅》曰：『諈，誤也。』諈，用心並誤也。方奚反。」如此，善注「用心並誤」語，始有着落，故姚說亦可備參考。本條未見周鈔。

先生玄識……匪同憂於有聖 善曰：王弼《周易注》：不與聖人之憂憂，憂君子之道不有長。

【陳校】

注「不與聖人之憂憂，憂君子之道不有長。」按：今本《周易》王注中，無此文，又舊本少一「憂」字。「之」下有「同」字。

【集說】

胡氏《考異》曰：注「王弼《周易注》曰。」袁本「弼」作「肅」。茶陵本亦作「弼」。案：「肅」字最是。陳云：「今本《周易》王注中，無此文。」乃未知善固引肅注耳。又曰：「注不與聖人之憂。」案：「不與」二字，不當有。各本皆衍。

張氏《膠言》曰：按今本《周易》注無此文，當是王肅注。

梁氏《旁證》曰：六臣本「弼」作「肅」，是也。陳曰：「今王弼注無此文。」按：王弼注《易》不及《繫辭》，相傳以韓康伯注續。又，「不與」二字不當有，各本皆衍。

姚氏《筆記》曰：注引「王弼《周易》注」云云。按今本《周易》無輔嗣此注，而《繫辭》康伯注，亦不見此文。以是知今本脫失也。尋其詞意，亦不類王、韓注。

高氏《義疏》曰：善引王肅《周易注》，尤本、茶陵本、毛本皆作「王弼」，非也。今依袁本。梁曰：「王弼注《易》不及《繫辭》」云云。又，「聖人之憂」上，各本有「不與」二字，誤衍。今依胡氏校刪。

【疏證】

奎本作「肅」，作「憂君子之道不長」。明州本、贛本、尤本、建本作「弼」，餘同奎本。謹案：毛本當從尤本等，尤本則從明、贛二本耳。陳校不知善所引乃王肅注，蓋亦未檢袁本，彼所謂「之」下有「同」字之「舊本」，亦未知為何本。奎本亦袁本之遠祖。「不與」，不同也，此二字，與下「至於乾坤，簡易是常，無偏於生養，無擇於人物，不能委曲與彼聖人同此憂之」文義相承接，況為各本所有，故不當從前胡、梁、高三家刪去也。

抑若春霆發響而驚蟄飛競，潛龍浮景而幽泉高鏡　善曰：猶春霆響驚蟄，紛然而競飛；龍彩幽泉，煥然而照也。

【陳校】

注「龍彩幽泉」。「彩」下似脫「浮」字。

【集說】

高氏《義疏》曰：善注「猶春霆」四句，疑有舛誤字。

【疏證】

奎本、明州本、尤本、建本同。贛本無「響」字。謹案：毛本當從尤本等，陳校未免臆測，還以高校謹慎為得。

雖明珠兼寸　劉注：《太史書》曰《田敬仲世家傳》曰。

【陳校】

注「《太史書》曰」。舊本無「曰」字。

【集說】

　　胡氏《考異》曰：注「太史書曰：田敬仲世家傳曰」。案：「書」上當有「公」字，下當無「曰」字。又「家」下當無「傳」字。各本皆誤。以此推之：疑凡載注皆稱「太史公書」，今多失其舊也。

　　梁氏《旁證》曰：胡公《考異》曰：「書」上當有「公」字，下當無「曰」字……各本皆誤。

　　高氏《義疏》曰：各本無「公」字，「書」下有「曰」字，「家」下有「傳」字。今依胡氏、梁氏校改。

【疏證】

　　奎本以下諸六臣合注本、尤本「書」下悉衍「曰」字同。謹案：事見《史記‧田敬仲完世家》。依善注例，此處「書」下不得有「曰」字。毛本當誤從尤本等，陳校是。

文選卷七

甘泉賦一首　*揚子雲*

奏甘泉賦以風　*善曰：《毛詩序》曰：下以風刺上。音諷。不敢正言謂之諷。*

【陳校】

「奏甘泉賦以風」。舊本有「音諷」二字。注「下（此）〔以〕」二字，舊本無。

【集說】

高氏《義疏》曰：《毛詩‧關雎序》釋文曰：「下以風。福鳳反。」與「諷」音同。

【疏證】

奎本、明州本、尤本、建本同。贛本正文「風」下，獨有「音諷」二字，注中無此二字。五臣正德本、陳本正文下無注「音諷」字。謹案：陳校此處「舊本」當謂贛本，蓋陳此校描述，惟合贛本及其翻刻本。李善本「音諷」二字，當在注中，否則，下「不敢正言謂之諷」句之「諷」無着落。毛本當從尤本等，陳校乃述「舊本」，備異聞。《廣韻‧送聲》：「諷，方鳳切。諷刺。」又：「風，上同。見《詩》。」「上同」者，即指「諷」字。諷，舊讀方鳳切，去聲，與「風，福鳳反」同，故高氏謂「與諷音同」也。

霧集而蒙合兮 善曰：《爾雅》曰：天氣下，地氣不應，曰霧。霧與蒙同。

【陳校】

注「地氣不應，曰霧。」舊本（雨）〔两〕「霧」並作「雺」。

【集說】

胡氏《考異》曰：注「地氣不應曰霧。霧與蒙同」。陳云：「別本兩霧字，並作雺。」案：今未見。考《爾雅·釋文》：「雺，或作霿，字同。亡公、亡候二反。」善引即「或作」而讀「亡公反」也。

張氏《膠言》曰：李注引「《爾雅》天氣下」云云。按《爾雅》云：「天氣下，地不應曰雺；地氣發，天不應曰霧。」疑李誤引。然何義門以宋本校之，本是「雺」字，後人誤刻「霧」字也。是賦中「蒙」字當為「雺」字之譌。

梁氏《旁證》曰：今《爾雅》無下「氣」字，「霧」作「雺」。《釋文》：「雺，或作霿，字同。」朱氏珔曰：「《爾雅》天氣下」云云。

朱氏《集釋》曰：案：今《爾雅》：「天氣下，地不應，曰雺；地氣發，天不應曰霧。霧謂之晦。」霧字，《說文》所無。《釋文》云：「本亦作霿。」則「霧」為「霿」之俗字。後顏延年《北使洛》詩注引《爾雅》「霿謂之晦。」是所見本不誤也。雺或作「蒙」者，今《尚書·洪範》「曰蒙」孔疏云：「雺，聲近蒙」，又「雺為氣連蒙闇，其義通也。」此注既誤以「天氣下」為「霧」，下又云「霧」與「蒙」同。合兩字為一，使正文「霧」與「蒙」淆混，即「霧」本作「雺」，亦未免偏舉。當云：「《爾雅》：天氣下，地不應曰雺，蒙與雺同。地氣發，天不應曰霿，霧與霿同。」《漢書·揚雄傳》顏注：「霧，地氣發也，蒙，天氣下也」，固自分明。

胡氏《箋證》曰：善引當亦作「雺」，故云「雺」與「蒙」同。作「霧」，則與「蒙」音、義並殊矣。《爾雅》「地氣發，天不應曰霧。」《釋文》亦作「霿」，此即賦文「霧集」之「霧」。善以「霧」字人所易曉，故不引《爾雅》。其引「《爾雅》」云云者，正謂此「蒙」即「雺」，校書者不察，而誤改注之「雺」為「霧」耳。

許氏《筆記》曰：案：《爾雅》：「天氣下，地不應曰雺，蒙與雺同。地氣發，天不應曰霧」。《說文》：「天氣下，地不應曰霿。地氣發，天不應，曰霚。」鉉曰：「今俗從務，籀文霚，省作雺。」《爾雅》釋文：「雺，或作霿。字同，亡公、亡候二反。霧，亡弄反，又亡付反。《字林》作霚，本亦作霿。」諸字

混淆。今據此賦，則「霚」即《說文》之「霿」，亡付反；「蒙」即《爾雅》之「霿」，與《說文》之「霿」同，亡公反。當為定論。嘉德案：《說文》「霚」、「霿」同字，「霚」即今之「霧」字。「霿」，《釋文》作「蒙」，《開元占經》引作「濛」，皆或體也。

高氏《義疏》曰：《爾雅》見《釋天》。各本注「霿」誤作「霧」，遂與《爾雅》不合。張雲璈曰：「何義門以宋本校之，本是霿字，後人誤刻霧字也。」朱珔曰云云。胡紹煐曰云云。步瀛案：胡氏校是也，今據改。又案：朱氏、胡氏以「霿」為「蒙」是也，而以「霿」為「霧」，則亦未是。《說文》「霚」下曰：「地氣發，天不應曰霚。籀文作霿。」步瀛案：「曰霚」二字，依段注本增。又「霿」下曰：「天氣下，地不應曰霿。霿，晦也。」徐鉉曰：「霚，今從務。亡遇切。霿，莫弄切。」徐鍇《繫傳》曰：「霚，今俗作霧，勿赴反。霿，《爾雅》作霿，悶諷反。」是《說文》之「霚」，即《爾雅》之「霧」，《說文》之「霿」，即《爾雅》之「霿」。然《說文》霿字為霚之籀文，而《爾雅》借為「霿」。以霿從㡱聲，霚從秝聲，秝從矛聲，霿，亦從矛聲，故可相借也。《玉篇》曰：「霚，武功、武賦二切，天氣下，地不應也。霿，同[上]。霿，武賦切，地氣發，天不應也。」「霧」同「霿」、「霚」、「霿」三字遂溷。《字林》因之，《爾雅》釋文因之，於是以「霿」為「霧」，以「霚」為「蒙」，遂致《爾雅》、《說文》訓義相反。此非《爾雅》、《說文》之兩歧，實由後人之誤解耳。然《爾雅》、《說文》實亦不免疑義。據《雅》，則「霿」當同「霿」；據許，則「霿」當謂「晦」。故桂馥謂「霿」當依《廣韻》與「霿」同，非「霚」之籀文。此改《說文》以就《爾雅》者也。步瀛案：《廣韻·一東》「霿」字下曰：「天氣下，地不應曰霿。莫紅切。又，莫侯切。」霿，霚並同。《十八尤》「霿」字，《一送》「霿」字，解並同。《十遇》「霧」字下引《爾雅》，又謂：「霚同，見《說文》。」是「霚」字同「霧」，又同「霿」，實為混淆。若於「霿」字下但云「霿同」，刪去「霚並」二字，則合矣。段玉裁曰：「霚，讀如務。霿，讀如蒙。霚之或體作霧，霿之或體作蒙」，引「《釋天》曰：天氣下，地不應曰霿。霿謂之晦。」王筠亦謂「《釋天》『霧謂之晦』，當在『天氣下地不應曰霿』之下。」此又改《爾雅》以就《說文》者也。至於蒙、霧之分，《釋名·釋天》曰：「蒙，日光不明，蒙蒙然也。」《開元占經》卷一百一「蒙」，作「濛」，引郗萌曰：「在天為濛，在人為霧。日月不見為濛，前後人不相見為霧。」蒙、霧之別，於此可見矣。

【疏證】

　　奎本以下諸六臣合注本、尤本悉同。謹案：許說蓋亦高氏所參。霿，亡遇切，與霖、霧同；亡公反，與霾、蒙同。是霿與霖、霧、霾三字同。毛本從尤本等，陳、何校亦聊備異聞而已。從修辭言，文本「天氣下」、「地氣發」相應，下字既借用「霾」之或體「蒙」，則上字亦當借用「霖」之或體「霧」，皆不出「霿」為宜。

流星旄以電爛兮，咸翠蓋而鸞旗　善曰：蔡邕《獨斷》曰：天子出，前驅有鸞旗者，編羽毛，列繫橦傍。

【陳校】

　　注「列繫橦傍」。「橦」，舊本作「幢」。

【疏證】

　　奎本、尤本同。明州本、贛本、建本作「幢」。謹案：今本《獨斷》作「橦」。《御覽》卷六百八十一引《獨斷》作「幢」。今本《漢書·賈捐之傳》「鸞旗在前」顏注作「橦」。王應麟《玉海·車服》引《漢書·賈傳》顏注作「幢」。「橦」與「幢」，音同義近，因得通也。《後漢書·馬融傳》「揭鳴鳶之脩橦」章懷注：「橦者，旗之竿也。」毛本當從尤本，陳校亦備異聞。

忽坱圠而無垠　善曰：軮軋，廣大貌也。《服鳥賦》曰：軮軋無垠。坱，烏朗切，圠，烏黠切。

【陳校】

　　「忽坱圠而無垠。」《漢書》作「軮軋」，五臣本同。

【集說】

　　余氏《音義》曰：「坱圠」。五臣作「軮軋」。

　　胡氏《考異》曰：注「軮軋」。袁本、茶陵本「軮軋」作「坱圠」，下「軮軋無限」同。案：二本是也。正文善「坱圠」及音，皆可證。

　　梁氏《旁證》曰：五臣「坱圠」作「軮軋」，向注可證。《漢書》作「軮軋」。按：注中兩「軮軋」字，當作「坱圠」，方與正文合。

　　許氏《筆記》曰：「坱圠」。《漢書》作「軮軋」。《服鳥賦》作「坱圠」。

　　高氏《義疏》曰：五臣「坱圠」作「軮軋」，與《漢書》同。注「坱圠」作「軮軋」，與正文不合。本書《鵩鳥賦》亦作「坱圠」。今依胡克家校改。

【疏證】

尤本文並注引同。奎本、明州本作「軮軋」，有校云：善本作「坱圠」。贛本、建本作「坱圠」校云：五臣作「軮軋」。五臣正德本、陳本作「軮軋」。謹案：五臣作「軮軋」，向注可證。「軮軋」，見《漢書·賈誼傳》，則五臣所從耳。善本為「坱圠」，則正文及善音並已明。《藝文類聚》卷九十二引、《古今事文類聚》後集卷四十七引賈《賦》、本書《服鳥賦》並作「坱圠」。毛本注中「軮軋」與文不合，蓋誤從尤本。陳校則備異聞。前胡說是也。

鬼魅不能自逮兮　善曰：逮，及也。

【陳校】

「鬼魅不能自逮兮」。「逮」，《漢書》作「還」。

【集說】

余氏《音義》曰：「逮」，何曰：「《漢書》作還」。

姚氏《筆記》曰：何曰云云。

胡氏《箋證》曰：注「善曰：逮，及也。」《漢書》「逮」作「還」。顏注：「還，讀曰旋。或作逮。逮，及也。」王念孫曰：「作還者，遝之誤。遝與逮同，故一本作逮。遝之譌作還，猶鰥之譌為鰥。」紹瑛按：「逮」，書多作「遝」。《公羊·哀十四年傳》「祖之所逮聞也」，《漢石經》作「遝」。《墨子》書以「遝」為「逮」，古碑碣同。

高氏《義疏》曰：《漢書》「逮」作「還」。顏曰：「還，讀曰旋。或作逮。逮，及之也。」案：「之」字今本無，依《漢殘卷》本增。王念孫曰：「作還者」云云。胡紹煐曰：「逮，書多作遝」云云。

【疏證】

諸《文選》本悉同。謹案：後胡引王念孫以《漢書》「作還者，遝之誤」。近人孫貽讓亦用王念孫說。《墨子·迎敵祠》「城之外，矢之所遝」，《閒詁》云：「遝，舊本作還。王（念孫）云：『還，當為遝，謂矢之所及也。』」謹又案：《方言》卷三：「遝，及也。」《廣雅·釋言》同。《睡虎地秦墓竹簡·秦律·工律》：「遝其未靡，謁更其久。」《太尉劉寬碑》：「未遝誅討，其亂不旋。」皆王念孫說之證。然則，何校亦非矣。今檢王氏《學林·甘泉賦》：觀國案：「《漢書》作壁馬犀之瞵珉，《文選》作璧馬犀之瞵珉。蓋壁、璧二字其義迥

不同，故注釋者亦隨其字之義而訓之。……《甘泉賦》字不同者亦多。《漢書》曰：『不可乎疆度』，《文選》：『不可乎彌度』；《漢書》曰：『魂固渺渺』，《文選》曰：『魂渺眇』；《漢書》曰：『鬼魅不能自還』，《文選》曰：『鬼魅不能自逮』；《漢書》曰：『薌呹肹以棍根』，《文選》曰：『薌呹肹以堨批……』。然他皆可以假意而讀，唯「壁」、「璧」不可假意通用，而注釋者又各異，固不可不辨也。」觀王氏此節，是彼亦以為本條「逮」、「還」可假意通用，何校與之正同。豈王觀國案，即何校所宗歟？

浮蠛蠓而撇天　善曰：孫炎《爾雅》曰：蠛蠓，蟲。張楫《三蒼注》曰。

【陳校】

　　注「孫炎《爾雅》曰」。舊本「曰」上有「注」字。又「張楫」，舊本作「張揖」。

【集說】

　　胡氏《考異》曰：注「孫炎《爾雅》曰」。何校「曰」上添「注」字。陳云「別本有。」

　　梁氏《旁證》曰：何校「雅」下添「注」字。

　　高氏《義疏》曰：孫炎《爾雅注》。原脫「注」，依何、陳校增。

【疏證】

　　奎本、明州本、建本、尤本悉脫「注」字、作「揖」。贛本獨有「注」字、亦作「揖」。謹案：《爾雅注疏·釋蟲》作「蠓，蠛蠓。」郭注：「小蟲。似蚋。」檢《隋書·經籍志一》：「《爾雅音八卷》」注：「梁有《爾雅音》二卷。孫炎、郭璞撰。亡。」疑即善所引者。本書司馬長卿《上林賦》「青龍蚴蟉於東箱」、張景陽《七命》「鷰髀猩脣」善並引「孫炎《爾雅注》曰」云云，皆有「注」字。陳校所謂「舊本」，當謂贛本，然本書內證或亦所據。《隋書·經籍志一》有「《埤蒼》三卷。張揖撰。亡。」「楫」，乃「揖」之誤，「三蒼」或「埤蒼」誤歟？「張揖」字，毛本每誤。蓋古人俗寫扌、木旁不分耳。

和氏玲瓏　舊注：玲瓏，明見貌也。

【陳校】

　　「和氏玲瓏」。《漢書》作「瓏玲」。五臣本同。此韻腳，不應同異，當乙。

【集說】

余氏《音義》曰：五臣作「瓏玲」。

孫氏《考異》曰：《漢書》作「瓏玲」。以韻求之，當從《漢書》。自注：五臣本亦作「瓏玲」。且《太玄經》云：「亡彼瓏玲」，《法言》云：「瓏玲其聲」，子雲固習用此二字。自注：昌黎詩用「瓏玲」字本此。

胡氏《考異》曰：袁本作「瓏玲」，云：善作「玲瓏」。茶陵本云：五臣作「瓏玲」。案：各本所見皆非也。陳曰云云。其說是也。……注「玲瓏，明見貌也」，亦當乙。《漢書》注可證。《太元》、《法言》皆有「瓏玲」，亦可互證。《法言》「玲」，作「瓅」。同字也。

梁氏《旁證》曰：六臣本「玲瓏」作「瓏玲」。按《漢書》正作「瓏玲」。此當從之乙轉。以韻求之，不容同異也。晉灼注謂「瓏玲，明見貌」，孟康注謂「瓏玲為聲」，顏注以晉說為是。李注意與之同。按《法言・五百篇》云：「瓏瓅其聲者，其質玉乎？」瓅與玲同。又《太玄・唐・次三》范望注云：「瓏玲，金玉之聲也。」據此，則孟說為長，且足見子雲之慣用「瓏玲」，是矣。

胡氏《箋證》曰：「玲瓏」二字誤倒。玲與傾、嶸、嬰、成為韻，當作「瓏玲」。後人順文改為「玲瓏」耳。《漢書》及六臣本正作「瓏玲」。善引晉灼注「瓏玲，明見貌」，而《漢書集注》孟康謂「瓏玲為聲」，師古從晉說。按：「瓏玲」本狀聲，亦可狀色。猶琳琅為聲，而本書《南都賦》「金銀琳琅」，則以為色，是其例矣。

許氏《筆記》曰：「玲瓏」，《漢書》作「瓏玲」，於韻為合。《法言》云：「瓏瓅其聲」，《太玄經》云：「亡彼瓏玲」。張衡《羽獵賦》云：「鸞旗瓏玲。」

高氏《義疏》曰：袁本校曰：瓏玲，善本作「玲瓏」。尤本、茶陵本作「玲瓏」。茶陵本校曰：五臣本作「瓏玲」。案：李善本作「玲瓏」者，蓋傳寫之誤。今正。許巽行曰：「瓏玲於韻為合」云云。

【疏證】

尤本並注同。贛本、建本並注同，校云：五臣作「瓏玲」。奎本、明州本作「瓏玲」，校云：善本作「玲瓏」。五臣正德本、陳本作「瓏玲」。謹案：《古今合璧事類備要》外集卷三注引「揚子雲《甘泉宮賦》」作「玲瓏」。《玉海》卷一百五十五、一百五十九則並作「瓏玲」。五臣作「瓏玲」，良注可證。善注亦作「瓏玲」，則由韻腳所決定。後胡謂「玲與傾、嶸、嬰、成為韻」，是矣。

宋・李劉《四六標準・代回林嘉定》：「玲瓏俊識」注：「《文選》……《甘泉賦》：『和氏瓏玲』，注：『瓏玲，明見貌。』玲，亦作瓏。《法言》：『瓏瓏其聲者，其質玉石乎？』」亦證《選》文、《法言》並「瓏」在「玲（瓏）」前。然則，此作「玲瓏」者，是傳寫誤矣。毛本當誤從尤本，陳校從押韻、《漢書》等乙正之，是也。

若登高眇遠，亡國肅乎臨淵　舊注：應劭曰：登高遠望當以亡國為戒，若臨深淵也。

【陳校】

　　「亡國肅乎臨淵」。《漢書》無「亡國」二字。

【集說】

　　余氏《音義》曰：「高眇」，五臣有「而」字。
　　孫氏《考異》曰：《漢書》無「亡國」二字。
　　胡氏《考異》曰：袁本「眇」下有「而」字，「遠」下無「亡國」二字，云：「善正文作登高眇遠亡國。」茶陵本云：「五臣作若登高而眇遠。」陳曰云云。今案：各本所見皆非也，注應劭曰「當以亡國為戒」者，但說賦意，非舉賦文也。傳寫善本，因注引應而誤添正文。又五臣衍「而」字。《漢書》亦無。
　　王氏《讀書志餘》曰：正文內「亡國」二字，後人所加也。應云「以亡國為戒」者，承上「璇室傾宮」言之，以申明「肅乎臨淵」之意。後人不審，輒與正文內增入「亡國」二字。「亡國肅乎臨淵」，斯為不詞矣。五臣本及《漢書・楊雄傳》皆無此二字。
　　梁氏《旁證》曰：六臣本「眇」下有「而」字，《漢書》無「亡國」二字。按：《漢書》應劭注「當以亡國為戒」，乃說賦意，非舉賦文。傳寫者因而衍耳。
　　姚氏《筆記》曰：何云：「《漢書》無『亡國』二字」。
　　胡氏《箋證》曰：王氏念孫曰：「亡國二字，後人所增入。」紹煐案：此涉應氏注而誤加耳。《漢書》及五臣本俱無此二字，是也。
　　許氏《筆記》曰：《漢書》無「亡國」二字，尋應劭注，疑《漢書》誤脫。嘉德案：胡謂：「注：亡國為戒，但說賦意，非舉賦文，因注增亡國，非。」與公校異。
　　黃氏《平點》：「亡國」二字，據《漢書》刪。不當斥言亡國也。

高氏《義疏》曰：尤本、茶陵本「遠」下有「亡國」二字，蓋因應劭注有「亡國」二字，轉寫既久，混入正文，非李氏原本所有也。今依王念孫、孫志祖、胡克家、梁章鉅、胡紹煐、許巽行諸家校刪。

【疏證】

尤本、五臣陳本同。贛本、建本同，校云：五臣作「若登高眇而遠」。奎本、明州本作「若登高而眇遠」，善注末有校云：「善本正文言：若登高眇遠亡國。」五臣正德本正作「若登高眇而遠」。謹案：《通志·揚雄傳》同《漢書》，無「亡國」字。陳、何校，但舉「《漢書》無」，不如前胡能揭破《文選》有「亡國」二字致誤之由為中肯綮。王念孫、孫、梁、後胡、嘉德，皆未能出其牢籠，惟黃氏從為文立意言，略有新意，可與助成之功焉。許巽行說，大非。當誤從《漢書》宋祁說。祁曰：「遠字下當有亡國字」。《義疏》之「許巽行」，當改「許嘉德」，方是。贛本是尤本所從，毛本則誤從尤本等。

狝桂椒而鬱栘披　善曰：《說文》曰：鬱，木聚生也……言回風碭駭，披散桂椒，又鬱眾栘楊也。

【陳校】

注「鬱眾栘楊也」。「眾」，舊本作「聚」。

【集說】

胡氏《考異》曰：注「又鬱眾栘楊也。」「眾」，當作「聚」。《漢書》注：「而栘楊鬱聚也。」可證。陳云：「別本聚。」

梁氏《旁證》曰：注「《說文》曰：鬱，木聚生也」，又「又鬱眾栘楊也。」今《說文》：「鬱，木藂生者」。此「聚」字恐誤。胡公《考異》曰「眾，當作聚……」可證。

高氏《義疏》曰：《說文·林部》：「鬱，木叢生也。」「叢」字亦作「藂」，各本誤作「聚」。今依梁章鉅校改。

【疏證】

奎本以下諸六臣合注本、尤本誤同。謹案：前胡以《漢書》注佐成陳校，其說是。毛本當誤從尤本等，陳校「舊本」，未知為何本。「藂」誤「聚」，復由「聚」誤「眾」。此梁校、高氏之說。蓋並不知「聚」與「藂」通。今檢《小爾雅·廣詁》：「聚，叢也。」《韓非子·揚權》：「欲為其國，必伐其聚；不伐

其聚，彼將得眾。」顧千里識誤云：「聚，當讀為藂。下句同。藂，與下文眾為韻。」人眾為聚，木集為藂，故「聚」與「藂」義同，顧云「讀為藂」，「藂」則「叢」之俗字，是音同矣，故得與下「彼將得眾」之「眾」為韻。然則，「聚」與「藂」通，明矣。

排玉戶而颺金鋪兮，發蘭蕙與瓊蘙　善曰：《長門賦》曰……司馬注《子虛賦》曰：瓊蘙似槀本。

【陳校】

　　注「司馬注《子虛賦》」。「司馬」下，當有「彪」字。

【集說】

　　余氏《音義》曰：何校「司馬注」。「馬」下增「彪」字。

　　胡氏《考異》曰：「《長門賦》曰」下至「瓊蘙似槀本」。袁本、茶陵本無此二十三字。

【疏證】

　　尤本同。奎本以下諸六臣合注本悉無注「《長門賦》曰」下至「瓊蘙似槀本」二十三字。謹案：本書《七發》「雜裾垂髾」注引「司馬彪《子虛賦》注曰」云云，可見陳、何增「彪」字是，《子虛賦》「芎藭菖蒲」注引正有「彪」字，亦可證。然彼「賦」下仍脫「注」字，豈尤本刓「彪」為「注」以就板式乎？毛本則當誤從尤本。奎本已無此二十三字注，未知尤本所據。

風潚潚而扶轄兮，鸞鳳紛其銜葳

【陳校】

　　「銜」，《漢書》作「御」，顏注：「或作銜。俗妄改也」。

【集說】

　　余氏《音義》曰：「銜」，何曰：「《漢書》作御，小顏注：或作銜，俗妄改也。」

　　孫氏《考異》曰：「銜」，《漢書》作「御」。顏注：「御，猶乘也。今書『御』字或作『銜』者，俗妄改。」

　　胡氏《考異》曰：陳曰云云。今案：五臣注作「銜」，有明文。善注不見此字，或未必與五臣同，但無可考也。袁、茶陵二本亦不著校語也。

梁氏《旁證》同陳校。

姚氏《筆記》同余氏《音義》。

許氏《筆記》曰：「銜葔」，「銜」，當作「御」，《漢書》作「御葔」。師古曰云云。嘉德案：五臣作「銜」。

高氏《義疏》曰：《漢書》「銜」作「御」。顏曰：「今書『御』字或作『銜』者，俗妄改也。」胡克家曰：「五臣注作銜，有明文」云云。步瀛案：《集義》亦作「銜」，曰：「鸞鳳紛然銜其車葔」。五臣注呂延濟曰：「言使疾風扶車轄，鸞鳳銜縹綏也。」……顏釋「葔」字與晉（灼）合，皆以為「綏」之通借字。吳先生曰：「御葔，連綿詞。」則與「葳葔銜著」略同。

【疏證】

奎本以下諸六臣合注本、尤本同。五臣正德本並濟注作「銜」，陳本並濟注則作「銜」。謹案：《漢書》作「御」。檢顏注曰：「御，猶乘也……今書『御』字或作『銜』者，俗妄改也。」御，既取「乘」義，其音必「牛倨切」。五臣濟注既曰：「言使疾風扶車轄，鸞鳳銜縹綏也」，既為奉命，其義必「含」，而非「進獻」，則「銜」字必音「戶監切」，與奎本、尤本諸本等善注作「銜」，音、義並同，蓋一字異體，而與《漢書》之「御」則為音、義並異之二字也。顏注，當初李善、及後之五臣並經參考，是六臣並不以顏注為然，故陳校祇可備異文，此不得以《漢書》改《文選》也。《文選》與《漢書》容有不同，顧千里持其說，有《考異》可按。不知何以此處猶豫如此。究其因，或在「銜」字有「牛倨」、「戶監」二音參上《西京賦》「尋景追括」條，若取「牛倨」，音同「御」，則為其俗字。然濟注義明非「乘」而取「含」，故可排除此種猜測。五臣陳本並濟注作「銜」，蓋從尤本或建本等改爾。諸家說中，高引吳汝綸以「御葔」為連綿詞，亦可備參考。蓋與下文「梁弱水之淵瀅兮，蹠不周之逶蛇」之「逶蛇」對偶為文，至為密切。

皋搖泰一 舊注：如淳曰：皋，挈皋也。積柴於挈皋頭，置牲玉於其上，舉面燒之，欲近天也。張晏曰：招搖、泰一，皆神名。善曰：搖，與遙同。

【陳校】

「皋搖泰一」。「皋」，《漢書》作「招」，五臣同。

【集說】

余氏《音義》曰：「皋」，《漢書》、五臣作「招」。

胡氏《考異》曰：「皋搖泰壹」。「皋」當作「招」。茶陵本作「皋」，云：五臣作「招」。今考《漢書》作「招」，善與之同。故如淳解讀作「皋」，張晏解「招」如字，而兩引之。不知者但據如解改為「皋」，而張解不可通矣。袁本作「招」，不著校語，可知非五臣與善異，所見當未誤。又曰：「注如淳曰」。袁本、茶陵本「曰」下，有「招作皋」三字。案：有者是也。尤因所見賦誤「招」為「皋」，遂刪此注以就正文，失之矣。

張氏《膠言》曰：如淳曰云云。張晏曰云云。胡中丞云：「皋當作招……袁本作招，不著校語。二本如淳曰下，有招作皋三字。有者是。尤延之所見賦誤招為皋，遂刪此注以就正文，失之矣。」

梁氏《旁證》曰：五臣作「招搖太一」，向注可證。《漢書》作「招繇泰壹」。胡公《考異》曰：「皋，當作招。《漢書》作招，善與之同。」

姚氏《筆記》曰：何云：「皋，《漢書》作招。」

朱氏《集釋》曰：「皋」，五臣本作「招」，與《漢書》同。此即張（晏）說也。……「搖」，《漢書》作「繇」，二字通。《明堂位》注：「今之步搖」。《釋文》：「搖，本又作繇。」是也。善云：「搖與遙同」，與此無涉。

胡紹煐《箋證》曰：如淳曰：「招作皋。皋，挈皋也。……」張晏曰：「招搖、泰一，皆神名。」《漢書》作「招搖」，五臣本同。按：注引如說云「招」作「皋」，又以張說以「招搖」為神名，是善本作「招」，從張不從如也。此蓋後人因注如氏解「皋」為「挈皋」，而妄改之。

許氏《筆記》曰：如淳作「皋搖」，謂云云。張晏作「招搖」，謂云云。字既不同，音義亦異。李氏兩存之。此固古人注書之理也。嘉德案：《漢書》作「招搖」，袁本正文亦作「招」，是也。故如解讀如「皋」，張解如字。

高氏《義疏》曰：五臣本作「招搖」。《漢書》「皋搖」作「招繇」。宋祁曰：「招繇，一本作皋陶。晉灼《音義》作皋搖。蕭該《音義》曰：『如淳作皋搖。』」胡克家曰云云，「又曰」云云。胡紹煐曰云云。徐鼎曰：「《選》注當云：『張晏作招搖』，纔分明。蓋如淳《漢書》本自作『皋搖』，故有『挈皋』之訓。張晏《漢書》本自作『招搖』，故有『神明』之訓。《文選》從如淳本錄，注家又采張晏注，故謬亂耳。」步瀛案：諸家推測不同，疑徐說是。茶陵本校明言五臣作「招」，胡克家必援李同《漢書》，恐未然也。「招作皋」三字，殆

亦後人校語，混入本文，決非如淳注文。胡紹煐說亦非。

【疏證】

尤本同。贛本、建本同，校云：五臣本作「招搖」。奎本、明州本作「招搖」，無校語。五臣正德本、陳本作「招搖」。《漢書》作「招繇」。宋祁曰：「招繇，一本作皋陶。晉灼《音義》作皋搖。蕭該《音義》曰：如淳作皋搖。」張氏《膠言》宗胡氏《考異》。謹案：奎本、明州本作「招搖」，皆無校語，可見善與五臣無別，悉作「招搖」。「招作皋」三字，最初見於奎本，居如淳注後，云「淳本招作皋」。此顯非如注，乃是奎本誤錄前人校《漢書》語，而非校《文選》。自明州本移至「如淳曰」下，並刪作「招作皋」三字，遂搖身變作如注，贛本、建本相繼不察，誤矣。尤本作「皋」，本從贛本及其校來。尤氏「刪去招作皋」三字，或如胡克家所云，或贛本外參酌他本爾。前人議論，或是或非，皆由未能見奎本而起。信哉，校勘之不能不重祖本舊刻矣。毛本當誤從尤本，陳校蓋據《漢書》正之。徐鼒說，見其《讀書雜識》卷十四「文選‧楊雄《甘泉賦》」條。

靈迉迡兮　善曰：迉迡，即棲遲也。迉，音棲。迡，大夷反。

【陳校】

「靈迉迡兮」。「迡」，當作「迡」。

【集說】

余氏《音義》曰：「迡」，同「遲」。

胡氏《考異》曰：茶陵本「迉迡」作「棲遲」，云：善作「迉迡」。茶陵所見及尤本皆非也。袁本云：「棲遲」，善作「屖迡」。其載善音則云「屖，音棲。」《漢書》作「遲迉」，顏注：「遲，音栖。」《集韻‧十二齊》有「屖」、「遲」，別無「迉」字重出，然則，但傳寫誤耳。當依袁所見訂正。陳云：「迡，當作迡。」從《漢書》校也。

張氏《膠言》曰：胡中丞云：「茶陵本迉迡作棲遲」云云。除刪「茶陵所見及尤本皆非也」，餘同前胡《考異》。

梁氏《旁證》曰：五臣「迉迡」作「棲遲」，向注可證。《漢書》作「遲迉」。胡公《考異》曰：「《漢書》注：遲，音栖。與善注音棲合。考《集韻‧十二齊》有屖、遲，別無迉字。恐傳寫誤也。」

胡氏《箋證》曰：《漢書》作「遟迡」。《考異》曰「《漢書》注：遟，音栖。……恐傳寫誤耳。」紹煐按：《說文》「遟从辵，犀聲。迡，或从尼。」是「迡」為「棲遟」字。《玉篇》「遟」，又出「遲」，籀文又出「迡」，云「同上」。《廣韻》「遟，同遲」。然則，「迡」、「遲」皆即「遟」字。「遟」為籀文，「迡下作二橫」為或體。碑碣「遟」亦作「迡」，而《漢書》作「遟迡下作二橫」。「遲」音栖，「遟」、「迡」是一字。此作「迡迡」，「迡」字則《字書》所無。

許氏《筆記》曰：《說文》「迡，或从尼。籀文（遟）从犀。尼，从後近之。尼，古文仁字。」案：遟為徐行，故从尼，不當从古文之仁。可據以正《說文》之譌。嘉德案：段云：「迡，疑後人因《楊傳》遟迡而增。說者：遟，音棲。迡，音遟，即遟字。然《文選》、《玉篇》、《汗簡》皆作迡，蓋亦不以从尼為然。」又，胡云：「袁本云：善作『犀迡』。《漢書》作遟迡。別無迡字，袁本為是」。

黃氏《平點》曰：「靈迡迡兮」句，「迡迡」，當作「犀迡」。自注：上袁本，下陳景雲說。

高氏《義疏》曰：五臣「迡迡」作「棲遟」。袁、茶陵二本校並云：善本作「迡迡」。而原本載善注「迡」作「犀」。《漢書》作「遟迡」。胡紹煐曰：「按：《說文》遟从辵，犀聲」云云。許巽行曰：「《說文》迡，或从尼」云云。許嘉德曰：「段云：迡，疑後人因《楊傳》遟迡而增。……蓋亦不以从尼為然。」杜宗玉曰：「《說文》：『徲，久也。从彳，犀聲。讀若遟。』棲與犀，字異音同。《樓壽碑》：『徲徲衡門。』棲作徲。棲，音義近徲。迡，與犀同音，迡，與遟一音，故迡，通為棲；迡，通為遟也。尼而止之，則遟而又久也。《玉篇》曰：『犀，今作栖。』段曰：『犀遟，即《陳風》之棲遟。與此可互發明。迡，亦《說文》遟』。步瀛案：《說文》無「迡」、「迡」二字。豈子雲古文奇字，固與許書不同邪？段玉裁疑「《說文》迡字，為後人依《楊雄傳》增」，亦未知然否。《繁陽令楊君碑》曰：『徲迡樂志』，則『徲迡』亦即『棲遟』也。要之，迡、徲、犀皆與棲、栖同。迡、迡、迡皆與遟、遟同。

【疏證】

尤本並注同。奎本以下諸六臣合注本作「棲遟」，校云：善本作「迡迡」。善注同毛本。五臣正德本、陳本作「棲遟」。謹案：五臣作「棲遟」，向注可證。善本作「迡迡」，本亦由善注可明，惟袁本載善注「迡」作「犀」。《漢書》

作「遲遟」。遂備受質疑。諸家說，以高氏歸納杜說之「迡、徲、屖皆與棲、栖同。㞒、伲、迉皆與遲、遟同」說，提綱絜領，積薪居上，最為精審。蓋棲遲、栖迡、㞒迉、遲遟諸辭，係疊韻脂部聯緜字，其間字形各異而音則同，故見前人總結，其「與棲、栖同」者，除高氏已揭橥「迡、徲、屖」外，尚有：西、遟、遲等字；「與遲、遟同」者，除「㞒、伲、迉」外，尚有：遟、徥、徲、屺諸字。不勝縷述。其上下結合，有轉「棲遲」為「㞒迉」（如李善），又有倒轉為「遲迉」（《漢書‧揚雄傳》：「俳佪招搖靈遲迉兮」師古曰：「遲音栖。迉，音丈夷反）者。其形縱紛繁變幻，其音則近，非音同即韻同，其義亦一統於「游息」，而不變其宗也。因之，陳校亦不必依《漢書》改，前胡、黃氏執一於袁本「屖」字為是，亦狹矣。

藉田賦一首　潘安仁

封人壝宮，掌舍設柜　注：《周禮》曰：掌舍，掌王之會同之舍，設梐柜再重。杜子春讀為梐柜。……壝，以委切。

【陳校】

注「設梐柜再重」。「（梐）[柜]」，當作「枑」。又「以委切」。「委」，當作「季」。

【集說】

余氏《音義》曰：「枑」，何改「柜」。

胡氏《考異》曰：注「設梐柜再重。」何校「枑」改「柜」。陳同。各本皆譌。又曰：注「壝，以委切。」袁本、茶陵本「委」作「季」，是也。

梁氏《旁證》曰：何校「枑」改「柜」。陳同。六臣本「委」作「季」。皆是也。各本並誤。

姚氏《筆記》曰：「《周禮》曰：掌舍」云云，杜子春讀為「梐柜」。余按：善注於此不悉。《天官‧掌舍》鄭注「故書柜為枑」，先鄭以之為解，杜子春讀為「梐柜」也。

高氏《義疏》曰：《周禮‧掌舍》見《天官》。鄭注曰：「故書枑為柜，杜子春讀為梐柜。梐柜，謂行馬。」孫疏曰：「行馬，以木相連比交互為之，故謂之梐柜。枑字亦作互。《修廬氏》先鄭注云：『互，謂行馬所以障互禁行人

也，亦謂之閑。《虎賁氏》：舍則守王閑，注云：閑，梐枑。』」案：注「設梐柜之「柜」，各本作「枑」。今依何氏、陳氏校改。「墰，以季切。」尤本「季」作「委」，今依袁、茶二本。

【疏證】

尤本同。奎本以下六臣合注本、五臣正德本、陳本悉作「抅」。謹案：陳、何改是也。「抅」，蓋「枑」之俗字。《說文通訓定聲·豫部》：「柜：《周禮·掌舍》：『故書設梐柜再重。』司農注：『柜，受居溜水涷橐者也。』今文作「枑」，行馬也。」本書顏延年《三月三日曲水詩序》「延帷接枑」，引《周禮·掌舍》誤同。「委」字，尤本同。奎本、明州本、建本作「季」，贛本並善音注脫。今按《經典釋文》云：「墰：戚，唯季反；劉，欲鬼反；徐，羊誰反。」本各不同，然「以季」、「以委」，已囊括其中，故陳校不改亦得。毛本當從尤本耳。周鈔陳校「梐，當作柜」。「梐」係「枑」譌。今已據前胡等正之。

儼儲駕於廛左兮　注：晉灼《漢書》曰：廛，一百畝也。

【陳校】

注「晉灼《漢書》曰」。「書」下，當有「注」字。

【集說】

胡氏《考異》曰：注「晉灼《漢書》曰」。陳云：「書下當有注字。」各本皆脫。

梁氏《旁證》曰：陳校「書」下添「注」字。

高氏《義疏》曰：各本「《漢書》」下脫「注」字，今依陳氏校增。

【疏證】

奎本以下諸六臣合注本、尤本悉脫。謹案：語見《漢書·揚雄傳》「有田一廛」注：「晉灼曰：《周禮》：『上地，夫一廛，一百畝也。』」是正當有「注」字。本書顏延年《應詔觀北湖田收》「清蹕巡廣廛」注引亦脫「注」字。「晉灼《漢書》注」，屢見本書注引，如首篇《西都賦》「其中乃有九真之麟」注「《漢書》宣帝詔曰：『九真獻奇獸』，晉灼《漢書》注曰：『駒形，麟色，牛角』」云云，不煩稱舉矣。毛本當誤從尤本等，陳校當據《漢書》及本書內證等補之。

森奉璋以階列

【陳校】

「森奉璋以階列」。舊本下有「兮」字。

【集說】

梁氏《旁證》曰：六臣本及《晉書》，句末並有「兮」字。

【疏證】

尤本、五臣陳本同。五臣正德本、奎本以下諸六臣合注本有「兮」字。謹案：《古今合璧事類備要》外集卷二引有「兮」字。依上下文句式，有「兮」者，是。毛本當誤從尤本等，陳校當從「舊本」及上下文例補之。此處「舊本」，當係六臣合注本。《藝文類聚》卷三十九載本賦，例刪句尾「兮」字，不足為訓。此亦前胡《考異》漏錄、漏校者。

驂塗方馳　注：《羽獵賦》曰：方駕千駟。

【陳校】

注「方駕千駟。」「駕」，舊作「馳」。

【集說】

胡氏《考異》曰：注「方駕千駟。」袁本、茶陵本「駕」作「馳」，是也。

高氏《義疏》曰：「方馳」，尤本「馳」誤作「駕」。今依袁、茶二本。

【疏證】

尤本同。奎本以下諸六臣合注本正作「馳」。謹案：《羽獵賦》載在本書，正作「馳」。毛本當誤從尤本，陳校蓋據「舊本」，然本書內證亦可援用。

常伯陪乘　注：應劭曰：《漢官儀》曰：侍中。

【陳校】

注「應劭曰」。「曰」字衍。

【集說】

胡氏《考異》曰：注「應劭曰：《漢官儀》曰」。陳曰云云。是也，各本皆衍。

梁氏《旁證》曰：陳校去上「曰」字。

高氏《義疏》曰：「應劭《漢官儀》」，「劭」下，各本有「曰」字誤衍，今依陳氏校刪。

【疏證】

奎本以下諸六臣合注本、尤本衍同。謹案：本書沈休文《恩倖傳論》「而侍中身奉奏事」注、蔡伯喈《陳太丘碑文》「便可入踐常伯」注皆引「應劭《漢官儀》曰：侍中」云云，「劭」下並無「曰」字。此是善注常例。按援引常理，作者與其著作間，本亦無須有「曰」字耳。毛本誤從尤本等，陳校當從善例及援引常理正之。

表朱玄於離坎，飛青縞於震兌　　注：《周易》曰：震者，東方；兌，正西。秋也。

【陳校】

注「兌，正西。秋也。」按：今本《說卦》「秋」上無「西」字。疑古本有之，李氏必非無據也。

【集說】

高氏《義疏》曰：《周易》，見《說卦傳》。

【疏證】

奎本以下諸六臣合注本、尤本同。謹案：毛本當從尤本等，諸本皆同。今本《周易注疏·說卦》正作「兌，正秋也。」唐·李鼎祚《周易集解》卷十七云：「兌三失位不正，故言正秋。兌象不見西，故不言西方之卦。」據此，「正」下「西」字，似不當有。其後人旁注誤入正文歟？

瓊鈒入藥　　注：臧榮緒《晉書》曰：雲罕車，駕駟，戟車載。闟與鈒音義同也。

【陳校】

注「戟車載」。「載」上，舊本有「闟」字，無「戟車」二字。

【集說】

余氏《音義》曰：「戟車」，六臣無。

胡氏《考異》曰：注「戟車載。」茶陵本「戟車」作「闟」，尤本「戟車」二字處修改，袁本亦然。案：此當云「闟戟車載。」「戟」，各本皆脫，誤。《晉

書·輿服志》云：「闟戟車，長戟邪偃向後」，是其義。「闟」、「闟」亦同字。

張氏《膠言》同《考異》。

梁氏《旁證》曰：六臣本「戟車」二字作「闟」。胡公《考異》曰：「當云闟戟車載」云云。

姚氏《筆記》曰：何云：「舊刻無『戟車』二字」。

胡氏《箋證》曰：《史記·商君傳》：「持矛而操闟戟者」索隱：「闟，亦作鈒，同。」《晉書·輿服志》作「闟」，《續漢書·輿服志》劉昭注引「薛綜注曰：闟之言函也，取四戟函車邊。」《說文》：「闟，同鈒。」闟、鈒並「所及切」。

高氏《義疏》曰：「戟車載」，袁、尤本同。茶陵本作「闟戟」。胡克家曰：「當作『闟戟車載。』戟，各本皆脫，誤」云云。胡紹煐曰云云。步瀛案：先胡氏以唐修《晉書·輿服志》之「闟戟車」改竄《書》之「戟車」，未知確否。……如後胡氏之說，鈒同闟，訓為函，則鈒為動字，與「瓊」字何能相連？若以一「鈒」字即可代「闟戟車」，恐古人文字亦不如此之大簡。

【疏證】

尤本同。奎本以下六臣合注本悉作「闟載」。謹案：尤、毛本脫「闟」字。「戟車載」上，倘無「闟」字，則下善注「闟與鈒，音義同也」語無所歸也。前胡說當是。張、梁二家並踵前胡，高氏則有疑焉。後胡《說文》云云，未知所出。檢《史記·商君列傳》「持矛而操闟戟者」索隱：「闟，亦作鈒。同所及反。」其此誤歟？陳氏此處「舊刻」，當指六臣合注本。

鼓鞞硍隱以砰磕

【陳校】

《晉書》「隱」作「礚」。

【集說】

姚氏《筆記》曰：何云：「隱，《晉書》作礚。」東樹按：「今汲古閣本礚，誤作硠」。

高氏《義疏》同陳校。

【疏證】

奎本「隱」、贛本作「隱」外，其餘《文選》本悉同。謹案：「隱」，見《武威簡·士相見十四》，「隱」，見《曹全碑》，「隱」、「隱」，並是「隱」之或體。今

本《晉書》作「礒」。「礒」與「隱」，右聲旁相同，故《晉書音義》云：「礒，音隱」。左旁「石」與「𨸏」義同，則「礒」與「隱」當音、義並同之或體。推之「磤」與「隱」，亦或體耳。毛本當從尤本等，陳校則備異聞耳。

塵驚連天　注：驚，或為霧。非也。

【陳校】

「驚」，《晉書》作「霧」。

【集說】

梁氏《旁證》同陳校。

高氏《義疏》同梁校。

【疏證】

諸《文選》本咸同。謹案：善作「驚」，有注可證；五臣作「驚」，則良注可證。是善與五臣無別。《初學記》卷十四引、《古今合璧事類備要》外集卷二引潘賦亦作「驚」。毛本當從尤本等。善注明言「或為霧，非」，陳校仍出之，亦備異文而已。

碧色蕭其千千

【陳校】

「千千」，舊刻作「芊芊」。

【集說】

胡氏《考異》曰：袁本、茶陵本作「芊芊」。案：尤本是也。《高唐賦》「蕭何千千」，安仁用其語。袁、茶陵本作「芊芊」者，五臣本字如此。所載向注可考。彼賦善「千」、五臣「芊」正有明文。《晉書》作「芊」，與五臣所據同。又二本皆脫去善此節注，亦非。

張氏《膠言》曰：尤本作「千千」，是。《高唐賦》「蕭何千千」，安仁用其語。作「芊芊」者，五臣向注也。

梁氏《旁證》曰：五臣「千千」作「芊芊」，向注可證。《晉書》亦作「芊芊」，注云：「一作阡阡」。胡公《考異》曰：「《高唐賦》蕭何千千。潘用其語。」

薛氏《疏證》曰：《高唐賦》「仰視山巔，蕭何千千」注「《說文》曰：『俗望山谷，芊芊青也。』千與芊古字通。」案：潘安仁《藉田賦》「碧色蕭其千

千」注「千千，碧貌」，顏延年《應詔觀北湖田收》詩「積翠亦蔥仟」，謝玄暉《游東田》詩「遠樹曖仟仟」注：「《廣雅》曰：『芊芊，盛也。』仟，與芊同。」潘安仁《在懷縣作》詩「稻栽肅仟仟」注「《廣雅》曰：『芊芊，茂也。』」芊、仟，皆「千」聲，故通。見薛書《高唐賦》篇。

胡氏《箋證》曰：《旁證》曰：「五臣『千千』作『芊芊』云云。《考異》曰：「《高唐賦》『蕭何千千』，安仁用其語。」紹煐按：《說文》：「芊，艸盛也」，似正字作「芊」，然「𦱴」下云「望山谷𦱴𦱴青也」，又作「𦱴」。《列子·力命》「鬱鬱芊芊」，《廣雅》「芊芊，茂也」，作「芊」。又作「仟」，本書潘岳《懷縣詩》「稻栽肅仟仟」，謝脁《游東田詩》「遠樹曖仟仟」，五臣本作「阡阡」，並同音之假。

高氏《義疏》曰：胡克家曰云云。梁章鉅曰：「《晉書》亦作『芊芊』，注云：『一作阡阡。』」步瀛案：《藝文》、《初學》引並作「芊芊」。胡紹煐曰：「《說文》：『芊，艸盛也』」云云。

【疏證】

尤本同。五臣正德本及陳本、奎本以下諸六臣合注本「芊芊」。謹案：本賦五臣從「艸」，向注可證。尤本作「千」，然奎本等並無校語。前胡以為本書《高唐賦》「蕭何千千」，本賦潘「用其語」，則善注當作「千」。其說為張、梁諸家所宗。然前胡非也。檢本書《高唐賦》「蕭何千千」注云：「《說文》曰：（俗）[𦱴]，望山谷（芊芊）[𦱴𦱴] 青也。千與（芊）[𦱴] 古字通」。然檢本書潘氏《懷縣詩》「稻栽肅仟仟」，同用《高唐賦》語，而作「仟」，則善注非必作「千」矣。前胡之說亦未足采信。後胡以「芊」為正字，其餘「𦱴」、「仟」、「阡」，皆為「同音之假」字。與鈕樹玉《說文新附考》云「芊，通作千，亦作𦱴」說略同。兩家說頗為圓通。尤本作「千」，或有所本，或即取贛本《高唐賦》「芊芊」下之校語「善本作千」耳。依後胡說，亦同音假字，不必改。必欲改，則從其正字，如高氏言「《藝文》、《初學》引並作芊芊」云。毛本當從尤本。陳校稱舊本「芊芊」，或亦以此為正字焉。

似夜光之剖荊璞兮……於是我皇乃降靈壇　　注：應劭《漢官儀》曰：……天子升壇，上空無祭，耕於壇。

【陳校】

注「上空無祭。」「祭」，當作「際」。

【集說】

　　胡氏《考異》曰：注「上空無祭。」袁本「上」作「臺」。案：「臺」字，是也。茶陵本亦誤「上」。

　　高氏《義疏》曰：《書鈔》、《類聚》、《初學》、《御覽》引《漢官儀》與此不同，蓋各自節引，故異耳。

【疏證】

　　明州本、贛本、尤本、建本並作「上」、「祭」。奎本作「上」、「際」。謹案：《廣雅·釋言》：「祭，際也。」際，從「祭」得聲，故可通。毛本當從尤本等，陳校偶失檢矣。諸本「上」字之譌，似係「壇臺」字連文，吳語壇、臺不分，傳寫下字遂省作二點，而後人譌作「上」耳。陳校漏「上」字。

垂髫總髮

【陳校】

　　「髮」，《晉書》作「髻」為是，五臣同。

【集說】

　　余氏《音義》曰：何曰：「髮，《晉書》作髻。」

　　孫氏《考異》曰：「髮」，《晉書·潘岳傳》作「髻」。王氏鳴盛云：「作『髻』，方與上『戾』、下『襆』叶，《文選》作『髮』，非是。」

　　胡氏《考異》曰：袁本、茶陵本「髮」作「髻」，云：善作「髮」。《晉書》作「髻」。案：《晉書》、五臣非也。「髮」字去聲，協「霽」、「祭」諸韻之字，《魏都賦》「累累辮髮」、「或鏤膚而鑽髮」，兩見皆然。不知韻者改之耳。或有謂「髻是髮非」者，誤。

　　張氏《膠言》曰：「髻」字與上下文韻協，當從《晉書》。胡中丞校本云：「髮字去聲，協霽、祭諸韻之字。……」以「髻」為不知韻者改。雲璈按：以「髮」作去，何如「髻」字之本協為得？以本協為不知韻，豈反以改韻為知韻耶？其說牽強未可用。

　　梁氏《旁證》曰：六臣本、《晉書》「髮」，並作「髻」。王氏鳴盛曰云云。胡公《考異》曰「髮字去聲，協霽、祭諸韻之字……兩見皆然。」

　　姚氏《筆記》曰：「垂髫總髮。」按汲古閣《晉書》作「總髻」。

胡氏《箋證》曰：《旁證》曰：「六臣本、《晉書》髮並作髻。王氏鳴盛曰云云。」《考異》曰「髮字去聲」云云。紹煐按：「髮」，從犮得聲，古音與「裔」同在《祭部》。「髮」與「戾」、「裔」自韻。後人不習古音，改「髮」為「髻」，以與「戾」、「裔」叶，失之。

黃氏《平點》曰：「垂髻總髮」句，尤氏《考異》曰云云。

高氏《義疏》曰：五臣「髮」作「髻」，與《晉書》同。胡克家曰：「案：《晉書》、五臣非也……不知韻者改之耳。」

【疏證】

尤本同。五臣正德本、陳本作「髻」，奎本以下諸六臣合注本悉同，「髻」下並有校云：善本作「髮」。謹案：尤氏《考異》曰：「五臣作總髻。」二胡辨聲韻甚得，《膠言》說非。後胡「後人不習古音」是癥結所在。而如陳氏，若用鄉前輩顧炎武《唐韻正》，明「髮」有去聲「方沛反」，則亦可免此誤矣。顧書《入聲·十月》「髮」下云：「方伐切。去聲，則方沛反。潘岳《籍田賦》：……長幼襍遝以交集，士女頒斌而咸戾。被褐振裾，垂髻總髮。蹢躅側肩，掎裳連襭。」所舉例，正是本條，益證二胡說之審矣。毛本當從尤本，不誤。陳校反失之。此條見陳氏於聲韻之學，不如後之二胡。胡氏《考異》所謂「或有謂髻是髮非」者，用意在斥孫氏，不在王鳴盛爾。

夫九土之宜弗任，四人之務不壹　注：孔安國《尚書》傳曰：壹，專一也。

【陳校】

注「孔安國《尚書》傳」。「書」下，脫「序」字。

【集說】

高氏《義疏》曰：《書·酒誥》：「小子惟一。」偽《孔傳》說為「專一」，而無「壹，專一也」之文。

【疏證】

奎本以下諸六臣合注本、尤本悉同。謹案：毛本當從尤本，陳校似非。高解亦非。頗疑善注蓋取《說文》。《說文繫傳·壹部》：「壹，專壹也。从壺吉聲。凡壹之屬，皆从壹。」臣鍇曰：「从壺，取其不泄也」。

簜簋普淖　注：《儀禮》曰：孝孫某，敢用嘉薦。鄭玄曰：普淖，黍稷也。普，大也；淖，和也。

【陳校】

按：注「敢用嘉薦」下，當有「普淖」二字。

【集說】

胡氏《考異》曰：注「敢用嘉薦。」何校（薦）下添「普淖」二字。陳同。謹案：當乙下文「普淖」二字於此。

梁氏《旁證》曰：胡公《考異》曰云云。

姚氏《筆記》曰：按《士虞禮》「嘉薦普淖」，注少二字。

高氏《義疏》曰：《儀禮》及鄭注見《士虞禮》。「普淖」二字，各本誤屬入「鄭玄曰」之下，今依何、陳及胡克家校乙。

【疏證】

奎本以下諸六臣合注本、尤本脫同。謹案：今按《儀禮》原文為：「嘉薦普淖」鄭注：「嘉薦，菹醢也。普淖，黍稷也。普，大也，淖和也」云云。李善祗須鄭注「普淖」有關文字，理應刪去「嘉薦」鄭注，除非彼於《儀禮》正文亦祗欲保留「普淖」而節去「嘉薦」字，前胡之校方確當（今觀善引明有「嘉薦」字，足見善本無意刪《儀禮》正文也），否則，固當以陳、何校以補《儀禮》文為得，蓋鄭注若無「普淖」二字，則其下文「黍稷也」語，將焉所歸？前胡說不可從。陳、何、姚三家校是也。高氏將何、陳校與前胡混為一談，益非。

黍稷馨香，旨酒嘉栗　注：《左氏傳》：季良奉酒醴以告曰：嘉栗旨酒。

【陳校】

注「季良奉酒醴。」「良」當作「梁」，下同。

【集說】

高氏《義疏》曰：《左傳》見《桓六年》。各本「季梁」下脫「曰」字。今據《傳》補。

【疏證】

奎本、明州本、尤本、建本誤、脫同。贛本誤「良」、有「曰」。謹案：事

見《春秋左傳注疏‧桓公六年》，正作「梁」。「梁」、「良」，此音近而誤。陳校當依贛本、《左傳》等正之。又，依《左傳》上下文義，善注既冠「季梁」，則例當有「曰」字。高氏補「曰」字，亦是也。本條亦前胡《考異》漏校者。

子虛賦一首　司馬長卿　郭璞注

楚使子虛使於齊，王悉發車騎，與使者出畋　善曰：《家語》曰：孔子在齊，齊侯出畋。本或云：境內之士，備車騎之眾。非也。

【陳校】

「楚使子虛」注。按：《史記》：「王悉發境內之士，備車騎之眾」。今善直云「非」，是未詳。

【集說】

張氏《膠言》曰：李注云：「本或云：『境內之士，備車騎之眾。』非也。」雲璈按：此乃《史記》文，賦後段亦有之。別本正與《史記》同，而李氏以為非，豈未見《史記》耶，或謂不當與後重複歟？

梁氏《旁證》曰：六臣本作「齊王悉發境內之士，備車騎之眾。」《史記》、《漢書‧司馬相如傳》並同。

高氏《義疏》曰：注「本或云：境內之士」云云。張雲璈曰「此乃《史記》文」云云。步瀛案：五臣本與《史記》同。是當時別本有與《史記》同者，故李氏非之，非必指《史記》也。

【疏證】

尤本同。五臣正德本、陳本作：「（楚使子虛使於）齊，齊王悉發境內之士，備車騎之眾。」奎本、明州本同，有校云：「善本無齊、境內之士備、之眾」八字。贛本、建本作：「（楚使子虛使於）齊，王悉發車騎。」「齊」字下，校云：「五臣再有齊字」；「發」字下，校云：「五臣有境內之士備五字」；「騎」字下，校云：「五臣有之眾字」。謹案：本條蓋李善見當時有別本《文選》多出八字如《史記》者，因斥其已非相如原貌。陳校尚云「是未詳」，至張氏《膠言》乃謂李善「未讀《史記》」，遭高氏駁斥「李氏非之，非必指《史記》也。」高說是也。《史記》之文，非必不可懷疑者也。五臣之同《史記》，大抵亦出李善此注，況茲複有《史》《漢》為佐，正合彼襲同求異之初衷，則何樂而不為？

故五臣亦未必真見善所見多出八字本者也。毛本當從尤本，陳校疑而存之，不如高氏。

射麋腳麟　郭注：韋昭曰：腳，謂持其腳也。

【陳校】

陸璣《詩疏》云：「王者至仁則麟出。今並州界有麟，大小如鹿，非瑞應麟也，故司馬相如《賦》曰：射麋腳麟。謂此麟也。」

【集說】

孫氏《補正》曰：《爾雅》：「麐，麕身，牛尾，一角。」邢疏引陸璣曰：「今並州界有麟，大小如鹿，非瑞應麟也。故相如《賦》射麋腳麟，謂此麟也。」

張氏《膠言》曰：方氏《（文選）集成》引陸璣《詩疏》云：『今並州界有麟，大小如鹿，非瑞應麟也，故相如賦腳麟，謂此。』雲璈按：平子《東京賦》「解罘放麟」薛注「大鹿曰麟。」是也。凡經傳皆作「麟」字。《爾雅》、《公羊》、《京房易傳》皆作「麐」。《說文》：「麐，牝麒也」，「麟，大牝鹿也。」據此則「麐」與「麟」有別，今則通用耳。

梁氏《旁證》曰：按：「《爾雅》：『麐，麕身』」云云。

胡氏《箋證》曰：麟，《說文》：「大牝鹿也。」與「麐」異解。本書《東京賦》「解罘放麟」薛注「大鹿曰麟」，與許義合。《爾雅·釋獸》邢疏引陸璣《詩疏》云：「今並州界有麟」云云。

朱氏《集釋》曰：注於「麟」字無證。案：此非「麒麟」之「麟」。《說文》：「麒，仁獸也」、「麐，牝麒也」，《爾雅》：「麐，麕身，牛尾，一角」，則仁獸當作「麐」。經典多作「麟」者，借音字也。《說文》：「麟，大牝鹿也。」《玉篇》：「麟，大麞也。」許以麞為牝鹿，故段氏曰：「牝蓋牡之譌。」但麐、麟同聲，麐為牝麒，麟當為牝鹿，段說似非。此賦麐與麋並言，固是鹿屬。前《東京賦》「解罘放麟」薛注「大鹿曰麟」，與此正同。

高氏《義疏》曰：孫志祖曰：「按：《爾雅·釋獸》：『麐，麕身』」云云，梁章鉅、胡紹煐說並同。

【疏證】

諸《文選》本同。謹案：本條惟有善引郭注。因有陳校引陸《疏》補善注

之闕。謂《賦》中之「麐」，非瑞應麟。「腳」，「腳」之俗字。見《廣韻·藥韻》。

其東則有蕙圃衡蘭芷若，芎藭菖蒲　善曰：芷若下或有射干，非也。

【陳校】

「衡蘭芷若」。按：《史記》「芷若」下有「射干」二字。小顏《漢書》注以為「流俗妄增」，而李善注亦云「非」，是均未詳也。

【集說】

顧按：（「芷若下有射干二字」下）按：見《索隱》。

張氏《膠言》曰：《子虛》《上林》「射干」凡三見，《漢書》「芷若」下，亦無「射干」字。惟《史記》有之。又如《史記》「赤猨蠷蝚」、「兕象野犀、窮奇獌狿」之句，《文選》及《漢書》皆無之。不知二書脫誤耶，抑後人妄增耶？《學林》以《史記》有「射干」為是，謂「此段皆四字一句，於文則順，於韻則協，《漢書》去之，遂不成句法。射干，草也，後射干，獸也。為二物，奚嫌焉？」此說亦未的。下文「藁本射干」，又是何物？以文義考之，此處無此二字為是。

梁氏《旁證》曰：李注以「芷若」下或有「射干」為非，師古亦云「今流俗本妄增之」。又師古於《傳》首云：「近代之讀相如賦者多矣，解改易文字競為音說，致失本真。徐廣、鄒誕生、諸詮之、陳武之屬是也。今以班《書》舊說為正，於彼數家並無取焉。」是《漢書》所載獨經師古校定，非他本比也。

姚氏《筆記》曰：何云《史記》有「射干」二字，小顏《漢書》注以為「流俗妄增」。

胡氏《箋證》曰：王氏觀國《學林》云：「《子虛賦》此一段數百言，皆四字句。以《史記》文讀之乃成，於文則順，於韻則叶。此言射干者，草也，後言射干者，獸也。賦雖兩言，實為兩物，奚疑焉？」紹煐按：以「蕙圃衡蘭」、「芷若射干」為句，於韻叶矣，於文則未順。「蕙圃」，是地名，「衡蘭」，是草名，四字不得併合為句。試以全賦言之：首句皆單舉說，下無用韻者，下「蒲」與「苴」為韻。首句不入韻，與後「則有陰林」句法正同。當從善本。《漢書》亦無「射干」字，顏注「今流俗書本有者，妄增。」是也。

高氏《義疏》曰：五臣「芷若」下有「射干」二字，與《史記》同。《類

聚》引亦有之。

【疏證】

尤本同。五臣正德本、陳本有「射干」，奎本以下六臣本同，並有校云：善本無「射干」字。《藝文類聚》卷六十六、《古今事文類聚》前集卷三十七引，咸有「射干」二字。張氏、後胡援王觀國《學林》卷四皆節文。為免疑義，茲詳錄之：《史記》於「芷若」字下有「射干」，《前漢》於「芷若」字下無「射干」，顏師古注以《漢書》為是，而《史記》為非。後世文士嘗於此而疑焉。觀國案：《子虛賦》此一段數百言，皆以四字為一句。以《史記》之文讀之，則用「射干」字乃成四字一句，於文則順，於韻則協。以《漢書》之文讀之，則去「射干」字，遂不成句法。以此知《史記》之文為是，而《漢書》之文闕也。射干，草名，又獸名。《子虛賦》兩言「射干」，前言「射干」者，草也；後言「射干」，獸也。……《子虛賦》雖兩言「射干」，而實為兩物，於文義奚嫌焉？《文選・子虛賦》用《史記》之文，而字多用俗書。如以昌為菖、以江為茳之類，皆俗書也。謹案：朱珔從《學林》，說見下「其北則有陰林」條。《文選・子虛賦》乃取《史記》之文，本當有「射干」二字，然既用善本，仍當從善以無者為宜，何校、張、梁、後胡說皆得之。五臣此處轉從《史記》，益明其刻意立異於善注之用心。

茳蘺蘪蕪　張楫曰：江蘺，草香也。郭璞曰：江蘺，似水薺。

【陳校】

「茳」舊本作「江」。

【集說】

胡氏《考異》曰：案：「茳」，當作「江」。注中「江」字兩見，皆不從艸。《史記》、《漢書》亦作「江」。考《上林賦》「被以江蘺」，茶陵本云：五臣作「茳」；袁本無校語。蓋此賦亦善「江」，五臣「茳」而亂之，故袁、茶陵二本皆不著校語。何校改作「江」，據《史》、《漢》。陳云：「別本作江。」未詳其何本也。

梁氏《旁證》曰：胡公《考異》又案：「茳」，《史記》、《漢書》作「江」。注中「江」字兩見，皆不從艸，可證。《上林賦》「被以江蘺」，亦作「江」也。

朱氏《集釋》曰：《史記》、《漢書》所載《子虛賦》「江蘺」字皆不从艸。……蘺字，《說文》本从艸，其作「離」者，借字耳。

許氏《筆記》曰：「茳」，《漢書》作「江」。見「芎窮」條下。

高氏《義疏》曰：「江」，原作「茳」。胡克家曰云云。步瀛案：《類聚》引亦作「茳」。「茳」，俗字，今依胡氏校改。

【疏證】

諸《文選》本悉同。當從陳、何校。本文俗字來歷，上引王觀國《學林》（卷四）也有論及，曰：「《文選・子虛賦》用《史記》之文而字多用俗書。如以昌為菖、以江為茳之類，皆俗書也。」謹案：舊本《史記》既多俗字，蕭《選》此賦，本取諸《史記》，自然多俗字爾。胡氏《考異》云善注中「江字兩見皆不從屮」，是善本意從「江」之證。胡氏所見本《史》《漢》，與王觀國不同，朱說《史》《漢》作「江」字，蓋從前胡耳。

其北則有陰林，其樹梗柟豫章 善曰：本或林下有巨字、樹下有則字。非也。

【陳校】

「陰林其樹」。「其」，《史記》、《漢書》並作「巨」，五臣同。

【集說】

孫氏《考異》曰：「其」，《史記》、《漢書》並作「巨」，五臣本同。《上林賦》「深林巨木」，與此句法相似。

胡氏《考異》曰：注「本或林下有巨字。」案：「有」，當作「作」。謂「林」下「其」字作「巨」也。不云「其，作巨者」，因正文有兩「其」字，以此分別之。《史記》、《漢書》及五臣，同或本作「巨」。

梁氏《旁證》曰：六臣本、《史記》、《漢書》「其樹」作「巨樹」，蓋合上「陰林」為句。《上林賦》「深林巨樹」與此句法正合。注中「有巨」當是「作巨」之誤。

朱氏《集釋》曰：案：「則」字固不應複有，「其」當作「巨」，「樹」字句斷。《史記》、《漢書》皆作「陰林巨樹」，蓋「陰林」非地名，謂陰翳之林，正與「巨樹」相偶。李以「陰林」斷句，意或與上文「其東則有蕙圃」類耶？竊疑「衡蘭」之「蘭」，非指香草。蘭通闌，與稱「上蘭」同，「蕙圃」、「衡蘭」亦正相偶。上注云：「芷若下或有射干，非」，張氏從之而云：「《學林》以《史記》有射干為是，……以文義考之，此處無此二字為是。」余謂：《學林》之說，是也。觀篇內分列物類，文法一例，可知：若云「藁本射干」是複舉，則

彼自在《上林賦》中。非此篇，何礙之有？且此篇「軼野馬」，《上林賦》亦有「夸埜馬」，未嘗不複。大抵《漢書》所載諸家之文多刪字。不獨此處也。若下文，既云「上拂羽蓋」，後又有「建羽蓋」在一篇中，則真複字矣。

　　高氏《義疏》曰：《史》、《漢》「其樹」作「巨樹」，《類聚》引同。吳先生曰：作「其樹」是。

【疏證】

　　尤本同。五臣正德本、陳本作「巨」，奎本以下諸六臣合注本同，並有校云：善本作「其」。謹案：《古今事文類聚》前集卷三十七引亦作「巨」。五臣作「巨」，濟注可證。善作「其」者，則善注中二「有」當作「作」。見上前胡說。字以避正文二「其」字，可證。毛本當從尤本，不誤；陳校則備異聞。五臣作「巨」，襲同求異亦出善注，未必《史》、《漢》外，別見所據善所言本耳，例同本篇首條。

蛩蛩蛬，驙距虛　善曰：《說苑》：孔子曰：(蛩蛩、距虛) 二獸者，非性心愛蛬也，為得甘草而貴之故也。

【陳校】

　　注「為得甘草而貴之故也。」「貴」，舊本作「遺」。

【疏證】

　　奎本以下諸六臣合注本、尤本悉同。宋·羅願《爾雅翼·蛬》引作「貴」。《韓詩外傳》卷五、今本《說苑·復恩》並作「遺」。謹案：遺，從「貴」得聲，字得可通。元·黃公紹等《古今韻會舉要》卷十七「遺」：「以醉切。《增韻》：『餽也。《周禮·遺人》謂：以物有所贈遺也。』」《韻府拾遺》：「貴：《集韻》、《韻會》：歸謂切，並音餽。」《廣韻》、《集韻》、《韻會》並「以醉切，去聲。餽也」。然則，貴、遺並音餽。餽有贈遺義，則貴，得亦有贈送、給予之義。《說文·食部》：「饋。從食，貴聲。」亦從「貴」得聲者。《說文通訓定聲·履部》：「餽，段借為饋。」《漢書·賈山傳》「親執醬而餽」師古曰：「餽字與饋同，進食曰餽。」今檢明·徐應秋《玉芝堂談薈·蛩蛩距虛》引《說苑》即作「饋」。的是「饋」與「餽」通。又，《廣雅·釋詁三》：「遺，與也」、《釋詁四》：「遺，送也」，故《呂氏春秋·不廣》：「北方有獸，名曰蹶。常為蛩蛩、距虛，取甘草以與之。」是「與」亦如「遺」、「貴」、「餽」、「饋」有贈送、進食、給予諸義也。毛本當從尤本等，陳校舉「舊本」，亦備異聞。

雙鶬下　善曰：《戰國策》更嬴曰：臣能虛發而下鳥。

【陳校】

　　注「更嬴曰」。「嬴」，舊本作「贏」。

【集說】

　　胡氏《考異》曰：注「《戰國策》：更嬴曰：『臣能虛發而下鳥。』」袁本無此十三字。有「見《西都賦》高誘」六字。茶陵本例改已見者為複出，故亦有。尤本修改添入，未是。又「高誘」二字屬下，不當刪之也。

　　高氏《義疏》曰：尤本「見《西都賦》高誘」六字，作「《戰國策》：更嬴曰：『臣能虛發而下鳥。』」十三字，……與袁本異。胡克家謂「尤本修改添入，未是。」今依袁本改。

【疏證】

　　尤本同。贛本、建本無「更嬴曰」三字。明州本同袁本。奎本闕葉。謹案：《戰國策・楚四》作「贏」。《說文・女部》：「嬴，從女，贏省聲。以成切。」又《貝部》：「贏，從貝，贏聲。臣鉉等曰：『當從贏省，乃得聲以成切。』」又，《羊部》：「羸，從羊，贏聲。」是「嬴」、「贏」和「羸」三字得聲相近，故古文獻三字多見通用。如：《墨子・非儒下》：「夫饑約則不辭妄取以活身，贏飽〔則〕偽行以自飾」，孫詒讓《閒詁》：「舊本贏作嬴。」魏氏《五百家注昌黎文集・唐故殿中侍御史李君墓誌銘》「不贏其躬」注：「贏，一作嬴。」是「嬴」與「贏」通。《史記・蘇秦列傳》「困則使太后弟穰侯為和，贏則兼欺舅與母」索隱：「贏，猶勝也。」是「贏」通「嬴」。清・吳任臣注《山海經廣注》「有柔僕民，是維嬴土之國」注：「郭曰：嬴猶沃衍也。音盈。」任臣案：「嬴，一作贏。」是「嬴」通「贏」之證矣。本條毛本從尤本，陳不必改，且固當如明州本、袁本作「已見《西都賦》注」云云。

怕乎無為　善曰：《老子》曰：我獨怕然而未兆。《說文》曰：怕，無為也。《廣雅》曰：憺怕，靜也。怕，與泊同，蒲各切。

【陳校】

　　「怕乎無為」。「怕」，《史記》、《漢書》並作「泊」，五臣同。

【集說】

　　高氏《義疏》曰：五臣「怕」作「泊」，與《史》、《漢》同。《類聚》引

「怕」作「泊」。案：本字當作「怕」,「泊」,通借字。

【疏證】

尤本同。五臣正德本、陳本作「泊」,奎本、明州本同,並有校云:善本作「怕」。贛本、建本作「怕」,有校云:五臣作「泊」。謹案:五臣作「泊」,銑注可證。善注既云:「怕,與泊同」,則善所據固作「怕」。五臣異同善本,而從《史》、《漢》。《藝文類聚》卷六十六、《古今事文類聚》前集卷三十七亦作「泊」。尤本蓋從明、贛二本校語,毛本當從尤本,陳校蓋備異聞耳。

必若所言,固非楚國之美也,無而言之,是害足下之信也。　善曰:本或云有而言之,是彰君之惡者。非也。

【陳校】

「無而言之,是害足下之信也」二句上,《史記》《漢書》並有「有而言之,是章君之惡」二句。五臣同。善云「非」,未詳。

【集說】

《讀書記》:何校「楚國之美也」下,脫「有而言之,是彰君之惡」二句。《史》、《漢》並有,然細尋,則無此為優。(葉刻同)

梁氏《旁證》曰:今案:李所見或本多此二句,而訂其非,是也。李意以賦「必若所言」與「無而言之」相對;「固非楚國之美也」與「是害足下之信也」相對,故下文「章君惡」與「傷私義」相對,不容中間添此二句,致複沓不順也。六臣本取或本添之,恐非。今《史記》《漢書》有此二句。然觀顏注「非楚國之美,是彰君惡;害足下之信,是傷私義也」,意與李同。《史記》三家無注,恐亦不知者以或本所添。

高氏《義疏》曰:《史記》見《樂毅傳》。袁本、茶陵本「固非楚國之美也」下有「[有]而言之,是章君之惡」九字。「信」字下無「也」字,與《史記》同。《漢書》亦有此九字。「惡」字、「信」字下皆有「也」字。《史》、《漢》「彰」作「章」。梁章鉅曰云云。步瀛案:梁校是也。然五臣劉良注:「若,如也。必如所言淫樂之事,則非楚國之美。實有而言之,是彰君惡。無而虛言,是傷足下之信也。」是袁、茶二本皆依五臣也。吳先生校《史記》,依《選》刪去「有而言之」九字,「信」下增「也」字。王先謙《漢書補注》亦以「有而言之」二句為後人所加。

【疏證】

尤本同。五臣正德本及陳本皆有此九字，奎本以下諸六臣合注本同，並有校云：善本無「有而言之是彰君之惡」一句。袁本、茶陵本皆有此九字。《史記》、《漢書》本傳亦有此九字。謹案：善本固無，乃五臣襲同求異於善注，而從《史》、《漢》竄入。袁、茶二本，蓋從奎本等六臣合注本而來。毛本當從尤本，陳氏當從何校。梁、王、高之說皆是。

邪與肅慎為鄰　郭注：肅慎，國名。在海外北接之。

【陳校】

小顏曰：「邪」，讀為「左」。

【集說】

張氏《膠言》曰：「邪與肅慎為鄰。」師古曰：「邪，讀為左。」按：古「左」與「邪」通。《禮記‧王制》「執左道以亂政。殺。」盧植云：「左道，謂邪道。」

朱氏《集釋》曰：余謂：此注但云「北接」，不得為「邪」。蓋肅慎雖在北而迤東，故曰「東濱大海。」《史記正義》：「邪，謂東北接之」，正合。《漢書》顏注亦云：「東北接」，而謂「邪讀為左」，非也。觀下句「右以湯谷為界」，注引司馬彪以為東界，善曰「言為東界，則右當為左字之誤。」……然則，下句宜為「左」，上句即不得為「左」矣。

高氏《義疏》曰：顏曰：「邪，讀為左，謂東北也。」《正義》曰：「邪，謂東北接之。」張雲璈曰「古左與邪通」云云。朱珔曰：「注但云北接」云云。

【疏證】

諸《文選》本咸同。謹案：坊本《漢書》顏注作「讀為左」。此當陳引「小顏」云云所出。殿本《漢書》本傳「邪與肅慎為鄰」師古注：「邪，讀為斜。謂東北接也」。下句「右以湯谷為界斜」，師古曰：「劉奉世曰：右，當為左」。當從朱氏說：「謂邪讀為左，非也。」毛本當從尤本等，陳校引顏注，非。「邪」字，不必改讀。宋‧楊齊賢集註《李太白集分類補註‧大獵賦序》「子虛所言楚國」，元‧蕭士贇補註「左與肅慎為鄰」云云，逕改「邪」為「左」，謬甚。

文選卷八

上林賦一首　司馬長卿　郭璞注

丹水更其南　善曰：應劭曰：丹水，出上洛冢領山，東南至析縣，入沟水。

【陳校】

　　注「入沟水」。「沟」，疑當作「湞」。湞水，出蔡陽。

【集說】

　　朱氏《集釋》曰：此注與《前漢志》「丹水」下同。「沟」，彼作「鈞」。《水經》有《丹水篇》……又云：「東南至丹水縣，入於沟」。

　　高氏《義疏》曰：應注，顏引同。惟「沟」作「鈞」。

【疏證】

　　明州本、贛本、尤本、建本同。奎本作「均」。謹案：《廣韻·諄韻》：「沟，水名。在析縣北山，入沔。今作均。」毛本當從尤本等，陳校非。《漢書·地理志上》作「鈞水」，顏注亦同。「鈞」與「均」同。《說文·金部》「鈞」，段注：「古多叚鈞為均。」

紫淵徑其北　善曰：文穎曰：河南穀羅縣有紫澤，在縣北。

【陳校】

　　注「河南穀羅縣」。按：「河南」，今本《漢書》注作「西河」，為是。

【集說】

胡氏《考異》曰：注「河南縠羅縣」。陳曰云云。案：《史記正義》引，亦作「西河」。今《漢書‧地理志》：「西河郡，縠羅武澤在西北。」依文穎此注，似其本「武」作「紫」也。

梁氏《旁證》曰：陳校「河南」，改「西河」。按：《史記正義》亦引作「西河」。今《漢書‧地理志》：「西河郡：縠羅武澤在西北。」據此，則彼「武」字當是「紫」字誤，此「北」字上當有「西」字。

朱氏《集釋》曰：案：《史記正義》、《漢書》顏注並引文說，「河南」作「西河」。考《漢志》，縠羅屬西河郡，則此注誤也。《正義》所引有「其水紫色」四字。今《漢志》「縠羅」下云「武澤在西北」。「武澤」與「紫澤」，是一是二，未詳。

高氏《義疏》曰：文注，顏及《正義》皆引之。本注「西河」誤作「河南」，又，「北」上脫「西」字，皆據顏引訂正。

【疏證】

奎本諸六臣諸合注本、尤本悉同。謹案：毛本當誤從尤本等，陳校當從《漢書》正之。上諸家校並是。前胡「似其本武作紫也」，「武」下脫一「當」字，梁校是。朱氏因云：「武澤與紫澤，是一是二，未詳」，是有意好難於前胡，非也。

鄠鄗潦潏　善曰：潏水出杜陵，今名沈水。自南山黃子陂西北，流經至昆明池入渭。

【陳校】

注「今名沈水。自南山黃子陂西北流。」按：「沈」當作「沈」、「黃」當作「皇」，詳《漢書》顏注。

【集說】

胡氏《考異》曰：注「今名沈水。」陳云：「沈當作沈」云云。謹案：陳說，非也。當作「沈」。《史記索隱》引姚氏云：「今名沈水。」善全取彼文，與顏注「此即今所謂沈水」迥異。《考異》又曰：注「皇子陂」。袁本、茶陵本「黃」作「皇」。案：《史記索隱》引姚氏正作「皇」，「皇」字是也。《漢書》注亦作「皇」，陳校依《漢》注。

梁氏《旁證》曰：「沇」當作「沋」。《史記索隱》引姚氏云：「今名沋水。」李注蓋據此。「黃」當作「皇」。六臣本及《史記索隱》、《漢書》注並作「皇」。

朱氏《集釋》曰：此注與《史記索隱》同。《漢書》顏注云：「潏水……即……沇水，蓋為字或作水旁穴。自注：沋、潏音近。與沈字相似，俗人因名沈水乎？」此蓋因潏水名沈水，推求其故，作此疑詞。實則，彼時人未嘗以為沋水也。而「穴」字或作「宂」，俗「沈」字又作「沉」，故今本《史記索隱》引「姚氏云：名沉水。」他本遂亦有作「沋水」者。然《水經·渭水篇》注有「沈水自南注之」，本作「沈」，近時戴氏震校本乃改「沈」為「沋」。段氏則謂酈氏注「沈」字蓋「沋」之誤，而以此處李注為是。又據單行《索隱》本亦作「今名沋水」，謂「沋，為庾準切。與東流為沛之沈，讀以轉切者不同。」大抵展轉貤繆，致不可究詰矣。

胡氏《箋證》曰：段氏《說文》「潏」下注云：「司馬貞《索隱》語，全與善注同，亦作『今名沋水。』沋，從允聲，余準切。潏，矞聲，食聿切。小顏與善同時，其注《漢書》本亦作今所謂『沋水』，轉寫作沈，由俗書沈字似沈也。小顏不知潏、沈同聲，而指為沋之誤。」紹煐按：《水經·渭水》注亦作「沈水」，是當時皆誤為「沈」。師古知「沋為潏之聲借，沈為沋之形譌。」其說甚確。經典凡從穴、從矞之字，多相通。《小雅》「謀猶回遹」，《韓詩》作「欥」，可證。若「沈」與「潏」，雖音近而不相通。此蓋小司馬改「沈」為「沋」，後人遂據以改善注。《集韻》：「沋，水名，謂潏水也」，亦沿《索隱》之誤。沋水，即沛水，不得與潏水混。段氏反據小司馬注以駁顏，則未免有意好難矣。

高氏《義疏》曰：注「今名沋水」。胡克家曰「當作沋……迥異。」胡紹煐曰云云。又注「黃子陂」。胡克家曰「袁本、茶陵本黃作皇」云云。……案：胡氏校是，今據改。

【疏證】

奎本以下諸六臣合注本、尤本悉「沇」、「皇」。謹案：檢《集韻·屑韻》：「潏，水名。在京兆杜陵。或從穴，」《水經注·渭水》：「渭水又東北逕渭城南……南有沇水注之。館臣案：此六字原本及近刻，沇竝訛作沈。下同。考鄭縣東，別有沈水。此乃潏水也。為關中八川之一。從穴不從尤。水上承皇子陂于樊川……沇水又北流注渭，亦謂是水為潏水也，故呂忱曰：『潏水出杜陵縣。』」據《集韻》與《水經注》及四庫館臣校，亦可證「沇」當改「沋」，二胡說是也。毛本「沇」

字誤從尤本等；「皇」、「黃」字，獨因音近而誤。陳校二字，亦得失參半。

渾弗宓汩　善曰：司馬彪曰：畢弗，盛貌也。

【陳校】

「弗」，《史記》作「浡」，五臣作「沸」。

【集說】

余氏《音義》曰：「弗」，五臣作「沸」。

梁氏《旁證》曰：《史記》「弗宓」作「浡潷」。

高氏《義疏》曰：五臣「弗」作「沸」。《史》作「浡」，呂錦文曰：「浡與沸，一聲之轉，弗，又沸之借字。」

【疏證】

《漢書》、尤本同。五臣正德本、陳本作「沸」。奎本、明州本作「沸」，校云：善本作「弗」。贛本、建本作「弗」，校云：五臣作「沸」。謹案：《古今事文類聚》前集引「弗」。善作「弗」，注引司馬說可證。五臣二本皆作「沸」，必有所出，是善與五臣有異。毛本當從尤本，陳校蓋備異聞。《史記》之作「浡」，呂錦文說亦得之。

衍溢陂池　注：郭璞曰：其形狀而出也。

【陳校】

注「其形狀而出也。」舊本作「言溢而出也」，為是。

【集說】

余氏《音義》曰：何校刪「其」字、「形狀」改「言溢」。

胡氏《考異》曰：注「其形狀而出也。」袁本、茶陵本「其形狀」作「言溢」。《漢書》注作「言溢溢」。陳曰「別本作言溢，為是」。

梁氏《旁證》曰：六臣本作「言溢而出也。」《漢書》注「溢」上有「溢」字，皆是也。此誤。

高氏《義疏》曰：郭注，顏引同。尤本、毛本「言溢溢」作「其形狀」三字，誤。袁、茶二本作「言溢」，無「溢」字。今依顏注改。

【疏證】

尤本同。奎本以下諸六臣合注本作「言溢」。謹案：陳說、何校是也。高

氏《義疏》從《漢書》顏引郭注，作「言溢溢」，亦是。

鯛鰫鰬魠　注：郭璞曰：魠，鱤。

【陳校】

　　注「魠，鱤」。「鱤」下，舊本有「也」字。

【集說】

　　胡氏《考異》曰：注「魠鱤」。案：依《漢書》注，「鱤」下，當有「也」字。

　　梁氏《旁證》曰：《漢書》注「鱤」作「鰔」。「鱤」下，當有「也」字。

　　高氏《義疏》曰：郭注「魠」，顏引同。本注「鱤」下脫「也」字。依顏引改。

【疏證】

　　奎本以下諸六臣合注本、尤本悉無「也」字。謹案：按上下文語氣，亦當有「也」字。毛本當誤從尤本等，前胡說「依《漢書》注」當有，是也。未知陳校所謂「舊本」何指。

又郭注：一名黃曰顙。

【陳校】

　　注「一名黃曰顙」。舊本「顙」上無「曰」字。

【集說】

　　胡氏《考異》曰：注「一名黃曰顙」。袁本、茶陵本無「曰」字。依《漢書》注，無「曰」字。

　　梁氏《旁證》曰：「曰」字不當有。六臣本及《漢書》注均不誤。

　　高氏《義疏》曰：郭注，顏引同。本注「黃」下有「曰」字。依顏引改。

【疏證】

　　尤本同。奎本以下諸六臣合注本皆無「曰」字。謹案：《山海經·東山經》「北流注于海，其中多鱤魚」郭注：「一名黃顙。音感。」此善注所從。而傳寫有衍。毛本當誤從尤本，陳校當從《漢書》、六臣合注本等正之。此與上條陳校，並為前胡《考異》漏錄。

禺禺魼鰨　注：郭璞曰：兩相合得乃行。

【陳校】

注「兩相合得乃行」。按：「得乃」，當從《漢書》注作「乃得」。

【集說】

胡氏《考異》曰：注「兩相合得乃行。」袁本、茶陵本無「合」字。案：《漢書》注有，蓋尤依彼添。陳曰云云。

梁氏《旁證》曰：六臣本無「合」字，非也。《漢書》注有，可證。陳曰：「得乃行，當從《漢書》注，作『乃得行。』」

高氏《義疏》曰：本注各本「乃得」作「得乃」，今依顏注乙轉。

【疏證】

尤本同。奎本以下諸六臣合注本作「兩相得乃行」。謹案：《漢書》郭注作「兩相合，乃得行。」《古今韻會舉要》卷三「魼」下注引同《漢書》注。毛本當誤從尤本，陳校從《漢書》正之，得也。

潛處乎深巖　注：郭璞曰：隱岸坻也。

【陳校】

注「隱岸坻也」。「坻」，舊本作「底」。

【集說】

胡氏《考異》曰：注「隱岸坻也」。袁本、茶陵本「坻」作「底」，《漢書》注作「底」。案：當以尤為是。即《海賦》云：「巖坻之隈」者也。二本及《漢書》注，皆傳寫譌耳。

高氏《義疏》曰：郭注，顏引「坻」作「底」。胡克家曰云云。

【疏證】

尤本同。奎本以下諸六臣合注本作「底」。謹案：《爾雅翼·釋鳥·燕》：「多藏深山大空木中，無毛羽，或蟄藏坻岸中。」「坻岸」，當即「岸坻」，本書張平子《南都賦》「坂坻嶄　而成」注、木玄虛《海賦》「若乃巖坻之隈」注、任彥昇《贈郭桐廬出溪口——》注並引「郭璞《上林賦注》曰：坻，岸也。」前胡說似是，毛本從尤本不誤，《考異》不取陳校，蓋以陳校非也。毛本當從尤本，尤本必有所出。

的皪江靡 善曰：《說文》曰：玓瓅，明珠光也。玓（皪）〔瓅〕與的皪，音義同。

【陳校】

「的皪江靡。」「的皪」，《史記》作「玓瓅」。

【集說】

孫氏《考異》曰：《說文繫傳》引作「玓瓅江湄」。

薛氏《疏證》曰：張平子《思元賦》「顏的皪以遺光」舊注：「的皪，明貌。」善曰：「《上林賦》曰：冥笑的皪。」按：鄭康成《詩箋》：「會，謂弁之縫中飾之以玉，皪皪而處，狀似星也。」《釋文》：「皪，本又作礫。音歷。」《說文》「礫」字下云：「小石也」，與「明珠光」之訓不同。特以「礫」與「皪」皆從「樂」得聲，故得通用。至於「的皪」二字，《說文》皆無，俗字耳。

高氏《義疏》曰：《史》「的皪」作「玓瓅」。《說文繫傳》卷一引作「玓瓅江湄」。

【疏證】

諸《文選》本咸同。謹案：《史記索隱》、《漢書》本傳並作「的皪江靡」。《索隱》並郭璞注、《漢書》並顏注、本書《魏都賦》「丹藕凌波而的皪」，注引本賦皆作「的皪」。毛本當從尤本，陳校蓋引《史記》本傳，二字從玉旁。《說文》，見《玉部》：「玓瓅，明珠色。」《繫傳》臣鍇按：「《上林賦》曰：『明月珠兮玓瓅江湄。』」《龍龕手鑑·玉部》：「玓瓅。《說文》云：『玓瓅，明珠色也。』」是《說文》字本從「玉」。又檢《玉篇·玉部》云：「玓瓅，明珠色也」，足見本條善注「光」當「色」之譌也。

箴疵鵁盧 注：張揖曰：箴疵，似魚虎而倉黑色。

【陳校】

注「倉黑色」。「倉」，舊本作「蒼」。

【疏證】

明州本、贛本、尤本、建本同。奎本作「蒼」。謹案：《史記》索隱、《漢書》注、《爾雅翼·釋鳥》「箴疵」注引並作「蒼」。倉，與蒼通。《說文通訓定聲·壯部》：「倉，叚借為蒼。」《毛詩注疏·王風·黍離》：「悠悠蒼天」釋文：「蒼，本亦作倉。」《禮記·月令》「駕倉龍，載青旗」，皆其證。既非五臣與

善有歧，則不必改也。毛本當從尤本等，陳校亦備異聞。

沈溶淫鬻　善曰：淫，以舟切。

【陳校】

　　注「（溶）［淫］，以舟切」。「舟」字誤。

【集說】

　　許氏《筆記》曰：注「淫，以舟切。」案：《說文》：「冘，淫淫行皃。从人出門，余箴切。」《羽獵賦》：「淫淫與與」。又曰：「窮冘闕與」。《後漢書·竇武傳》：「太后冘豫未忍」章懷注：「冘，音淫。冘豫，不定也。」此即「猶豫」字。《廣韻》「冘，餘箴切」。又，「以舟切」。《楚辭·遠遊》「神要眇以淫放。」「淫」與「游」同。

　　高氏《義疏》曰：許巽行曰「注：淫，以舟切。案：《說文》：『冘，淫淫行皃。从儿从門，余箴切』」云云。步瀛案：《廣雅·釋言》曰：「淫，游也。」沈溶、淫鬻，皆狀水緩流貌。《高唐賦》曰：「洪波淫淫之容裔」，蓋與此近。

【疏證】

　　尤本同。奎本以下諸六臣合注本無此四字。謹案：今本《廣韻》作「冘，以周切。」六臣合注本脫四字。高氏亦存四字。毛本從尤本，是。陳校之疑，非。高氏迻錄許校「从儿从門」，核許氏《筆記》本作「从人出門」，與今《說文》、《繫傳》同，此高氏迻錄之誤焉。周鈔迻錄陳校，「淫」譌「溶」，已據善注等正。

揜以綠蕙　善曰：郭璞《山海經》曰：蕙，香草，蘭屬也。

【陳校】

　　注「郭璞《山海經》」，「經」下，脫「注」字。

【集說】

　　胡氏《考異》曰：注「郭璞《山海經》曰」，何校「經」下添「注」字。陳同。各本皆脫。

　　高氏《義疏》曰：《山海經》見《西山經》。各本「經」下脫「注」字。胡克家曰：「何校經下添注字，陳同。」今從之。

【疏證】

奎本以下諸六臣合注本、尤本悉脫。謹案：語見《西山經》「有草焉，其葉如蕙」郭注。本書張平子《南都賦》「其香草，則有薜荔蕙若」注引正有「注」字。毛本當誤從尤本等，陳、何據《山海經》增，是也。此當善引郭書，「郭」前當有「善曰」二字。

被山緣谷……蜼玃飛蠝　注：張揖曰：飛蠝，鼠也。

【陳校】

注「飛蠝，鼠也。」「鼠」上，舊本有「飛」字。

【集說】

胡氏《考異》曰：注「飛蠝，鼠也。」案：「鼠」上當有「飛」字。《漢書》注、《史記集解》、《索隱》有。陳云「別本有。」各本皆脫。《南都賦》注引「蠝，飛鼠也」，脫上「飛」字，當互訂。

梁氏《旁證》曰：陳校「鼠」上添「飛」字。據《史記》、《漢書》注也。又按《南都賦》注引「蠝，飛鼠也」，脫上「飛」字，當與此互訂。

高氏《義疏》曰：張注「飛蠝」。顏及《索隱》引同。字皆從「蠝」、「鼠」上皆有「飛」字。《集解》引《漢書音義》亦有「飛」字。胡克家曰：「鼠上當有飛字。陳云：『別本有。各本皆脫』」云云。

【疏證】

奎本以下諸六臣合注本、尤本悉同。謹案：《爾雅翼・釋獸》：「鼺，又名飛蠝」注引張揖說亦作「飛蠝，飛鼠也」，蓋亦出《史》《漢》。前胡說是，梁、高皆從之。《南都賦》引，見「騰猿飛蠝」下注。毛本當誤從尤本等，陳校補之，是，然未知陳校所謂「舊本」為何本。

夭蟜枝格　注：郭璞曰：皆獮猴在樹暴戲姿態也。

【陳校】

注「在樹暴戲」，「暴」，當作「共」。

【集說】

胡氏《考異》曰：注「在樹暴戲姿態也」。陳曰云云。案：《漢書注》、《史記正義》引作「共」，各本皆誤。

梁氏《旁證》曰：陳校「暴」改「共」。據《史記正義》及《漢書》注也。

高氏《義疏》曰：「共」誤「暴」，今依陳氏、胡氏、梁氏校改。

【疏證】

奎本以下諸六臣合注本、尤本悉同。謹案：前胡校是。毛本當誤從尤本等，陳校當亦據《漢書》注、《史記正義》等正之耳。

掉希間　注：郭璞曰：掉，懸擿也。

【陳校】

「掉希間」。「掉」，五臣作「踔」，《史記》同。

【集說】

余氏《音義》曰：「掉」，五臣作「踔」。

梁氏《旁證》曰：六臣本及《史記》「掉」作「踔」。《一切經音義》三十四引「《上林賦》：趠。郭璞曰：縣擲也。」

姚氏《筆記》曰：何云：「《史記》作踔」。

高氏《義疏》曰：五臣「掉」作「踔」，《史》同。《一切經音義》五引作「趠稀閒」。王先謙曰：「《後漢書・馬融傳》注：『踔，跳也。』《史記・貨殖傳》索隱：『遠騰貌也。郭言懸擿者，謂以身投擲於空中，故曰踔希閒。』掉，乃借字。」

【疏證】

尤本同。贛本、建本同，校云：五臣作「踔」。五臣正德本、陳本正作「踔」，奎本、明州本同，校云：善本作「掉」。尤氏《考異》曰：「五臣作踔」。謹案：《漢書》本傳作「掉」，《古今事文類聚》前集卷三十七引同。善本蓋同《漢書》，五臣則從《史記》耳。趠，與踔同。梁引《一切經音義》可為作「踔」之借證。善用借字，五臣用正字，既有異趨，胡氏《考異》不取陳校，是也。毛本當從尤本等，陳校則從五臣，非。

鼓嚴簿　注：張揖曰：鼓，嚴鼓也。簿，鹵簿也。善曰：言擊嚴鼓簿鹵之中。

【陳校】

「言擊嚴鼓簿鹵之中。」舊本「簿鹵」二字乙。

【集說】

胡氏《考異》曰：注「言擊嚴鼓簿鹵之中也。」袁本、茶陵本「簿鹵」作「鹵簿」。是也。陳云：「別本二字乙」。

梁氏《旁證》曰：陳校云云。六臣本不誤。

高氏《義疏》曰：善注，尤本「鹵簿」二字偶倒，今依袁本校乙。

【疏證】

明州本、尤本、建本倒同。奎本、贛本作「鹵簿」。謹案：《玉海》卷一百十「漢嚴鼓」引作：「李善注：擊嚴鼓鹵簿之中也」，亦作「鹵簿」。今但觀上張楫注「簿，鹵簿也」，可知明州本蓋涉上張揖注有「簿鹵簿」連文偶倒，尤本當誤從明州本，毛本則誤從尤本耳。陳校當據贛本等乙正之。

被班文　善曰：司馬彪《漢書》曰：虎賁騎皆虎文單衣。

【陳校】

注「司馬彪《漢書》」。「彪」下，當有「續」字。

【集說】

胡氏《考異》曰：注「司馬彪《漢書》曰」。何校「漢」上添「續」字。陳同。各本皆脫。

梁氏《旁證》同胡氏《考異》。

高氏《義疏》曰：《續漢書》，各本脫「續」字，今依何氏、陳氏校增。文見《輿服志》下。

【疏證】

奎本以下諸六臣合注本、尤本悉脫。謹案：語見《後漢書·輿服志》下，作「虎賁、武騎皆鶡冠虎文單衣」。《太平御覽》卷二百四十一引同，冠「《續漢書》曰」四字，宋·孫逢吉《職官分紀》「虎賁中郎將」引同。《後漢書·袁紹傳》「被以虎文」章懷注作「《續志》曰」。《太平御覽》卷六百九十一引，則冠「董巴《漢輿服志》曰」。《隋書·經籍志二》：「《續漢書》八十三卷。晉祕書監司馬彪撰」。是「續」字不可無。毛本當誤從尤本等，陳、何校當據史書補之。

凌三嶔之危 善曰：郭璞《三倉注》曰。

【陳校】

注「三倉」。「倉」，舊本作「蒼」。

【疏證】

奎本以下諸六臣合注本、尤本悉同。謹案：《隋書·經籍志一》：「《三蒼》三卷」注：「郭璞注。」毛本當誤從尤本等，陳校是，然未知陳此所稱「舊本」何指。參下《難蜀父老》「詹爽闍昧」條。又，本書揚子雲《甘泉賦》「浮蠛蠓而撇天」注引則有「張揖《三蒼注》曰：撇，拂也。」是張氏亦有同名作矣。

箭不苟害，解胆陷腦 善曰：《史記》：陷，苦念切。

【陳校】

注「《史記》陷」。按：「《史記》」下，似當有「灌夫曰：今日斬頭陷胷」九字。

【集說】

高氏《義疏》曰：注「《史記》」下，疑有脫字。《索隱》曰：「陷，音苦念反。」疑皆出《史記》舊注。

【疏證】

尤本同。奎本以下諸六臣合注本皆無「《史記》：陷，苦念切」六字。奎本正文「陷」下有音注「苦念」，明州本、建本作「苦濫」。贛本作「苦監」。奎本音注與《索隱》合，故陳校所疑，非無稽之談。頗疑奎本改以文下音注，遂刪「史記」六字。毛本當從尤本耳。

凌驚風……乘虛無，與神俱 注：張揖曰：郭璞《老子經注》曰：虛無寥廓。與元通靈。

【陳校】

注「郭璞《老子經注》曰」。按：此七字衍。張氏乃曹魏時人，不當引郭語；況《老子》又無郭注乎！

【集說】

余氏《音義》曰：「《老子經》」。何校「經」上增「道德」二字。

胡氏《考異》曰：注「郭璞《老子經注》曰」。陳曰云云。其說是矣。各本皆衍。

張氏《膠言》曰：胡中丞云：「陳校云：『張氏乃曹魏時人』」云云。

梁氏《旁證》曰：《史記正義》、《漢書》注引張說皆無此。陳曰云云。

徐氏《規李》曰：案：郭璞不聞注《老子》，當是郭象。

高氏《義疏》曰：各本「張揖曰」下有「郭璞《老子經注》曰」七字。胡克家曰云云。步瀛案：顏及《正義》引張注無「郭璞《老子經注》曰」七字。

【疏證】

奎本以下諸六臣合注本、尤本悉同。謹案：《史記》正義：「張云：虛無寥廓，與元通靈。」是奎本已衍「郭璞」七字，明州本以下六臣合注本遞相誤踵之。毛本當誤從尤本。尤本當別有來歷。疑監本已衍，並累及奎本焉。陳校當據《史記》及文獻常識正之。「張揖」十八字，周鈔《舉正》誤入下條，今據前胡《考異》乙正。何校亦未能得其正。

張又曰：與元通靈。

【陳校】

注「與元通靈。」「元」當作「天」。《漢書》注可據。

【集說】

胡氏《考異》曰：注「與元通靈」。陳曰云云。今案：《漢書》注譌也。《史記正義》正作「元」，鄭《禮記注》引《孝經說》曰：「上通元莫」，即此「元」字之義。

梁氏《旁證》曰：陳曰云云。胡公《考異》曰「《漢書》注譌也」云云。

高氏《義疏》曰：注「與元通靈。」胡又曰：「陳曰云云。今案：《漢書》注譌也」云云。步瀛案：金陵本《史記》「元」作「天」。張文虎《札記》亦不言所據。胡引鄭注，見《禮運》，今本「元」作「無」。阮元《校勘記》曰：「段玉裁校改『元』。盧文弨校云：『作元。是。』」

【疏證】

奎本以下諸六臣合注本、尤本悉同。謹案：《史記》本傳《正義》引張揖說已見上條。《北堂書鈔》卷十二《慕道》引《白虎通》亦作「與元通靈」。前胡、段、盧說是矣，《漢書》注蓋形近而誤，陳校非。毛本當從尤本等，不誤。

撨焦朋 注：張楫曰：焦朋似鳳，西方之鳥。善曰：《方言》曰：撨，取也。《樂汁圖〔徵〕》：焦朋，狀似鳳皇。宋衷曰：水鳥也。

【陳校】

「撨焦朋」。「朋」，舊本作「明」。注同。

【集說】

顧按：「朋」，誤字耳。《史記》、《漢書》皆是「明」字，亦見《說文》、《廣雅》。

梁氏《旁證》曰：六臣本「朋」作「鵬」。按：「朋」當作「明」，注中所引可證。注亦作「朋」，皆誤。《說文繫傳》引作「明」。（梁）又曰：（注中）兩「朋」字皆當作「明」。「西」字當作「南」。《說文》「鷫」字注云：「五方神鳥也：東方發明，南方焦明，西方鷫鷞，北方幽昌，中央鳳皇。」

高氏《義疏》曰：茶陵本「明」作「朋」，校曰：五臣作「鵬」。袁本從五臣作「鵬」。《說文繫傳》卷七引作「明」。王先謙曰：「《楚辭·遠遊》：『從玄鶴與鷫朋。』王注：『鷫朋，俊鳥。』《吳都賦》作『鷫鵬』。《廣雅·釋鳥》又云：『焦明，鳳凰屬也。』是明、朋互寫，其來已久。疑以朋為正。此鳥鳳屬，《說文》朋、鵬二字，並鳳之異文，且非『鷫朋』，《吳都賦》無緣作『鷫鵬』也。」步瀛案：焦明，義取南方鳥，乃鳳屬，不得與「朋」為象形「鳳」字相混。且《楚辭》作「鷫明」不作「鷫鵬」，故與「光」字韻。《吳都賦》亦作「鷫鴨」，不作「鷫鵬」，已見前。王氏乃援誤本為證，牽合二事為一，謬矣。

【疏證】

五臣正德本、陳本作「鵬」。奎本作「鵬」（張楫注及善引《樂汁圖徵》同），校曰：善本作「朋」。明州本作「鵬」（張楫注及善引《樂汁圖徵》作「朋」）校曰：善本作「朋」。贛本、建本作「朋」（張楫注及善引《樂汁圖徵》作「朋」），校曰：五臣作「鵬」。尤本並注作「明」。謹案：《通雅》卷四十五引本賦作「明」。本書《難蜀父老》「猶鷦鵬已翔乎寥廓之宇」仍誤「鵬」，而《藝文類聚》卷二十五引則作「鴨」，不誤，蓋從《漢書》也。五臣作「鵬」、奎本所見「善本」作「朋」者，皆非。尤本最是。高氏說是。彼所謂「已見前」者，蓋指《吳都賦》「稽鷦鴨」劉注：「鷦鴨，鳥也。《楚辭》曰：『從玄鶴與鷦鴨。』」步瀛案曰：「《楚辭》見《九歌·遠遊》。今本鴨作明。王逸注曰：『鷦朋，俊鳥也。』

案：亦作『焦明』。《說文·鳥部》『鸙鷫』下曰：『五方神鳥也。東方發明，南方焦明，西方鸙鷫，北方幽昌，中央鳳皇。』本書《上林賦》（捎焦朋）注引『《樂緯汁圖徵》曰：焦明狀似鳳皇』云云耳。陳校此處所謂「舊本」當指尤本初刻。胡刻尤本作「明」者，蓋業從顧校矣。顧按當時所見本尚誤作「朋」者，蓋非尤本也。洪氏《讀書叢錄》卷十一「捎焦朋」條，案亦主「當依《史記》、《漢書》作焦明」。依據同是《說文·鳥部》「鸙鷫」及本書《吳都賦》，然能殊途而同歸。洪云：「《說文》：『鸙，五方神鳥也。東方發明，南方焦明，西方鸙鷫，北方幽昌，中央鳳皇。』明、昌、皇、鷫皆同聲字。《吳都賦》『稽鷫鵬』，《玉篇·鳥部》字亦作鴨。」

步騎之所蹂若 善曰：《廣倉》曰：若，蹈足貌。

【陳校】

注「《廣倉》曰」。「倉」，舊本作「雅」。

【集說】

顧按：《廣雅》無此文。自注：若，蹈足貌。

胡氏《考異》曰：「僕樂齊王之欲夸僕，以車騎之眾」注「《廣雅》曰：僕，謂附著於人。」案：「雅」當作「倉」。各本皆譌。樊恭《廣倉》，見《隋志》。《上林賦》注引「若，蹈足貌」，茶陵本亦譌「倉」為「雅」也。見《子虛賦》。

張氏《膠言》曰：「僕樂齊王之欲夸僕，以車騎之眾」李注引「《廣雅》」，胡中丞校本云：『《廣雅》，當作《廣倉》。……茶陵本亦譌《廣倉》為《廣雅》。』」見《子虛賦·廣倉》。

胡氏《箋證》曰：按：《玉篇》：「若，蹈足貌」，當本《廣倉》。《廣韻·二十陌》：「踖，踐也。」此作「若」，蓋「踖」之省。

高氏《義疏》曰：胡紹煐曰云云。步瀛案：「諾」，後出字，古祗作「若」。劉放以為助詞，非也。

【疏證】

明州本、尤本、建本作「倉」同。奎本、贛本作「雅」。謹案：本書注三涉《廣倉》。首見《魏都賦》「兼重恎以」注引《廣倉》曰：恎用心並誤也。尤本同毛本。其次，見《子虛賦》「僕樂齊王之欲夸僕，以車騎之眾」注「《廣

雅》曰：『僕，謂附著於人。』」前胡、張氏並以為「雅」為「倉」之誤。再次，即本條，明、尤、建三本並同毛本。倘僅見於《子虛賦》一條，前胡之說，尚不免孤證之嫌，並三條共證，應屬可信。本條，後胡以《玉篇》本《廣倉》，亦屬可信，故毛本從尤本等不誤，陳校據「舊本」，非。其所謂「舊本」，似是贛本。

文成顛歌　注：文穎曰：文成，遼西口空脫一字縣名也。

【陳校】

注「遼西口空脫一字縣名也」。舊本無空一字。

【集說】

梁氏《旁證》曰：毛本「縣」上衍「上」字。

高氏《義疏》曰：文注（遼西，縣名也），顏及《索隱》引同。

【疏證】

奎本以下諸六臣合注本、尤本悉無空一字。謹案：《漢書》、《史記索隱》本傳引，同上諸《文選》本。毛本獨空或作「上」，皆非。陳校當據尤本、史書等正之。

激楚結風　注：文穎曰：衝激，急風也。

【陳校】

注「文穎曰：衝激」。舊本「衝」上有「激」字。

【集說】

胡氏《考異》曰：注「衝激，急風也。」袁本、茶陵本「衝」上有「激」字。單行本《索隱》有。《舞賦》及《七發》注有。《七命》注「衝激」作「激衝」，脫下「激」字。

梁氏《旁證》曰：注「文穎曰：『衝激急風也。結風亦急風也。』」「衝」上當有「激」字。《史記索隱》及本書《舞賦》、《七發》注引俱有。《七命》注「衝激」作「激衝」，脫下「激」字。六臣本尚不誤。

高氏《義疏》曰：文注，《索隱》引同。「衝」上有「激」字，袁、茶二本同。胡克家曰「《舞賦》及《七發》注有。《七命》注：『衝激，作激衝，脫下激字。』」

【疏證】

尤本脫同。奎本以下諸六臣合注本不脫。謹案：本書《舞賦》見「激楚結風」注、《七發》，見「於是乃發激楚之結」注、《七命》，見「激楚迴流風結」注引。前胡搜索已盡。《楚詞補注·招魂》「發激楚些」注引「衝」上亦有「激」字。毛本當誤從尤本，陳校當從六臣合注本、本書內證等補之。

靡曼美色 善曰：言作樂於前者，皆是靡曼美色也下或云於後。非也。

【陳校】

「靡曼美色」，按：「色」下，《史記》、《漢書》並有「于後」二字。今善注云「非」，是未詳。

【集說】

葉刻：何校「色」下，《史》、《漢》皆有「於後」二字。

孫氏《考異》曰：《史》、《漢》、五臣並作「靡曼美色于後」。李善注：「『色下，或云於後。』非也。」

胡氏《考異》曰：注「皆是靡曼美色也下或云」。袁本、茶陵本「美色也」三字，作「也色」二字。案：「也」，句絕；「色」，屬下。尤添改，失之。

梁氏《旁證》曰：「色」下，六臣本、《史記》、《漢書》並有「於後」二字。

姚氏《筆記》曰：何云「《史》、《漢》俱有『於後』二字」。

高氏《義疏》曰：五臣「色」下有「於後」二字，蓋依《史》、《漢》，然《史》、《漢》亦淺人所增也。今刪。又，袁、茶二本「美色也」，作「也色」二字。胡克家曰「也，句絕」云云。步瀛案：胡氏說，恐非。此注「下」字上脫「色」字，二本「也」字上脫「美色」二字耳。當互補。又案：善注以「於後」二字為非，是也。而以「靡曼美色」四字屬上「於前」，亦未合。吳先生曰：「此四字貫下『若夫青琴宓妃之徒』十二字為一句，言靡曼美色如青琴、宓妃其人，皆侍酒也。上文『麗靡爛漫於前』，與下『色授魂與，心愉於側』，相對為文，上言音樂，下言女色。此處有『於後』二字，甚不詞。淺人妄增。」

【疏證】

尤本並注同。五臣正德本、陳本有「於後」，奎本以下諸六臣合注本同，並有校云：善本無「於後」字。注並作「皆是靡曼也」。謹案：《北堂書鈔》卷一百五「洞心駭耳」注、同書「狄鞮之唱」注引並有「于後」字。善本無「於

後」，善注已明言。五臣有「於後」二字，良注可證。《史》《漢》並有，正可掩其於善注襲而求異之跡耳。凡善注涉及文字校勘者，大抵如此。善注「或云」，正就《史》、《漢》言耳。高氏謂「《史》、《漢》亦淺人所增」，是。依高氏「互補」說，本注「下」上當增一「色」字。吳氏以「上文麗靡爛漫於前，與下色授魂與，心愉於側，相對為文」以證「色」下增「於後」之非，亦足備參考。尤本正文蓋參六臣合注本校語，毛本從之。陳校迷信《史》、《漢》，而輒疑《文選》，亦未能免史家輕文之陋矣。

屾然興道而遷義　注：郭璞曰：屾，猶勃也。許貴切。

【陳校】

「屾然興道」。「屾」，《史記》作「喟」。

【集說】

余氏《音義》曰：「屾」，司馬彪注：「古卉字。」

梁氏《旁證》曰：五臣「屾」作「卉」。《史記》作「喟」。

朱氏《集釋》曰：「屾」，古「卉」字。顏師古曰：「屾然，猶欻然也。」欻，音忽，亦訓忽。《西京賦》「欻從背見」薛注：「欻之言忽也」，即《說文》「欻有所吹起」，亦與「興道遷義」可合，則屾，當為「欻」之音近借字。郭云「勃」者，《左傳》「其興也勃焉，其亡也忽焉。」「勃」、「忽」正相類。或謂「如草木之勃然而生」，亦通。《史記》作「喟然」。「喟」又「卉」之同韻字也。若本賦前文「薊苆屾欻」《索隱》引郭璞曰：「屾吸，林木鼓動之聲。」此隨文為解，假其字音以狀之，固非本義矣。

胡氏《箋證》曰：葉樹藩曰：「屾欻，即欻吸。欻，古作犇，見《石鼓文》。省作屾。注以為古卉字。非。」紹煐按：「屾」，《說文》作「犇，疾也。」此下云「屾」。然善引郭注：「屾，猶勃也。《漢書》顏注：「屾然，猶欻然也。」「欻」，與「屾」音、義通。江文通《雜體詩》「欻吸鵾鷄怨」善注：「欻吸，疾貌。」《說文》：「欻，有所吹起。从欠、炎。讀若忽。」《西京賦》「沸卉軿訇」薛注：「奮迅聲也。」作「卉」、作「屾」，皆即「犇」字。見《箋證》「薊苆屾欻」注：「屾，古卉字」條。

高氏《義疏》曰：《史》「屾」作「喟」，五臣作「卉」。朱珔曰：「屾，當為欻之音近借字。郭云勃者，《左傳》其興也勃焉，其亡也忽焉。勃、忽正相類。」胡紹煐謂：「《說文》：犇，疾也。省作屾。亦作卉，與欻音相通。」其說較勝。

【疏證】

尤本同。五臣正德本、陳本作「卉」。音「許屈」。奎本、明州本同，無校語。贛本、建本作「歮」，校云：五臣作「卉」。許屈切。謹案：五臣作「卉」，向注可證。善本作「歮」，引郭注可明。《史記》本傳作「胃」，《索隱》：「《漢書》作歮然，猶歊然也。音許貴反。」《漢書》本傳作「歮」，師古曰：「歮然，猶歊然也」。先說「卉」，與「歮」同。《玉篇・屮部》：「卉，同歮」。次說「莽」與「犇」同。《玉篇・夲部》作「莽」。《說文・夲部》：「莽，疾也。從夲、卉聲。拜，從此。呼骨切。」清・孫承澤《春明夢餘錄・石鼓文・丁鼓》：「帥彼鑾車，莽速填如，秀弓孔碩，彤矢族族。」《繹史》卷二十七作「忽」。是「犇」與「莽」音義並同。《說文・欠部》：「歊，有所吹起。從欠，炎聲。讀若忽。許物切。」段注：「此篆久譌。從炎，非聲。蓋本從莽聲，譌而為炎。……倘去聲字，說以從炎會義，亦恐非也。」段注言「歊」與「莽」是正譌關係。此是後胡引《說文》作「從欠、炎」，滅去「聲」之緣故。葉氏以「犇，與「歊」為古今字，其實不切。再次說「胃」與「莽」聲同。《廣韻・怪韻》：「撎。《周禮》：『大祝辯九撎，之撎。博怪切。』下一字「拜」云：「同上。」與上引《說文》言「莽」：「拜，從此」語正合。二字由「莽」得聲，胃，則有「苦怪切」，與二字同在一部，可證「胃」為「莽」之聲借。故吳氏《別雅》卷四「歕然，歮然，胃然也」條云：「《史記・司馬相如・上林賦》：『胃然興道而遷義。』《漢書》作『歮然』。歮即卉字，與胃字聲同，故假借用之。」其說不誤。總而言之：善作「歮」，蓋取「犇」之省，五臣作「卉」是取莽之省上引《說文・夲部》：「犇，疾也。從夲卉聲。」下，有段注云：「《上林賦》『劖苙歮歊』，又，『卉然興道而遷義。』郭璞曰：『卉，猶勃也。』《西京賦》『奮隼歸鳧，沸卉軿訇。』薛綜曰：『奮，迅聲也。』卉皆莽之叚借。」是段並主「卉」與「莽」通矣。《史記》作「胃」，是「犇」之聲同借字耳。毛本從尤本等不誤，陳校亦廣異聞耳。後胡、高氏說，扼要中肯，可參考。

羽獵賦一首並序　揚子雲

甲車戎馬　注：甲，或為田。非也。

【陳校】

「甲車戎馬」。「甲」，《漢》、《史》作「田」。

【集說】

余氏《音義》曰：「甲」，何曰：「《漢書》：田」。

梁氏《旁證》曰：《漢書》「甲」注「田」。

高氏《義疏》曰：《漢》「甲」作「田」，善已斥其非。

【疏證】

諸《文選》本悉同，《古今事文類聚》前集卷三十七、《玉海》卷一百四十四引，亦同。謹案：宋·林之奇《尚書全解》卷三十七：《周禮》有五輅：「……革輅，兵車也，木輅，田車也。」革車即甲車，既為羽獵，自當用之，而非農用之木輅田車矣。「田」者，或「甲」之壞字耳。陳、何校，非。高說是也。

尚泰奢麗誇詡 善曰：毛萇《詩傳》曰：詡，大也。

【陳校】

按：《吳都賦》注內衍「奢，靡也。《尚書》：周公曰：敝化奢麗」十二字，當是此賦「奢麗」注脫文。

【集說】

顧按：此誤見前。

【疏證】

奎本以下諸六臣合注本、尤本悉同。謹案：陳校非，說已見上《吳都賦》「安可以儷王公而著風烈也」條。該條有顧按：「此必左《賦》本作『奢風烈』，故李注『奢』字也」。實無關錯簡。

不折中以泉臺 注：服虔曰：魯莊公築臺。

【陳校】

注「服虔曰：魯莊公築臺。」「築」下，當有「泉」字。

【集說】

胡氏《考異》曰：注「魯莊公築臺。」陳曰云云。是也。各本皆脫。

梁氏《旁證》曰：注「魯莊公築臺。」陳校「築」下添「泉」字。

高氏《義疏》曰：服注，顏引同。惟「築」下有「泉」字……。陳景雲、胡克家、梁章鉅皆謂「築」下當有「泉」字。

【疏證】

奎本以下諸六臣合注本、尤本悉同。謹案：《漢書》顏引服注有「泉」字，《冊府元龜》卷五百二十三引同。事見《公羊傳注疏·文公十六年》「毀泉臺」傳：「泉臺者何？郎臺也。郎臺，則曷為謂之泉臺？未成為郎臺，既成為泉臺。」注：「莊公所築臺于郎」。疏：「注解云：即莊三十一年春，築臺于郎。」此正服注所出。「泉」字不可無。毛本當誤從尤本等，陳校當據《漢書》、《公羊傳》等補之。

則泰山之封，焉得七十而有二儀　注：孟康曰：封禪各言異也。

【陳校】

注「封禪各言異也」。舊本「言」字在「封禪」上，為是。

【集說】

胡氏《考異》曰：注「封禪各言異也。」陳曰云云。案：今未見。但《漢書》注如此。

梁氏《旁證》曰：注「封禪各言異也。」《漢書》注作「言封禪各異也」。此誤。

高氏《義疏》曰：孟注，各本「言」字在「各」字下，今依顏引校正。

【疏證】

奎本以下諸六臣合注本、尤本悉同。謹案：《漢書》本傳猛注「言」在「封禪」上。毛本當從尤本等，當依《漢書》乙正。陳校所謂「舊本」，未知為何本。屨云「今未見」，前胡似亦有疑，尤其「但《漢書》注如此」一句，見疑雲重重矣。

儲積共偫　善曰：郭舍人《爾雅注》曰：共，具物也。偫，具事也。

【陳校】

注「郭舍人《爾雅注》」。按：《爾雅·釋詁》云：「供峙，共具也。」郭景純注曰：「皆謂備具。」與李善所引不同。則知「郭舍人」非景純也。下文「移珍來享」句，又引「犍為舍人《爾雅注》」，未審即此一人否也。

【集說】

顧按：此「郭」字衍。

胡氏《考異》曰：注「郭舍人《爾雅注》曰」。陳云：「《爾雅》郭注與所引不同，則知非景純也。下文『移珍來享』句，又引『犍為舍人《爾雅》注。』」今案：其說是也，「《爾雅》，犍為郡文學卒史臣舍人注，二卷。」見陸氏《釋文·敘例》。必「犍為」二字，各本誤改作「郭」。

張氏《膠言》曰：李注引「郭舍人《爾雅注》曰：『共，具物也。偫，具事也。』」自注：今郭注作：『供峙，共具也。』」胡中丞云：「陳云：『《爾雅》郭注與所引不同……各本誤改作郭。』」雲璈按：「郭舍人」，「犍為舍人」，自是一人。

梁氏《旁證》曰：陳曰：「《爾雅》郭注與所引不同……又引犍為舍人《爾雅注》。」胡公《考異》曰：「《爾雅》，犍為郡文學卒史臣舍人注……必『犍為』二字，各本誤改作『郭』耳。」

胡氏《箋證》曰：陳氏景雲曰：「《爾雅》郭注與所引不同」云云。《考異》云：「《爾雅》，犍為郡文學卒史臣舍人注，二卷」云云。紹煐按：錢氏大昕云：「《廣韻》有舍姓，蓋其人姓舍，名人。」則「舍」上不得增「郭」字。

高氏《義疏》曰：胡克家曰云云。步瀛案：錢大昕《廿二史考異·隋書》二曰：「犍為文學，即舍人也。陸德明云：『犍為郡文學卒史臣舍人，漢武帝時待詔。蓋其人姓舍，名人。』」胡紹煐曰：「《廣韻》有『舍』姓，則『舍』上不得增『郭』字。」

【疏證】

奎本以下諸六臣合注本、尤本悉同。謹案：毛本當從尤本等，陳校有首功，得顧按（前胡）之補不得有「郭」字，說益完備。自張氏以下並宗陳、顧（前胡）二家，後胡引《廣韻》以實前說，亦足稱善。本條足證：梁氏所引陳校，皆轉販自前胡，非真目擊《舉正》者也。

孫志祖《讀書脞錄續編》卷二「爾雅舍人注」條，駁錢氏「姓舍名人」說，且坐實郭姓。駁錢誠是，落實恐非。錄之，亦可廣異聞。孫云：「陸德明《釋文序錄》：『《爾雅》，犍為文學注，三卷。』自注『一云：犍為郡文學卒史臣舍人，漢武帝時待詔。』錢竹汀云：『《廣韻》有舍姓，蓋其人姓舍，名人。』志祖案：姓舍罕見，且名人，疑未必然也。李善《文選·羽獵賦》注引「郭舍人《爾雅注》」，是其人姓郭爾。《漢書·東方朔傳》『有幸倡郭舍人』，正值漢武帝時，豈即其人邪？蓋本犍為郡文學卒史，而入為舍人也。名則不可考矣。」

出入日月，天與地沓　注：應劭曰：沓，合也。

【陳校】

　　「天與地沓」。「沓」，《漢書》作「杳」，小顏注云：「以杳為沓，非唯乖理，蓋亦失韻。」

【集說】

　　余氏《音義》曰：「沓」，何曰：「《漢書》作杳」。

　　孫氏《考異》曰：「沓」，《漢書》作「杳」。顏注云：「以杳為沓，非唯乖理，蓋已失韻。」志祖案：《楚辭‧天問》：「天何所沓？十二焉分？」王逸注云「沓，合也。言天與地合為何所。」子雲蓋祖屈原之語。

　　梁氏《旁證》曰：《漢書》「沓」作「杳」。顏注：「杳然縣遠也。說者反以杳為沓，解云『重沓。』非惟乖理，蓋已失韻」。按：此注引應劭曰：「沓，合也」，則《漢書》或亦作「沓」字。孫氏志祖曰云云。

　　姚氏《筆記》曰：何云：「《漢書》作杳」。

　　胡氏《箋證》曰：顏注云云。按：「杳」與「鎬」，古音同在《宵部》，「道」與「草」在《幽部》。此以杳、鎬、道、草為協，乃《幽》、《宵》二部通韻。「沓」在《緝部》，相隔甚遠。以韻言之，師古說是。然善引應劭注「沓，合也」，則古本《漢書》皆作「沓」。《楚辭‧天問》「天何所沓」王注：「沓，合也。」賦文當本此。或此處無韻，非如顏所云也。

　　許氏《筆記》曰：「沓」，《漢書》作「杳」。師古曰「天地之際」云云。案：《楚詞》云：「天何所沓？」應劭曰：「沓，合也」，與王逸注同。然終不安，當以師古說為是。

　　黃氏《平點》曰：「天與地沓」句。「沓」，當依《漢書》顏本作「杳」。「杳」者，「昆」借，望遠合也。「沓」雖亦訓「合」而失韻。應劭注亦當本作「杳」。作「沓」亦可自注：此用《天問》，上與「月」韻，不當輒改。

【疏證】

　　諸《文選》本悉同。謹案：《古今事文類聚》前集卷三十七引亦作「沓」。翰注作「沓」，可證五臣作「沓」；善注引應劭，不引顏注，明善本作「沓」，然則，《文選》固作「沓」。師古注《漢書》謂：「苑囿之大，遙望日月皆從中出入，而天地之際，杳然縣遠也。說者反以杳為沓，解云『重沓』，非惟乖理，蓋已失韻云。」是顏注《漢書》作「杳」。然宋祁則曰：「『杳然』，舊作『者』。

《刊誤》改『者』作『杳』。景本無『然』字。」是古本《漢書》不作「杳」矣。孫志祖云：「《楚辭‧天問》王逸注云：杳，合也」，與善引應劭注正相應，是古本《漢書》亦作杳。胡氏《箋證》折中其說：「以韻言之」，師古說是；然據「善引應劭注」不援顏注、「賦文當本《楚辭》注」，故最終結論：「或此處無韻，非如顏所云也」，復歸從《文選》。是矣。陳、何校習從史書，因先後奉顏說。

然後先置乎白楊之南　注：服虔曰：白楊，觀名也。

【陳校】

　　「白」，五臣作「長」。

【集說】

　　顧按：考《漢書》服虔注，「白」字是也，五臣本每誤。

　　梁氏《旁證》曰：六臣本「白」作「長」。

　　高氏《義疏》曰：五臣「白楊」作「長楊」，《類聚》引同。服注，顏引同。《三輔黃圖》卷五曰：「白楊觀，在昆明池東」。

【疏證】

　　尤本同。五臣正德本、陳本作「長」。奎本、明州本同，有校云：善本作「白」。贛本、建本作「白」，校云：五臣作「長」。謹案：善作「白」，引服注已明；五臣作「長」，銑注可證。《漢書》本傳、《今事文類聚》前集卷三十七、《玉海》卷一百四十四及卷一百六十六並作「白」。潘安仁《藉田賦》「百僚先置位以職分」注引亦作「白」。又但觀下句為「昆明靈沼之東」，輔之高引《三輔黃圖》，五臣之譌可必。此五臣求異善本，乃改從《藝文類聚》致譌耳。

鱗羅布烈

【陳校】

　　「烈」，《漢書》作「列」。

【集說】

　　余氏《音義》曰：五臣作「列」。

　　孫氏《考異》曰：「霹靂列缺。」「列」，誤「烈」。下「鱗羅布列」，同。

見《上林賦》「霹靂列缺」條。

胡氏《考異》曰：茶陵本云：五臣作「列」，袁本云：善作「烈」。今案：各本所見皆非也。《漢書》作「列」，善自與之同，但傳寫譌耳。又案：上文「霹靂烈缺」，二本校語亦云然。彼《漢書》仍作「列」。而以應劭「閃隙」之義求之，作「烈」自通。善、顏亦不盡同也。恐此涉彼而加「火」。

姚氏《筆記》曰：「鱗羅布烈」，亦改「列」。

許氏《筆記》同陳校。

高氏《義疏》曰：尤本、毛本「列」作「烈」。胡克家曰云云。今據改。

【疏證】

尤本同。五臣正德本、陳本作「列」。奎本、明州本作「列」，校云：善本作「烈」。贛本、建本作「烈」，校云：五臣作「列」。謹案：《古今事文類聚》前集卷三十七引同《漢書》。《說文通訓定聲·泰部》：「烈，假借為列。」《詩經·鄭風·大叔于田》：「叔在藪，火烈具舉。」傳：「烈，列。」箋云：「列人持火俱舉，言眾同心。」孔疏：「言火有行列也。」是善自作「烈」，前胡「善、顏亦不盡同」說是，五臣蓋從《漢書》，求異善本。諸家祇從前胡上句「善自與之（《漢書》）同」之說，不顧「烈」為「列」之借，疏矣。

狡騎萬帥　　注：晉灼曰：狡健之騎也。

【陳校】

「狡」，《漢書》作「校」、「帥」作「師」。五臣並同。

【集說】

余氏《音義》曰：「狡」，五臣作「校」。「帥」，何曰：「《漢書》作師」。

梁氏《旁證》曰：六臣本及《漢書》並「狡」作「校」、「帥」作「師」。

姚氏《筆記》同何校。

許氏《筆記》曰：「狡騎」。《漢》作「校騎」。師古曰：「騎而為部校者也。」

黃氏《平點》曰：「狡騎萬帥」句。尤褒云：「狡騎，五臣作校騎。」（黃）焯案：「《揚雄傳》與五臣本同。」

高氏《義疏》曰：五臣「狡」作「校」、「帥」作「師」。《漢》並同。蕭該曰：「校，張晏音効。」顏曰：「校騎，騎而為部校者也。」吳先生曰：「《釋名·釋言語》曰：狡，交也。狡騎，言騎相交錯也。」

【疏證】

尤本二字並同。奎本、明州本作「校」、「師」，校云：善本作「狡」、「帥」。贛本、建本作「狡」、「帥」，校云：五臣作「校」、「師」。五臣正德本作「校」、「師」；陳本作「校」、「帥」，向注則作「師」。謹案：《玉海》卷一百四十四引，同《漢書》作「校」、「師」。五臣作「校」、「師」，向注可證。善本作「狡」，援晉灼注，已明。善與五臣有別，當從「狡」、「帥」。毛本當從尤本等，陳、何以五臣亂善，非也。

洶洶旭旭，天動地岋 注：岋，五合切也。

【陳校】

注「五合切也。」舊本無「也」字。

【疏證】

尤本有「也」字胡本留一空格，是刓去之跡。奎本以下諸六臣本「岋」下並有音注「吳合」二字。謹案：本條可證尤本的為毛本遠祖。陳校是。此處陳所謂「舊本」，的為尤本初刻。

娭澗間

【陳校】

「間」，《漢書》作「門」。

【集說】

梁氏《旁證》曰：「娭澗間」。五臣作「嬉閒閒」。向注「間為娛戲於其間也。」《漢書》作「娭澗門」。

許氏《筆記》曰：「娭澗」。《漢書》作「娭」。音許其反。嘉德案：此與《上林賦》「娭遊」同誤。茶、袁本善作娛，非。

高氏《義疏》曰：五臣「澗」作「閒」音去聲，下「閒」字，音平聲。《漢》作「澗門」，《漢殘卷》作「澗閒」。吳先生曰：「此當依五臣作閒閒，謂無枝之際中也，猶《上林賦》之其閒希閒，上閒，為閒隙，下閒，為中閒」。

【疏證】

尤本作「娭澗間」。五臣正德本作「嬉閒閒」、陳本作「嬉間去間平」。奎本以下諸六臣合注本作「嬉間間」，校云：善作「娭」、善作「澗」。末「間」字

同。謹案：「閖」，用可同「潤」。遼·希麟《續一切經音義》卷七：「閖，《韻集》云：『溝潤也。或作潤字，俗用亦通。』」是善「潤」即五臣之「閖」。善用借字，五臣改用正字耳。《漢書》則誤，《漢書》本傳注有宋祁注曰：「娭潤門，當作娭潤間。」與善注同。宋祁當從《文選》。毛本從尤本，不誤；陳校引《漢書》則失矣。

屨般首　善曰：屨，謂踐履之也。

【陳校】

　　「屨般首。」「屨」，《漢書》作「履」。

【集說】

　　余氏《音義》曰：何曰：「屨，《漢書》作履。」

　　梁氏《旁證》曰：《漢書》「屨」作「履」，刊本誤也。「屨」與下句「帶」字義配，故顏注云：「屨，謂踐履之也。」若「履」字便可不注。

　　姚氏《筆記》同。

　　高氏《義疏》曰：《漢》「屨」作「履」。《漢殘卷》作「屨」。

【疏證】

　　諸《文選》本悉同。謹案：《古今事文類聚》前集卷三十七引同《文選》。《說文·履部》：「履，屨，履也。」段注引晉蔡謨曰：「今時所謂履者，自漢以前皆名屨。」《方言》卷四：「屨，履也。自關而西謂之屨。」《廣雅·釋器》：「屨，履也。」《史記·季布欒布列傳》「季布以勇顯於楚，身屨典軍」集解駰案：「孟康曰：『屨，履蹈之也。』」與本條善注義同。皆「履」，與「屨」同之證。《漢書》師古注、《文選》善注各與正文相應，是《文選》不從顏注。《漢書殘卷》亦作「屨」，足見善本作「屨」非無據，而顏本與《漢書》古本已不同矣。毛本從尤本等不誤，陳校亦備異聞。

璧壘天旋

【陳校】

　　「璧」，舊本作「壁」。

【疏證】

　　尤本作「璧」。五臣正德本、陳本並良注作「壁」，奎本、明州本皆同。

贛本並良注作「壁」。建本正文作「壁」、良注則作「壁」。謹案：《漢書》作「壁」，《古今事文類聚》前集卷三十七、《玉海》卷一百四十四引、《古今合璧事類備要》前集卷五十二「上蘭行伍」注引並同。贛本首誤，建本從之而未及改向注。毛本當誤從建本等。陳校「舊本」，當五臣或六家本系統本。

沈沈溶溶

【陳校】

「沈沈」。《漢書》作「沈沈」。

【集說】

梁氏《旁證》曰：《漢書》作「沈沈容容」。宋祁曰：「沈，蕭該本作沈，音餘水反。《文選》亦作沈沈。」王氏念孫曰：「蕭本是也。沈容，雙聲字，謂禽獸眾多貌。上文『萃從允容』，《文選》亦作沈溶。李注：『沈溶，盛多之貌。《上林賦》曰：沈溶淫鬻。沈，以水切；溶，音容。』是其證。沈、沈草書相似，故沈譌為沈，而師古無音，則所見本已作沈矣」。

胡氏《箋證》曰：《漢書》作「沈沈容容」。宋祁曰：「沈，蕭該本作沈，音餘水反。」王氏念孫曰：「蕭本是也」云云。

許氏《筆記》曰：「沈溶」。沈，《漢書》作「允」。

高氏《義疏》曰：《漢》作「沈沈容容」。宋祁曰：「沈，蕭該本作沈，音餘水反。《文選》亦作沈沈。」案：《漢殘卷》本亦作「沈」。《集義》：「音余水切」，與蕭合。王氏念孫曰：「蕭本是也。沈容，雙聲字，……故沈譌為沈。」自注曰：「《史記·六國表》索隱：『鱄，音屬沈反。』今本沈，譌為沈。」

【疏證】

諸《文選》本悉同。謹案：《古今事文類聚》前集卷三十七引、王念孫說是，況有《漢書》殘卷本可證。毛本當從尤本等，陳校不當引誤本。梁、後胡、高氏說皆是。許所見《漢書》作「允」，亦是，蓋「沈」從「允」得聲，可通也。本條後胡仍襲梁氏，僅去宋祁「《文選》亦作沈沈」六字而已。高氏補出王念孫說「自注」，見《史記索隱·六國年表》「晉伐到鱄陵」注：「劉氏：鱄，音屬沈反。」反切作「沉」，與「沈」同。

熊羆之挐玃　注：韋昭曰：挐玃，惶遽也。

【陳校】

「熊羆之挐玃」。「玃」，《漢書》作「攫」，五臣同。

【集說】

余氏《音義》曰：何曰：「玃，《漢書》作攫」。

梁氏《旁證》曰：六臣本及《漢書》「玃」作「攫」。

姚氏《筆記》曰：《漢書》作「攫」。

許氏《筆記》曰：「玃」，當從《漢書》作「攫」。《西京賦》：「熊虎升而挐攫」。

高氏《義疏》曰：茶陵本「攫」作「玃」。校曰：五臣作「攫」。袁本作「攫」，校曰：善本作「玃」，蓋所見善本皆轉寫之誤。尤本、毛本皆然，善本當亦同。《漢》作「攫」，不作「玃」，今改正。韋注並同。

【疏證】

尤本同。贛本、建本亦同，「玃」下校云：「五臣作攫，音钁。」奎本、明州本作「攫」，校云：「音钁，善本作玃。」五臣正德本、陳本作「攫」。音注：「攫，音钁。」謹案：本書王文考《魯靈光殿賦》「奔虎攫挐」善注：「攫挐，相摶持也。」復引《羽獵賦》亦作「挐攫」。段玉裁謂今本《說文》作「挐攫」字。循段說，「玃」字自當從手旁，韋昭注同。然則，贛本、尤本、建本皆非也。《古今事文類聚》前集卷三十七引，亦誤。《義疏》云：「茶陵本、袁本所見善本皆轉寫之誤，善本當亦同。」是也。贛本、袁本等蓋「玃」、「攫」形近而譌。陳、何據《漢書》、五臣等正之，是也。

徒角槍題注，蹶竦讋怖，魂亡魄，觸輻關脰

【陳校】

「怖魂亡魄」。「魄」下，《漢書》有「失」字，五臣同。若據此，則上當以「徒角搶題注」為句，而「蹶竦讋怖」、「魂亡魄失」，各以四字為句也。

【集說】

余氏《音義》曰：「怖魂」。五臣有「失」字。

孫氏《考異》曰：「魂亡魄」下，當從《漢書》、五臣本增「失」字。

胡氏《考異》曰：「魂亡魄」。袁本、茶陵本下有「失」字。云：「善無。」

案：各本所見皆非也。《漢書》有，善自與之同。傳寫脫耳。陳曰「上當以『徒角搶題注』為句」云云。

梁氏《旁證》曰：六臣本及《漢書》「魄」下均有「失」字，是也。此傳寫脫耳。陳曰「蹴竦讋怖」云云。

胡氏《箋證》曰：《旁證》云：「六臣本及《漢書》『魄』下，均有『失』字。則此傳寫脫耳。」

許氏《筆記》曰：「亡魄」。「魂亡魄」句，各本並云「魂亡魄失」。六臣本云善本無「失」字，此據譌本妄注之耳。此節以觸、邊、注、怖、胆、獲、聚為韻，若無「失」字，而以「題」字、「讋」字絕句，非惟失韻，義亦不可通也。嘉德案：「《漢書》有『失』字，六臣校語非也。胡云：『善本傳寫脫耳。』」

高氏《義疏》曰：尤本「魄」下無「失「字。胡克家曰云云。案：孫志祖、許巽行說皆同。今據增。

【疏證】

尤本同。五臣正德本、陳本有「失」字，奎本以下諸六臣合注本同，並有校云：善無「失」字。謹案：《古今事文類聚》前集卷三十七引有「失」字。前胡說是，善與《漢書》同，傳寫脫之。毛本誤從尤本，陳校當從《漢書》、五臣本補之。當以「徒角搶題注」為句，陳校亦是。

嗷嗷昆鳴

【陳校】

「鳴」，《漢書》作「明」，五臣同。「明」、「鳴」，蓋古字通。

【集說】

高氏《義疏》曰：五臣「鳴」作「明」，非。

【疏證】

尤本同。五臣正德本、陳本作「明」，奎本以下諸六臣合注本同，有校云：善本作「鳴」。謹案：本書陸士衡《擬古詩十二首·擬今日良宴會》「譬彼伺晨鳥，揚聲當及旦」注引「《春秋考異郵》曰：『鶴知夜半，雞應旦明。』明與鳴同，古字通。」然則，毛本當從尤本，不誤；陳校當從本書內證，亦是。高氏疏矣。四庫館臣《四庫全書考證·漢魏六朝百三家集上》云：「『嗷嗷昆鳴』，

刊本鳴訛明。並據《漢書》及《文選》改。」亦不知「明」、「鳴」，古字蓋通，豈其正高氏所誤從者歟？

餉屈原與彭胥　善曰：《楚辭》曰：願依彭咸之遺制。

【陳校】

注「願依彭咸之遺制。」「制」，舊本作「則」。

【集說】

胡氏《考異》曰：注「願依彭咸之遺制。」案：「制」當作「則」。各本皆譌。陳云「別本作則。」今未見。

梁氏《旁證》曰：「制」，當作「則」。各本皆誤。

高氏《義疏》曰：《楚辭》，見《離騷》。「則」誤「制」，今據《騷》校正。

【疏證】

明州本、贛本、尤本、建本誤同。奎本作「則」。謹案：王逸《章句》、洪氏《補注》、朱氏《集注》，諸《楚辭》本並作「則」。此明州本首誤，贛本以下遞相踵武而誤。毛本誤從尤本等。

俄軒冕　注：韋昭曰：車有蕃，曰軒。

【陳校】

注「車有蕃，曰軒。」「蕃」，舊作「轓」。

【集說】

梁氏《旁證》曰：「車有轓」。段校：「轓，當作番」。

【疏證】

奎本、尤本同。明州本、贛本、建本作「轓」。謹案：《後漢書·輿服志》「列侯安車」章懷注：「車有轓者，謂之軒」，《南齊書·輿服志》：「青蓋安車」條、《玉海》卷七十九「漢安車」注並同。梁引段校，未言其詳。《說文》無「轓」字，祇有「䡊」字，曰：「車耳反出也。」《廣雅·釋器》：「轓，謂之䡊」。王念孫《疏證》曰：「轓、蕃、轓並通。《說文》：『䡊，車耳反出也。』䡊、轓，聲近義同。䡊，字亦作版。」《太玄·積》；「至于蕃也。」司馬光集注：「謂車耳兩轓也。」是「蕃」通「轓」。《春秋左傳注疏·閔公二年》「鶴有乘軒者」杜注「軒，大夫車」孔疏：「服虔云：車有藩曰軒。」是「藩」亦通

「轓」。《說文・釆部》：「番，獸足謂之番。」章太炎《新方言・釋形體》：「《說文》：番，獸足謂之番。從釆，田象其掌。移之言人，今謂腳掌為腳番，讀如板。」章說正可證成梁引段校，故「番」為車版之本字，「蕃」、「藩」皆為其借字，「轓」，則後起字耳。毛本當從尤本，陳校「舊本」當指建本等，蓋備異聞耳。

放雉兔……麋鹿芻蕘 善曰：毛萇《詩傳》曰：芻蕘，薪采者也。

【陳校】

注「薪采者也」。舊本作「采薪」。

【集說】

顧按：今《板詩》毛《傳》作「薪采者」，是也。字亦見《公羊》。

高氏《義疏》曰：《毛詩》傳，見《板》之篇。

【疏證】

尤本同。奎本以下諸六臣合注本作「采薪」。謹案：「薪采者」，亦見《春秋公羊傳注疏・哀公十四年》。本書潘安仁《馬汧督誄》「芻蕘罄絕」注引毛《傳》亦作「薪采」。毛本當從尤本，陳校則從六臣合注本耳。

文選卷九

長楊賦一首並序　　揚子雲

秋，命右扶風發民入南山　善曰：扶風在涇州界。

【陳校】

注「扶風在涇州界。」按：「涇」，疑「雍」誤。又，扶風在唐為岐州，或「岐」字之誤。

【集說】

胡氏《考異》曰：注「扶風在涇州界。」陳云：「涇，雍誤。」是也，各本皆誤。

梁氏《旁證》曰：陳校「涇」改「雍」。是也。各本皆誤。

【疏證】

奎本以下諸六臣合注本、尤本悉同。謹案：《漢書·地理志上》：「右扶風：故秦內史。高帝元年屬雍國。」《太平寰宇記·雍州》：「《禹貢》雍州之域。……秦兼天下，置內史以領關中。項籍滅秦，分其地為三……是為三秦。高祖入關，定三秦，復併為內史。景帝分置左、右內史。武帝大初元年，改左內史為京兆尹、左馮翊，右內史為右扶風，謂之三輔。」毛本當誤從尤本等，陳校蓋據史藉地志正之。此等處，可見陳氏史學功底。

所過麾城搟邑　注：顏監曰：搟，舉手擬也。《蒼頡篇》曰：搟，拍取也。善曰：鄭玄《禮記注》曰：搟之言芟也。《字林》曰：搟，山檻切。

【陳校】

「麾城搟邑」。「搟」，今本《漢書》作「揎」。顏注同。

【集說】

胡氏《考異》曰：注「顏監曰：搟，舉手擬也。」案：顏《漢書》正文字作「揎」，上引李奇音「車幰」之「幰」，而解云：「揎，舉手擬之也」，蓋其字音義與《左氏傳》「乃掀公」之「掀」相近。善《文選》正文作「搟」，與顏不同，別引鄭氏《禮記注》釋義、《字林》釋音，乃所以改顏也。傳寫者並顏注亦為「搟」，失之矣。又「《蒼頡篇》曰：搟，拍取也」八字，非《漢書》注，乃善引以證顏者，字亦當是「揎」也。

張氏《膠言》從胡氏《考異》。雲璈按曰：八字《蒼頡篇》以下當在「善曰」下。

梁氏《旁證》曰：《漢書》無「過」字、「搟」作「揎」。李奇曰：「揎，音車幰之幰。」顏注「揎，舉手擬之也。」然則，此注引顏監「搟」，應作「揎」。蕭該《音義》引《蒼頡篇》亦作「揎」。然《說文》有「搟」字無「揎」字。《集韻》：「搟，取也。」與《倉頡篇》訓合，恐《漢書》誤也。此注「擬」下無「之」字，應據《漢書》注校添。胡公《考異》曰：「顏注揎字，音義與《左氏傳》乃掀公之掀相近，李注別引鄭氏《禮記注》及《字林》以為搟字，《音義》乃所以改顏謹案：此誤解《考異》，傳寫者並顏注亦為搟，失之矣。」

姚氏《筆記》曰：何從《漢書》改「搟」為「揎」。余按：《漢書》作「揎」，李奇「音幰」。善引《禮器》同作「搟」，則是「芟」之去聲也。二字異同未詳。

朱氏《集釋》曰：搟，《漢書》作「揎」。李奇注：「幰，音車幰之幰。」師古曰：「揎，舉手擬之也。」錢大昕《養新錄》曰：「小顏注無別音，當從李奇讀。其字從手旁軒也。(《漢書》)監本附入宋祁云：『韋昭曰：並也，音芟。』下及李善注云云。據景文所引諸說，則字當從手旁斬，兩字絕不相同。《文選》本是搟字，故善引《禮器》注為證。今正文作揎，並將鄭注、《字林》、《蒼頡篇》諸搟俱改作揎，誤甚。」余謂：《文選》作「搟」，而注先引顏監曰「搟，舉手擬也。」是以「搟」為「揎」，李善已誤。「搟」，《說文》作「擊」，實一字。訓云「暫也。」段氏曰：「暫，非其義。」蓋從手與從日異。豈《說文》

有誤與？《廣雅・釋詁》又云：「掔，次也。」乃本鄭注「有掔而播」為說，特引伸之義。其本義似宜從《蒼頡篇》暨《廣韻》：「掔，斬取也」，方合。觀賦言「掔邑」可知。且鄭云「掔之言芟。」芟者，刈草也，正「斬取」之義。……至「掀」字，《說文》所無，當是「掀」之俗體。軒、欣音相近。《說文》：「掀，舉出也」，引《左氏・成十六年傳》「掀公出於淖」，彼處《釋文》云：「捧轂舉之，則公軒起也。」是掀之言軒，因有從「軒」之字。「掀」，既訓「舉」。此賦作「掀邑」，即孟子所謂「五旬而舉之」也，意亦可通。但以「掔」、「掀」二字形相似，遂致混合為一，則誠如錢說矣。

胡氏《箋證》曰：胡氏《考異》曰云云。梁氏《旁證》曰云云。紹煐按：此各隨所見本而音釋之。蕭該《音義》則古本《漢書》作「掔」，善蓋據依古本以改顏耳。

許氏《筆記》曰：師古作「掀」，李奇音「車幰」之「幰」，注中顏監曰「掔」，此「掔」字當作「掀」。「《蒼頡篇》曰」以下，乃釋「掔」字。此李善兩釋之例。嘉德案：《漢書》顏本正文作「掀」，《選》本李作「掔」，故注先引顏監云云是「掀」字，次釋「掔」字。

【疏證】

諸《文選》本悉同。謹案：《古今事文類聚》前集卷三十七作「掀」。錢大昕《十駕齋養新錄・掔掀非一字》云：「《漢書・揚雄傳》：『所麾城掔邑』注：『李奇曰：掔，音車幰之幰。師古曰：掀，舉手擬之也。』小顏注無別音，當從李奇讀。其字從手旁軒也。」王念孫《讀書雜志・漢書第十三》則以「掔」為「掀」之譌字，云：「《文選》掀作掔……宋祁校《漢書》引韋昭曰：『並也。音芟。』念孫案：掔，當從韋本作掀，《玉篇》、《廣韻》皆無掀字，蓋即掔之譌。」王先謙《漢書補注》曰：「善注引顏注掀作掔、無之字，若本是掀，無緣改引作掔，疑李善所見《漢書》本元作掔，宋時傳刻誤掀耳。」楊樹達《漢書窺管・揚雄傳》曰：「李奇曰云云。師古曰云云。王念孫曰：『《文選》掀作掔，李善注並作掔。案：《玉篇》、《廣韻》皆無掀字，蓋即掔之譌。』樹達案：景祐本正文及注皆作掔。李奇音幰，是所見本已誤作掀。掔字無緣有幰音也。」謹又案：綜合諸家之說，竊以為：一、《漢書》原作「掔」。依據是：《說文》、《玉篇》等無「掀」字，掔，則見兩家《手部》；宋祁引蕭該《漢書音義》援韋昭音注，證蕭該所見作「掔」；《漢書》景祐本正文及注皆作「掔」。二、顏注《漢書》作「掀」，乃從李奇所見本。三、《文選》李善作「掔」，善引引鄭

氏《禮記注》、《字林》，可證。五臣亦作「揰」，銑注可證。銑曰：「高祖提三
尺劍，叱暴亂之軍。指麾之間，若芟刈城邑，下虜將帥降取旌旗。……揰芟殫
盡也」云云。四、「《蒼頡篇》曰：揰，指取也」八字注之歸屬。《漢書》宋祁
注、《文選》奎本（明州本同）先後歸之向注，胡氏《考異》，張氏復歸善注。
歸向注，顯然非是。監本《漢書》引「宋祁曰：韋昭曰：『並也。音芟。蕭該』
案：李善云：『鄭玄注《禮記》曰：揰之言芟也。《字林》曰：揰，山檻反。』
呂向云：『《蒼頡篇》曰：『揰，指取也。』」贛本歸善注，今五臣正德本、陳本
向注悉不見此八字。又，五臣注罕見引經據典，且銑注既作「揰」，不當向注
與之矛盾，凡此種種是皆可證絕非向注。胡、張歸善注，祇可說大體可成立，
蓋此非李善直接引《倉頡篇》，而是間接援引《漢書》舊注。其注於獨存善注，
亦加「善曰」以為界欄，處理一如引《文選》舊注，便是明證。然則，贛本繫
此八字於「善曰」之下，亦有小紕漏，獨尤本置其於顏注與「善曰」之間，最
存善注真面目。應該說，後人之所以歸之向注，不知善引《漢書》舊注此例，
亦不無關係。今由此八字作「揰」不作「揰」，可推測李善所引當古本《漢書》，
而非監本。胡氏《考異》謂八字「非《漢書》注」，是；謂「乃善引以證顏者」，
是曲解，既歸善引，焉有反佐證顏說之理？「字亦當是揰也」，則是臆測。「拍
取」當從宋祁作「指取」，各本皆譌。《吳都賦》「麾城若振槁，搴旗若顧指」
銑曰：「麾，指也。言攻城一麾，若其摧枯槁之木。搴，取也。顧前敵之旗，
可指而取之」，可為佐證。此因「指」字右旁「旨」上「匕」，俗寫作「二」而
譌為「白」所致。如何解釋宋祁與奎本同歸向注？有兩種可能：或者兩家有
因襲，或者兩家所見本已遭竄改。若論因襲，奎本《文選》刊於元祐九年（1094），
至少遲於宋祁之卒（998～1062）三十二年，祁不及見；說奎本因襲祁注，則
其正文作「揰」與祁注李善五臣皆作「揰」不合，故而祇剩下宋祁、奎本各所
見本已遭人篡改，此一種解釋。謹又案：揰、揰音義不同，本是二字，錢氏辨
之已明。顧炎武《金石文字記》（卷六）嘗以唐顏真卿撰並書《郭敬之家廟碑》
「麾城揰邑」之「揰」字，為「揰」之別體字，亦非。胡氏《考異》謂「揰」
字音義與《左氏傳》「乃掀公」之「掀」相近，朱氏進而謂乃「掀」之俗體，
皆是。梁氏《旁證》曰「蕭該《（漢書）音義》引《蒼頡篇》亦作揰。」今按
蕭該《漢書音義》卷中《揚雄傳下》：「揰邑，韋昭曰：『揰，並也。音芟。』
宋祁。」見臧氏拜經堂本《叢書集成續編》頁149。是宋祁引蕭《音義》所輯之「韋昭
注」，梁氏誤作蕭引「《倉頡篇》」矣。善引原是「《禮記》」，姚氏作「禮器」

者，蓋逕稱《禮記》中篇名也。

東夷橫叛　注：服虔曰：一云：呂嘉殺其國王立，國人殺嘉。

【陳校】

注「立，國人殺嘉」。「立」上有脫文。

【疏證】

奎本以下諸六臣合注本、尤本悉同。謹案：事見《漢書・天文志》：「元鼎中，熒惑守南斗。占曰：『熒惑所守，為亂賊喪兵。』守之久，其國絕祀。南斗。越分也。其後，越相呂嘉殺其王及太后。漢兵誅之，滅其國。」宋・呂祖謙《大事記・漢孝武皇帝》：「（元鼎六年）三月，南粵相呂嘉，殺漢使者及其王興、王太后樛氏，立興兄子建德為王。」毛本當從尤本等，陳校似是。

燒煤蠡　注：張晏曰：煤蠡，乾酪毋。

【陳校】

注「乾酪毋」。「毋」，舊作「母」。

【集說】

余氏《音義》曰：「乾酪」。「酪」下，何增「也以為酪」四字。

胡氏《考異》曰：注「乾酪母」。何校「酪」下添「也以為酪」四字。案：依《漢書》注，是也。各本皆脫。

梁氏《旁證》曰：何校作「乾酪也以為酪母」七字，依《漢書》注，是也。

朱氏《集釋》曰：方氏《通雅》云：「張說別無出處。《說文》：『蠡，瓢也。』……呂向曰：『各部聚落燒之使盡。』此為得解，何定以為酪毋乎？此所引《說文》乃《瓠部》『瓢，蠡也』之文而誤倒……」余謂：《集韻》十二《齊》之「蠡，憐題切，瓢也」，而《八戈》之「蠡，盧戈切」云：「蕃夷聚落，謂之煤蠡」，又二十三《錫》「煤」字有「醳」「醩」二形，云：「爤蠡，乾酪」，即張晏之說下「煤」字亦云「夷人聚落謂之煤」。然則，方氏意為燒其釜甌簞瓢飲食之具，義固可通。如呂向注及《集韻》所說疑「聚落」之為「煤蠡」，直是夷語如此，不專指器具言也。《通雅》尚未免於混，至此注引張揖以「煤蠡」為山名，更無他證。

胡氏《箋證》曰：烻之言冪，蠡之言歷。烻蠡、冪歷，皆語之轉。本書《吳都賦》「冪歷江海之流」劉注「冪歷，分布也。」是「烻蠡」猶「冪歷」。《類篇》：「蕃夷聚落謂之爛蠡」，語蓋有自來矣。爛與烻同。

【疏證】

奎本以下諸六臣合注本、尤本悉作「母」、脫「也以為酪」四字。謹案：《漢書》注，見《揚雄傳下》。方氏《通雅·器用》引亦作「毋」。作「毋」字，不誤。容庚《金文編》：「毋與母，為一字。」蓋毋、母古本一字。後析出為禁止之詞，乃加一畫以別之爾。「也以為酪」四字，若依張注，陳校、何補皆是也。若依呂向注，則方、朱、後胡三家皆有可取。

射雉賦一首　潘安仁　徐爰注

潘安仁　善曰：《射雉賦·序》曰：余徙家于琅邪。其俗實善射，聊以講肄之餘暇，而習媒翳之事，遂樂而賦之也。

【陳校】

安仁父嘗為琅邪內史，徙家其地，當在此時。安仁弱冠即應太尉府掾之辟。觀賦《序》「講肄餘暇」，乃未入公府以前作也。正與「二十作文賦」者相類。當時潘、陸並稱，洵不虛耳。

【疏證】

奎本以下諸六臣本、尤本悉同。謹案：本條陳略考潘賦作時。偶染點評，無關校勘。

徐爰注

【陳校】

按：爰，字長玉。《宋書》列於《恩倖傳》。

【集說】

余氏《音義》曰：「徐爰」。何曰：「字長玉，見《宋書·恩倖傳》。」

【疏證】

奎本以下諸六臣本、尤本悉同。謹案：此陳氏為補善引舊注注者字號。

鯨牙低鏃 徐注：鯨，當作擎，舉也。

【陳校】

　　注「鯨，當作擎」。按：五臣本正作「擎」。

【集說】

　　顧按：此但據徐注改耳。

　　梁氏《旁證》曰：五臣「鯨」作「擎」，向注可證。

【疏證】

　　尤本同。五臣正德本、陳本作「擎」。奎本、明州本作「擎」，無校語，徐注無「鯨當作」三字。贛本、建本作「鯨」，校云：五臣作「擎」，徐注有「鯨當作」三字。謹案：《藝文類聚》卷六十六、《太平御覽》卷三百四十八、《古今事文類聚》後集卷四十四引，並作「擎」。五臣作「擎」，向注可證。已見《旁證》。「鯨」、「擎」音同，並渠京切，見《廣韻·庚韻》，故字可通。善用借字，五臣從徐注改用本字。顧按「此但據徐注改」，正就陳校據五臣為說。又，雖有《藝文類聚》在前，顧按仍深中五臣既因襲而復求異善本之心。參下條。

彳亍中輟 徐注：彳亍中輟。彳亍，止貌也。善曰：今本竝云：彳亍中輟。張衡《舞賦》曰：蹇兮宕往，彳兮中輟。以文勢言之，徐氏誤也。

【陳校】

　　注「彳亍中輟」。「亍」，當作「兮」。

【集說】

　　胡氏《考異》曰：注「徐氏誤也」。袁本、茶陵本「也」作「之」。案：「之」，是也。謂以文勢言，當為「彳兮」，而竝云「彳亍」，非潘賦本然，由徐乃爾耳。

　　梁氏《旁證》曰：六臣本「也」作「之」。胡公《考異》曰：作「之，是也」云云。

【疏證】

　　尤本正文誤「亍」，徐注作「也」。五臣正德本、陳本作「亍」。奎本以下諸六臣合注本正文及引張賦並作「亍」、作「之」。謹案：《古今事文類聚》後集卷四十四引，《古今合璧事類備要》別集卷七十注引亦誤「亍」。五臣作

「丁」，銑注可證。本條未見《藝文類聚》，五臣無可借重。思彼之失，惟在一意求異善注以致盲從徐注。陳校則從善注，是矣。本條李善之校固不在「之」、「也」是非，而在「兮」、「丁」之正譌。前胡《考異》亦僅引袁、茶二本「之」、「也」校是，而省引陳校也。

擇地而住　善曰：班固《漢書贊》曰：馮參鞠射履方，擇地而行。

【陳校】

　　注「馮參鞠射履方。」「射」，當作「躬」。

【集說】

　　胡氏《考異》曰：注「馮參鞠射履方。」陳云：「射，當作躬。」各本皆譌。

　　梁氏《旁證》曰：陳曰云云。各本皆誤。

【疏證】

　　奎本以下諸六臣合注本、尤本悉同。謹案：語見《漢書・馮奉世傳》贊曰：「宜鄉侯參，鞠躬履方，擇地而行」師古曰：「鞠躬，謹敬貌。履方，踐方直之道也。」「鞠躬」，始與「履方」相對，作「躬」是。毛本當誤從尤本等，陳校當據《漢書》正之。

北征賦一首　班叔皮

首身分而不寤兮　注：《史記》曰：趙高者，諸疏遠屬也。

【陳校】

　　注「諸疏遠屬」。「諸」下，舊本有「趙」字。

【集說】

　　胡氏《考異》曰：注「諸疏遠屬也。」案：「諸」下當有「趙」字，《蒙恬列傳》文也，各本皆脫。陳云：「別本有趙字。」

　　梁氏《旁證》曰：「諸」下當有「趙」字，此《史記・蒙恬列傳》文。

【疏證】

　　奎本以下諸六臣合注本、尤本悉脫。謹案：事見《史記・蒙恬列傳》：「趙

高者，諸趙疏遠屬也。趙高昆弟數人皆生隱宮」云云。毛本當誤從尤本等，陳校是，然未知陳所謂「舊本」為何本，豈他書《史記》歟？倘此疑屬實，則可明前胡每稱之為「別本」之用意焉。

登郙隧而遙望兮　注：隧，或為墬。《說文》曰：墬，古文地字也。

【陳校】

　　注「隧，或為墬。」舊本「墬」作「墜」。下同。

【集說】

　　胡氏《考異》曰：注「或為墬。《說文》曰：墬」。袁本、茶陵本兩「墬」字皆作「墜」。案：「墬」，是也。

　　梁氏《旁證》曰：兩「墬」字並當作「墬」。六臣本尚不誤。今《說文》「地」字重文「墬」字，注云：「籀文地，從隊。」《淮南子·地形訓》作《墬形訓》」。

【疏證】

　　奎本、尤本二處誤同。贛本上誤同，下脫。明州本、建本兩處並作「墬」，不誤。謹案：檢《說文繫傳》「墬」：「籀文地。從阜、土，彖聲。」梁引脫「土」、「聲」二字。《漢書·郊祀志》：「《周官》天墬之祀」師古曰：「墬，古地字也。」毛本誤從尤本等。陳校所謂「舊本」，或是明、建二本等。前胡、梁氏說是。墬，師古謂古文、梁謂籀文，並得。

東征賦一首　曹大家

望河洛之交流兮　注：郭璞曰：《山海經注》曰：洛水東至河南鞏縣入河。

【陳校】

　　注「郭璞曰：《山海經注》。」「曰」字衍。

【集說】

　　胡氏《考異》曰：注「郭璞曰：《山海經注》曰」。陳云：「上曰字衍。」各本皆譌。

　　梁氏《旁證》曰：陳校去上「曰」字。

【疏證】

　　奎本以下諸六臣合注本、尤本悉衍。謹案：郭注語見《海內東經》。上「曰」字，固衍。毛本當從尤本等，陳校不待披《山海經》矣。本書潘安仁《為賈謐作贈陸機》「必重其層」注引郭注，「璞」下，亦衍「曰」字。

悵容與而久駐　注：《蒼頡篇》曰：駐，主也。

【陳校】

　　注「駐，主也。」「主」，疑「止」。

【集說】

　　胡氏《考異》曰：注「駐，主也。」陳曰云云。各本皆譌。

　　梁氏《旁證》曰：「主」，當作「住」。

【疏證】

　　奎本以下諸六臣合注本、尤本同。謹案：梁說或是。《五音集韻・遇韻・知三》：「駐，止馬。住，停止。」「住」與「駐」，音同義近，字當可通。《蜀志・諸葛亮傳》：「瞻督諸軍至涪停住。前鋒破退，還住綿竹。」兩「住」字，即「駐」之借。同理，「主」與「駐」，字亦可通。試證之。《說文・丶部》：「主，鐙中火主也。從呈，象形。從丶，丶亦聲。」段注：「丶，主，古今字。今叚主為丶，而丶廢矣。」《說文・丶部》曰：「丶，有所絕止，丶而識之也。」然則，「主」，亦有「絕止」義；「駐」，由「主」得聲，則與「主（丶）」音相近，「主（丶）」與「駐」，音義並近同，則字亦當可通。毛本當從尤本等，陳氏不必疑、梁亦不必改焉。

文選卷十

西征賦一首　潘安仁

窺七貴於漢庭，譏一姓之或在　注：庾亮《表》曰：向使西京七族皆非姻黨，從而悉全，決不盡敗。

【陳校】

注「從而悉全。」「從而」，當作「縱不」。

【集說】

胡氏《考異》曰：注「從而悉全。」陳曰云云。是也，各本皆譌。

梁氏《旁證》同胡氏《考異》。

姚氏《筆記》曰：樹按：何改「縱不」。

【疏證】

諸《文選》本引善注悉同。謹案：語見《晉書‧庾亮傳》正作「縱不」，本書庾《讓中書令表》同。《冊府元龜》卷三百五引作「縱不能」。然「從」與「縱」通。《左傳‧宣二年》：「從其有皮，丹漆如何？」是其證。然則，「而」字當改，「從」字，不煩改也。

蘧與國而舒卷　注：《論語》：子又曰：君子哉，蘧伯玉。邦有道，則仕；邦無道，可卷而懷之。

【陳校】

注「邦無道，可卷而懷之。」舊本「可」上有「則」字。

【集說】

梁氏《旁證》曰：今《論語》「可」上有「則」字，本書《贈劉琨詩》注引亦無。《閒居賦》注引無「可」字。

【疏證】

奎本、明州本、尤本脫。贛本、建本有。謹案：《論語》，見《衛靈公》篇，有「則」字。本書盧子諒《贈劉琨》「卷異蘧子」引《論語》亦脫。袁彥伯《三國名臣序贊》：「故蘧寧以之卷舒」引有「則」字。《閒居賦》見「厚猶內媿於寧蘧」句注。尤本誤從明州本，毛本則誤從尤本等。陳校當從贛本等補之。

流春澤之渥恩　注：古口（空脫一字）長歌行曰：陽春布德澤。

【陳校】

注「古口空脫一字長歌行」。舊本作「古今」。

【集說】

胡氏《考異》曰：「古口空脫一字長歌行曰」。袁本、茶陵本「古」下有「今」字。案：此尤知其字衍，脩改去之，是也。

【疏證】

尤本刜去有痕。奎本以下諸六臣合注本並作「今」。謹案：前胡「此尤知其字衍，脩改去之」說，甚是。《藝文類聚》卷四十二引亦作《古長歌行》，本書曹子建《七啟八首》「我澤如春」注引同。毛本當誤從建本等，陳校亦誤。彼所謂「舊本」，此當指六臣合注本。

爾乃越平樂……秣馬皋門　注：毛萇詩曰：秣，粟也。

【陳校】

注「毛萇詩曰」。「詩」下當有「傳」字。

【集說】

　　胡氏《考異》曰：注「毛萇詩曰」。陳曰云云。是也，各本皆脫。

　　梁氏《旁證》曰：陳校「詩」下添「傳」字。

【疏證】

　　奎本以下諸六臣合注本、尤本悉同。謹案：毛《傳》，見《小雅·鴛鴦》「摧之秣之」句傳。固當有「傳」字。毛本當誤從尤本等，陳校依文義，無須披《毛詩注疏》，可信手補之。

旋牧野而歷茲　注：《尚書》曰：武王與受，戰于牧野。

【陳校】

　　注「《尚書》曰」。舊本「書」下，有「序」字。

【集說】

　　梁氏《旁證》曰：「書」下，當有「序」字。

【疏證】

　　奎本以下諸六臣合注本、尤本並脫。謹案：語見《尚書注疏·泰誓下序》。本書陳孔璋《檄吳將校部曲》「牧野之威」注引有「序」字。毛本當誤從尤本等，陳校是。

愈守柔以執競　注：鄭玄曰：競，強也。能材強道者，惟有武王爾。

【陳校】

　　注「能材強道者」。舊本「材」作「持」。

【集說】

　　胡氏《考異》曰：注「能材強道者」。袁本、茶陵本無「材強」二字。陳云：「別本材作持。」案：考《詩箋》是「持」字。無者，益非。

　　梁氏《旁證》曰：「材」當作「持」。《詩箋》可證。

【疏證】

　　尤本同。奎本以下諸六臣合注本無「材強」二字。謹案：檢《毛詩注疏·周頌·執競》鄭箋作「恃」。「持」與「恃」通。毛本當誤從尤本等，陳校是，然未知「舊本」何指，亦係他書歟？

夭赤子於新安，坎路側而瘞之　注：書曰：瘞，埋也。

【陳校】

　　注「書曰：瘞，埋也。」「書」上似脫「字」字。

【疏證】

　　尤本有「字」字。奎本以下諸六臣合注本並脫。謹案：此涉注上文「《書》曰：若保赤子」而奪。毛本當誤從建本等，據尤本，陳校可不必疑。

皋託墳於南陵……襄墨縗以授戈　注：《左氏傳》曰：秦師還，晉文公子墨縗絰。……杜預曰：公未葬，故襄公稱子。

【陳校】

　　注「秦師還，晉文公」。按：「晉文」二字，當在本注「杜預曰」下。「公」字，衍。

【集說】

　　胡氏《考異》曰：注「晉文公子墨縗絰」。陳曰云云。各本皆誤。又曰：注「杜預曰：公未葬」。案：「曰」下脫字。見上。

　　梁氏《旁證》曰：陳校去「晉文公」三字。又曰：注「杜預曰：公未葬」。陳校「公」上添「晉文」二字。

【疏證】

　　奎本以下諸六臣合注本、尤本悉同。謹案：事見《春秋左傳注疏・僖公三十三年》，「子」上無「晉文公」三字，杜注「公未葬」上有「晉文」字。陳氏據《左傳》校，固當如此。然思前人注書引文，多有據文義，節取、增刪之例，觀此注「子墨」上「晉文公」三字，頗疑李善有意所增，「公未葬」上「晉文」二字，則承上而省也，《文選》諸本並如此，或亦可為佐證。毛本從尤本等，未必誤也。

又注：《公羊傳》曰：匹馬隻輪而無反者。

【陳校】

　　注「匹馬隻輪而無反者。」「而」字亦衍。

【集說】

　　胡氏《考異》曰：注「而無反者」。陳曰云云。是也，各本皆衍。

梁氏《旁證》同胡氏《考異》。

【疏證】

奎本以下諸六臣合注本、尤本皆衍。謹案：事見《春秋公羊傳注疏·僖公·三十三年》，正無「而」字。本書陸士衡《辯亡論上》「子輪不返」注引亦無「而」字。毛本當誤從尤本等，陳校當從《公羊傳》、本書內證等正之。

值庸主之矜愎……良致霸其有以　注：鄭玄曰：必以有功德也。

【陳校】

注「鄭玄曰：必以有功德也」。「鄭玄」，當作「毛萇」。

【疏證】

奎本以下諸六臣合注本、尤本悉同。謹案：語見《毛詩注疏·邶風·旄丘》「必以有功德」，正是毛《傳》，非鄭箋。毛本當誤從尤本等，陳校當據《毛詩》正之。

顧請旋於催汜

【陳校】

「汜」，舊本作「汜」、「催」，五臣作「催」。

【集說】

余氏《音義》曰：「催」，五臣作「催」。

許氏《筆記》曰：何改「催汜」。嘉德案：《魏志》：卓將李催、郭汜，不聞「催汜」，傳寫譌也，何改是。

【疏證】

尤本同。贛本、建本作「催汜」校云：五臣作「催」。苦角切。奎本、明州本作「催汜」，校云：善本作「催」。五臣正德本、陳本正作「催汜」。謹案：《後漢書·獻帝紀》：「董卓部曲將李催、郭汜、樊稠、張濟等反，攻京師。」然則，作「催」，蓋形近而譌。「汜」，亦當從《後漢書》、奎本、明州本作「汜」。毛本蓋誤從尤本等，尤本則誤從贛本。陳校蓋從五臣，所謂「舊本」，當明州本系統六家本耳。

痛百寮之勤王……分身首於鋒刃　注：《北征賦》曰：首身分而不寐。

【陳校】

注「首身分而不寐」。「寐」，當作「寤」。

【疏證】

奎本、明州本、建本同。贛本、尤本作「寤」。謹案：《北征賦》載在本書，作「寤」。「窹」與「寤」同，醒也，覺也。又曹子建《求自試表》「雖身分蜀境」注引亦作「寤」。毛本當誤從建本等，陳校當據尤本、本書內證等正之。

或攘袂以赴水　注：《毛詩》曰：褰裳涉洧。又曰：攘袂而興。

【陳校】

注「又曰」。當作「七啓曰」。

【集說】

胡氏《考異》曰：注「又曰：攘袂而興」。陳云：「『又』字，當作『七啓』二字。」是也，各本皆誤。

梁氏《旁證》曰：陳校「又曰」改「七啓曰」。是也，各本皆誤。

【疏證】

奎本以下諸六臣合注本、尤本誤同。謹案：「攘袂而興」語，見本書《七啓》「鏡機子曰予聞君子樂奮節」章。毛本當誤從尤本等，陳校當據本書內證正之。

豈地勢之安危　注：湯曰：吾欲因其地勢所有而敵之。

【陳校】

注「湯曰」。舊本「湯」上有「《周書》」二字。

【集說】

胡氏《考異》曰：注「湯曰」。陳云：「別本湯上有《周書》二字。」案：此《周書·王會解》文。有者是，但今未見其本耳。

梁氏《旁證》曰：陳曰：「湯上」云云。此《周書·王會解》文。

【疏證】

奎本以下諸六臣合注本、尤本悉脫。謹案：語見《逸周書·王會解》。毛

本當誤從尤本等。陳校固是，然前胡云「但今未見其本耳」，所謂「其本」，即陳校所云「舊本」、《考異》引所謂「別本」也。恐亦是他書也。

弔戾園於湖邑……絕肌膚而不顧　　注：《王命論》曰：刻肌膚之愛。

【陳校】

注「刻肌膚之愛」。「刻」，當作「割」。

【集說】

胡氏《考異》曰：注「刻肌膚之愛」。陳曰云云。是也，各本皆譌。

梁氏《旁證》曰：陳校：「刻，當作割。」是也，各本皆誤。

【疏證】

奎本以下諸六臣合注本、尤本悉同。謹案：《漢書敘傳》、本書《王命論》並作「割」。然「刻」與「割」通。《玉篇·刀部》：「刻，割也。」《廣雅·釋詁》：「刻，到也」，亦可為佐證者。毛本當從尤本等，尤本等必有來歷，又非善與五臣之異。前胡說不必是，陳校亦不必改焉。

紛吾既邁此全節　　注：全節，即《漢書》全鳩里。

【陳校】

注「即《漢書》全鳩里。」「全」，舊本作「泉」。

【集說】

胡氏《考異》曰：注「即《漢書》全鳩里。」陳云：「別本全作泉。」案：今未見。《戾太子傳》是「泉」字。

朱氏《集釋》曰：案：「全鳩」，《漢書·戾太子傳》作「泉鳩」。

【疏證】

奎本以下諸六臣合注本、尤本誤同。謹案：《漢書·戾太子傳》兩見，並作「泉鳩」。毛本當誤從尤本等，陳校是。本條下文複有注「《圖經》曰：全節，閿鄉縣東十里，鳩澗西」。胡氏《考異》曰：何校「鳩上添泉字。」案：何校據《戾太子傳》顏注云：「泉鳩水，今在閿鄉縣東南十五里」，而添也。此注各本盡同，未審善有以否。謹又案：前胡因「此注各本盡同」，而疑李「善有以否」，疑所見本與《漢書》或有不同，此亦可備一說。參拙著《何校集證》。

眺華岳之陰崖　注：《西京賦》曰：綴以二華，巨靈贔屓。

【陳校】

注「巨靈贔屓。」「屓」當作「屭」。

【集說】

顧按：《集韻》、《類篇》皆作「眉」云：「奰眉壯大貌，亦作屭。」此作「屓」，與《玉篇》、《廣韻》同。

【疏證】

奎本、明州本、尤本、建本同。贛本作「贔屭」。謹案：本書《西京賦》正作「贔屭」，《吳都賦》「巨鼇贔屓」注引、《古今合璧事類備要》前集卷五「巨靈擘開」注引同。《白孔六帖》卷五「巨靈」注引則作「贔屓」。檢《玉篇‧尸》：「屓，許器切。贔屓，作力也。」《類篇‧尸部》：「眉屭：虛器切。奰眉壯大兒。亦作屭眉。又許介切。《說文》『臥息也。』」《類篇》所引《說文》，即《尸部》「从尸、自」之「眉」字。又《集韻‧至韻》：「眉與屭同。」然則，屓、屭、眉三字用同，故今檢文獻，參錯互見。毛本當從尤本等，陳校不必改。當如顧校並存可也。

繢瓦解而冰泮　注：繢，破聲也。

【陳校】

「繢」，當作「繣」。注同。

【疏證】

五臣正德本、奎本以下諸六臣合注本、尤本悉作「繣」。謹案：五臣作「繣」，向注可證。善本作「繣」，善注可證。惟五臣陳本誤作「繢」，蓋邊旁「畫」、「盡」形近易譌。此毛本誤從五臣陳本，陳校據尤本等正之。本條於毛本版刻源頭，有重要文獻價值。

入鄭都而抵掌，義桓友之忠規　注：《史記》曰：殺幽王於共山下，並殺桓公。鄭人先立其子為武公。

【陳校】

注「殺幽王於共山下，鄭人先立其子為武公」。「共」，舊本作「酈」。「先」，舊本作「共」。

【集說】

余氏《音義》曰：「於共山」。「共」，何改「酈」、「先」，何改「共」。

【疏證】

奎本、明州本、尤本、建本同。贛本作「驪」。奎本以下諸六臣合注本、尤本悉作「共立其子」。謹案：事見《史記・鄭世家》，作「驪山」、「共立」，《春秋左傳注疏・隱公六年》「幽王為犬戎所殺」疏亦同。本篇下文「身死驪山之北」注引《史記》亦作「驪」。「驪」是正字，「酈」為借字。本條毛本作「共」，當誤從尤本等，陳、何當依《史記》、贛本等改焉。毛本獨誤「先」，陳、何當從《史記》、尤本等改，亦是。

履犬戎之侵地……赫赫宗周，威為亡國　注：《毛詩》曰：赫赫宗周，褒姒威之。毛萇曰威。呼滅切。

【陳校】

注「毛萇曰」下，當有「威，滅也」三字。

【集說】

胡氏《考異》曰：注「毛萇曰威」。袁本、茶陵本無此四字。陳云：「下當有滅也。」案：此尤延之添改，而仍脫誤。

梁氏《旁證》曰：「威」下，當有「滅也」二字。

許氏《筆記》曰：注「毛萇曰威，呼滅切。」「威」下脫「滅也」二字，其「呼滅切」三字乃後人所加，非毛氏之文也。嘉德案：陳校亦云：「威下，當有『滅也』二字。」各本皆脫。

【疏證】

尤本同。奎本以下諸六臣合注本並無「毛萇曰威」以下七字。謹案：語見《毛詩注疏・小雅・正月》，毛《傳》正作「威，滅也。」尤本脫「滅也」二字，毛本誤從之，陳校乃從毛《傳》增，是也。「呼滅」乃五臣音，許氏謂「呼滅切三字，乃後人所加，非毛（萇）氏之文也。」亦是。

乃摹寫舊豐　注：《三輔舊事》曰：高祖徒豐沛屠兒酤酒煮餅商人。

【陳校】

注「高祖徒豐沛屠兒」。「徒」，舊作「徙」。

【疏證】

奎本以下諸六臣合注本、尤本並作「徙」。謹案：宋‧宋敏求《長安志‧臨潼》引《三輔舊事》亦作「徙」。毛本獨因形近而誤。陳引舊本作「徙」，亦非。《集韻‧職韻》：「陟，或作徙」，可證。

故社易置　注：《尚書》曰：欲遷其社。

【陳校】

「《尚書》曰」。「書」下，舊本有「序」字。

【集說】

梁氏《旁證》曰：注「《尚書》曰」，「書」下宜有「序」字。

【疏證】

奎本以下諸六臣合注本、尤本悉同。謹案：語見《尚書注疏‧商書‧湯誓序》。毛本當誤從尤本等，陳校當據《尚書》補。

駢田逼側

【陳校】

「田」，五臣作「闐」。

【集說】

梁氏《旁證》曰：六臣本「田」作「闐」。

【疏證】

尤本、五臣陳本同。五臣正德本作「闐」，奎本、明州本同，有校云：善本作「田」。贛本、建本作「田」，校云：五臣本作「闐」。謹案：田與闐，《廣韻》並「徒年切」，是音同；《廣雅‧釋訓》：「闐闐，盛也。」《說文‧門部》：「闐，盛皃。」是「闐」，亦可單用。田田，亦有「盛貌」義，《樂府詩集‧相和歌辭一‧江南》：「江南可采蓮，蓮葉何田田」，以「田田」狀荷葉盛貌，即其例。「闐」與「田」音、義並同，當可通。五臣作「闐」者，仍襲求異善本耳。五臣陳本作「田」者，疑從尤本改爾。陳校祇可備異聞。

曾不得與夫十餘公之徒隸齒。才難不其然乎。

【陳校】

「齒」下，舊本有「名」字。

【集說】

顧按：「齒」字韻。五臣「才」作「名」，遂混入。

王氏《讀書志餘》曰：「才難不其然乎」，自注：今李善本如此。六臣本作「名才難不其然乎」，五臣作「名難不其然乎」。呂延濟曰：「音、鳳之流，其死之日，曾不得與蕭、曹等十餘公之僕隸齒列，名器之難其如此矣。」念孫案：作「名難」者，是也。音、鳳、恭、顯生前赫奕，而死後無名，是富貴易得名難得，故曰「名難不其然乎」。此用《論語》句法，故李善引「才難不其然乎」為證。其實，《論語》言「才難」，此言「名難」，句法雖同而意不同也。六臣本作「名才難」者，後人因李善引《論語》「才難」，故旁記「才」字，而傳寫者遂誤合之也。今李善本作「才難」者，又後人以「名才難」三字文不成義，而刪去一字也。乃不刪「才」字而刪「名」字，斯為謬矣。

梁氏《旁證》曰：六臣本「齒」下有「名」字。

【疏證】

尤本同。五臣正德本、陳本作「齒名難」，奎本、明州本同，校云：（名）善本作「才」。贛本、建本有「名才」字，校云：五臣本無「才」字。謹案：《論語注疏·泰伯》：「孔子曰：才難不其然乎？」可見「才難不其然乎」，為古人常用語。「名才」並有者，衍一字。五臣作「名」、善自作「才」，毛本當從尤本，不誤。比較顧王二說，還以顧說為穩。陳校所謂「舊本」，未知為贛、建六臣本系統本歟，抑五臣本歟？

曲陽僭於白虎 注：《漢書》曰：王根為曲陽侯。五侯大修第室，起土山漸臺，洞門高廓。

【陳校】

注「洞門高廓。」「廓」，舊本作「廊」。

【集說】

胡氏《考異》曰：注「洞門高廓」。陳云：「廓，別本作廊。」案：今未見。《外戚傳》是「廊」字。

梁氏《旁證》曰：陳曰：「廓，當作廊。」此《漢書·外戚傳》文。

【疏證】

奎本、尤本、建本同。明州本省作「善同向注」。贛本作「廊」。謹案：《漢書·元后傳》正作「廊」，《冊府元龜》卷三百六、《樂府詩集·雜歌謠辭歌辭·五侯歌》引並同。毛本當誤從尤本等，陳校所謂「舊本」，當謂贛本。

咸善立而聲流，亦寵極而禍侈　注：以奇見幸，故曰聲流；緣廢自裁，故曰禍侈。

【陳校】

按：「善立聲流」，謂馮班也。「寵極禍侈」，謂衛趙也。注未明悉。

【疏證】

奎本以下諸六臣本、尤本悉同。謹案：此亦陳正善注不確。檢銑注：「聲流，謂馮班二婕妤之盛德；禍侈，謂衛趙二后之疾惡。」則陳校顯從五臣變化而出。

想趙使之抱璧　注：《史記》曰：臣觀大王無償趙王城邑。

【陳校】

注「臣觀大王無償趙王城邑」。「無」下，當有「意」字。

【集說】

胡氏《考異》曰：注「無償趙王城邑」，袁本「邑」作「色」。案：「色」，是也。茶陵本亦誤「邑」。

梁氏《旁證》曰：六臣本「邑」作「色」，是也。

【疏證】

尤本誤同。奎本、明州本、建本有「意」字，無「邑」字。贛本無「意」、作「色」字，同袁本。謹案：今本《史記·藺相如列傳》作「無意償趙王城邑」。本書盧子諒《覽古詩》：「揮袂睨金柱」注引有「意」字、無「邑」字。《藝文類聚》卷八十四、《太平御覽》卷四百三十三引作「無償趙王城色」。其古本《史記》歟？是贛本、袁本、前胡說所出。若依今本《史記》，則奎、明、建三本，尚闕一「邑」字；前胡必以有「邑」為誤，亦未必是。

毛本誤從尤本，陳校是。

感市闉之敢井……弘大體以高貴　注：《莊子》曰：襄公之應司馬曰夷，
知大體者也。

【陳校】

注「司馬曰夷」。「曰」，疑「目」誤。

【集說】

胡氏《考異》曰：注「襄公之應司馬曰夷」。陳云：「曰當作目。」是也，
各本皆誤。

梁氏《旁證》曰：陳校「曰」改「目」。各本皆誤。

【疏證】

奎本以下諸六臣合注本、尤本誤同。謹案：陳校當是。目夷，字子魚。宋
襄公茲父庶兄。《史記‧宋微子世家》云：「桓公病，太子茲甫讓其庶兄目夷為
嗣，桓公義太子意，竟不聽。桓公卒，太子茲甫立，是為襄公。以其庶兄目夷
為相。」善注所謂「襄公之應司馬目夷」事，檢《莊子》未見。然《公羊‧僖
公二十一年傳》有載記，或可當之：「宋公與楚子期以乘車之會。公子目夷諫，
請君以兵車之會往。宋公不可。為楚伏兵車執以伐宋。宋公謂目夷曰：『子歸
守國矣。國，子之國也。吾不從子之言，以至乎此。』目夷復曰：『君雖不言
國，國固臣之國也。』於是歸，設守械而守國。楚人謂宋人曰：『子不與我國，
吾將殺子君矣。』宋人應之曰：『吾賴社稷之神靈，吾國已有君矣。』楚人知
雖殺宋公猶不得宋國，於是釋宋公。宋公釋乎執走之衛。公子目夷復曰：『國
為君守之，君曷為不入？』然後逆襄公歸。」襄公「子歸守國矣」一節，可謂
「知大體者」乎？

過延門而責成……俾幽死而莫鞠　注：張晏《漢書》曰：鞠，窮也。謂
窮問囚情也。一曰勒。毛萇詩傳注曰：勒，告也。

【陳校】

注「毛萇詩傳注」。按：「注」字當在上「張晏《漢書》」下。又注中兩「勒」
字並當作「鞠」，所引毛公語乃《采芑》三章傳也。以此證之，則賦中及注二
「鞠」字為「鞠」之誤，明矣。

【集說】

　　胡氏《考異》曰：注「張晏《漢書》曰鞫」。案：「曰」上，脫「注」字，見下。「鞫」，當作「鞫」。各本皆譌。又曰：注「一曰勒。毛萇詩傳注曰：勒，告也。」陳云：「『注』字，當在上『張晏《漢書》』下。兩『勒』字，並當作『鞫』。所引乃《采芑》三章傳。」是也，各本皆譌。

　　梁氏《旁證》曰：「書」下當添「注」字。「傳」下「注」字當去。「鞫」，當作「鞫」。兩「勒」字並當作「鞫」，所引乃《詩·采芑》三章傳文。

【疏證】

　　奎本諸六臣合注本、尤本文、注悉同。謹案：張晏《漢書注》，亦見唐·張鷟《龍筋鳳髓判·吏部二條》「徵雖要籍」注引正作「張晏《漢書注》」、作「鞫」。同書《左右驍衛二條》「更宜推鞫」注引同。毛公語，見《毛詩注疏·小雅·采芑》，正作「鞫，告也」。「鞫」與「鞫」同。《爾雅·釋言》云：「鞫。窮也。」《釋文》：「鞫，又作鞫，同。」是其證。毛本當誤從尤本等。文並注，陳校、前胡、梁校皆是。本書每見「毛萇詩傳」下衍「注」字。如：王仲宣《贈文叔良》「異于他仇」注、又《贈士孫文始》「晨風夕逝」注、顏延年《始安郡還都與張湘州登巴陵城樓作》「歸來藝桑竹」注等引，類皆如此。前胡二條，上條亦出陳校，而沒其跡，非。

怵淫嬖之匈忍　　注：《左氏》：楚令尹子上曰：蜂目而豺聲，忍人也。

【陳校】

　　注「《左氏》」下，當有「傳」字。

【集說】

　　胡氏《考異》曰：注「《左氏》」，陳曰云云。是也，各本皆脫。

　　梁氏《旁證》曰：陳校「氏」下添「傳」字。各本皆脫。

【疏證】

　　奎本、明州本、尤本、建本同。贛本獨有「傳」字。謹案：語見《春秋左傳注疏·文公元年》，固當有「傳」字。《太平御覽》卷七百二十九引，亦作《左傳》。此傳寫偶脫。毛本當誤從尤本等，陳校當從贛本、《左傳》等補之。

欲法堯而承羞 注：《論語》曰：不恒其德，或承之羞。

【陳校】

「欲法堯而承羞。」「羞」，五臣作「禪」。

【集說】

孫氏《考異》曰：「羞」，五臣本作「禪」。按：若作「禪」字，則下句「終顧不刊」無着。不如善本之為安也。

顧按：五臣每誤。

梁氏《旁證》曰：五臣「羞」作「禪」，銑注可證。

【疏證】

《敦煌・德藏吐魯番本》、尤本同。贛本作「禪」，校云：善本作「羞」。五臣正德本、陳本作「禪」，奎本、明州本、建本同，並有校云：善本作「羞」。謹案：五臣作「禪」，銑注可證。梁說是也。善本作「羞」，注引《論語》可明。「或承之羞」，見《論語注疏・子路》何晏注：「孔曰：『此《易・恒卦》之辭，言德無常則羞辱承之。』」此五臣妄改，孫、顧並云作「禪」之非，是。陳校失之。毛本當從尤本。

疏南山以表闕 注：《史記》曰：始皇南山之巔以為闕。

【陳校】

注「始皇南山之巔」。「南山」上，當有「表」字。

【集說】

胡氏《考異》曰：注「始皇南山之巔」。陳云：「南上，當有表字。」是也，袁本亦脫，茶陵本全刪此注，益非。

梁氏《旁證》曰：陳校「南」上添「表」字。是也。

【疏證】

奎本、尤本同。明州本、贛本、建本無此注。謹案：事見《史記・秦始皇本紀》，正有「表」字。《太平御覽》卷八十六、卷一百七十五引、《北堂書鈔》「卷十四直抵南山以為闕」注引並有「表」字。此傳寫偶脫，但觀正文，亦當有「表」字。毛本誤從尤本等，陳校當據《史記》補之。

旦似湯谷　注：《周易》曰：日月麗乎天。《西京賦》曰：日月於是乎出入，象扶桑與濛氾。《淮南子》曰：日出湯谷。又曰：日入虞淵之氾，曙於濛谷之浦。

【陳校】

「旦似湯谷。」「湯」，舊本作「暘」。注同。

【集說】

顧按：「湯」字是也，見《山海經》、《楚詞》、《史記索隱》、《蜀都》、《吳都賦》，而《淮南‧天文訓》、《說文‧焱部》、《思玄賦》，皆經淺人改之。

胡氏《考異》曰：注「《周易》曰：『日月麗乎天』」下至「曙於濛谷之浦」。袁本無此四十五字。其善注作「並已見上文」。案：袁本是也。善注例自如此。尤增多，茶陵本複出，互有不同，皆非。

梁氏《旁證》曰：六臣本「湯」作「暘」。

【疏證】

《敦煌‧德藏吐魯番本》作「湯」，尤本並注同。五臣正德本、陳本作「暘」，奎本、明州本作「暘」，無校語。注「善曰，並已見上文。」贛本、建本並注作「暘」，無校語。謹案：五臣作「暘」。銑注可證。善本素作「湯」，並下《嘆逝賦》「望湯谷以企予」、張景陽《雜詩十首（朝霞）》「丹氣臨湯谷」條，可證。又謝宣遠《九日從宋公——》「扶光迫西氾」注「日出湯谷」。前胡《考異》曰：案：「當作湯，各本皆譌。湯谷，如《蜀都》、《吳都》、《西征》皆有其證。」張景陽詩，有陳校云：「五臣作『暘』為長。」針對陳校，顧按曰：「此據東晉古文《堯典》耳」，不以為然，蓋以出梅頤偽書耳。今姑不論。本條即五臣與善有歧，亦不得借「舊注」名，以五臣亂善。毛本從尤本，不誤。陳校非也。本書《西京賦》「日月於是乎出入」注、《離騷經》「總余轡乎扶桑」注所引《淮南子》作「暘」者，亦當如顧氏所言「《淮南‧天文訓》、《說文‧焱部》、《思元賦》皆經淺人改之」，不足信。本條當從前胡如袁本作「並已見上文」，最是。參下「望湯谷以企予」及「丹氣臨湯谷」兩條。

隨波澹淡　注：《上林賦》曰：浮淫汎濫，隨波澹淡。

【陳校】

「隨波澹淡」。「波」，舊作「流」。

【集說】

　　胡氏《考異》曰：袁本、茶陵本「波」作「流」。案：尤此處皆修改，蓋「流」字是。

　　梁氏《旁證》曰：六臣本「波」作「流」。

【疏證】

　　尤本並注同。五臣正德本、陳本作「流」，奎本、明州本同，注作「並已見上文」。贛本、建本亦同，注作「《南都賦》曰：『嚶嚶和鳴，澹淡隨波。』」謹案：本書《上林賦》「隨風澹淡」，作「風」；《南都賦》作「澹淡隨波」，注引《上林賦》亦作「風」字。《南都賦》及本條注引《上林賦》，蓋注「澹淡」，故當從前胡作「流」為是。毛本當誤從尤本等，陳校是。

凡厥寮師……引緻舉效　注：杜預《左氏傳》曰：效，致也。

【陳校】

　　注「《左氏傳》」下，當有「注」字。

【集說】

　　胡氏《考異》曰：注「杜預《左氏傳》曰」。袁本重「曰」字，茶陵本「左」上有「春秋」二字。陳曰云云。

【疏證】

　　尤本有「注」字。奎本重「曰」字。明州本、贛本、建本脫同，「左」上有「春秋」二字。謹案：語見《春秋左傳注疏‧襄公二十七年》「使諸侯偽效烏餘之封者」注。本書潘安仁《閒居賦》「則必立功立事，效當年之用」注引杜注，亦有「注」字。尤本獨是，毛本從尤本而傳寫誤脫「注」字。陳校當從尤本，或據文史常識補之。

徒觀其鼓枻廻輪　注：郭璞《方言》曰：今江東人呼枻為軸。

【陳校】

　　注「郭璞《方言》曰」。「言」下，脫「注」字。

【集說】

　　胡氏《考異》曰：注「郭璞《方言》曰」。陳曰云云。是也，各本皆脫。

　　梁氏《旁證》曰：陳校「言」下添「注」字。

【疏證】

奎本以下諸六臣合注本、尤本悉脫。謹案：檢《隋書·經籍志一》有「《方言》十三卷。漢揚雄撰，郭璞注。」本書引郭注《方言》十餘處，大抵有「注」字。即如本篇上文「詩書煬而為烟」注引即有「注」字。宋·郭知達《九家集注杜詩·寄薛三郎中》「鼓枻視清旻」注引本賦亦脫「注」字。毛本當誤從尤本等，陳校當據本書內證、文史常識等補之。

於是弛青鯤於網鉅　注：孔安國《論語注》曰：網者，為大網。

【陳校】

注「網者，為大網」。上「網」字，當作「綱」。

【集說】

胡氏《考異》曰：「於是弛青鯤於網鉅」。袁本作「綱」，云：善本作「網」。茶陵本亦作「網」，無校語。案：所見皆非也。善作「綱」，故引孔安國《論語注》必「子釣而不綱」之注也。今並注中三「綱」字盡譌為「網」，尤及茶陵本遂不見「綱」字，袁本又以「綱」轉屬之五臣，全失善意。

梁氏《旁證》曰：六臣本「網」作「綱」。胡公《考異》曰：「李本亦當作綱。注引《論語注》必『子釣而不綱』之注也。今並注中三『綱』字盡誤為『網』，遂不見『綱』字。」

胡氏《箋證》曰：六臣本「網」作「綱」。校云：善作「網」。《考異》曰：「善本亦當作綱」云云。紹煐按：今《集解》引孔安國注云「綱者為大網以橫絕流」，與此引不同，未詳。

黃氏《平點》曰：「於是弛青鯤於網鉅」句，據別本「網」改「綱」。抄本及尤袤校五臣本俱作「綱」。

【疏證】

奎本以下諸六臣合注本、尤本誤同。謹案：語見《論語·述而》：「子釣而不綱，弋不射宿」注：「孔曰：釣者一竿釣，綱者為大網」云云。毛本當誤從尤本，尤本蓋誤從贛本也。依前胡說，陳校亦得失參半。

賓旅竦而遲御　注：毛萇詩傳曰：南方有魚，遲之也。

【陳校】

「毛萇傳」，改「鄭玄箋」。胡氏《考異》

【集說】

胡氏《考異》曰：注「毛萇《詩傳》曰：南方有魚」。陳校「毛萇傳」改「鄭玄箋」。案：此節《箋》文也。但善引毛、鄭，每不甚分別，蓋其時《傳》、《箋》久並，故致如此耳。陳校悉以為誤而改之，當仍其舊，他條亦不更出。

梁氏《旁證》曰：陳曰：「毛萇《詩傳》」當改「鄭玄《箋》」。胡公《考異》曰：「此節箋文，李引毛、鄭，每不甚分別，蓋《傳》、《箋》久並耳。」

張氏《膠言》曰：胡中丞云：「此鄭箋文也。但善引毛、鄭，每不甚分別……當仍其舊」。

【疏證】

奎本以下諸六臣合注本、尤本悉同。毛本當從尤本等，陳校蓋據《毛詩・小雅・南有嘉魚》鄭《箋》正之。然前胡論陳校之失，亦是。本條據胡氏《考異》，不見於周鈔《舉正》。

徘徊酆鎬，如渴如飢，心翹懃以仰止　注：企佇也。

【陳校】

注「企佇也」。「企」上疑脫「翹」字。

【集說】

胡氏《考異》曰：注「企佇也」。陳曰云云。案：為正文「翹」字作注也。各本皆脫。

梁氏《旁證》曰：陳校「企」上添「翹」字。是也，此為正文「翹」字作注。

【疏證】

奎本以下諸六臣合注本、尤本悉脫。謹案：《類篇》：「翹：祈堯切。《說文》：『尾，長貌也。』一曰：企也。」胡、梁說是，若無「翹」字，注「企佇」無所歸，正文「翹」字無注也。毛本當誤從尤本等，陳校當據注文相應、上下文義等補之，是也。

雖智弗能理，明弗能察，信此心也　注：言己雖無才能，然任其才信無欲之心，庶足以理。

【陳校】

注「然任其才信」。「才」，疑「杖」。

【集說】

胡氏《考異》曰：注「然任其才信無欲之心」，陳云：「才，當作杖」。是也，各本皆譌。

梁氏《旁證》曰：陳校「才」改「杖」。是也，各本皆誤。

【疏證】

奎本以下諸六臣合注本、尤本悉同。謹案：但觀上文「杖信則莫不用情，無欲則賞之不竊」注引《左氏傳》「子展曰：『杖德莫如信，杖信以待晉，不亦可乎？好信，則人莫敢不用情』」云云，可證陳校之宜。此作「才」，蓋涉注上文「雖無才能」而譌。毛本當誤從尤本等，陳校當據本書內證、《左傳》等及審其上下文義而正之。《左傳》語，見《襄公八年》。

庶免夫戾 注：《左氏傳》太史克曰：庶幾免於戾乎。

【陳校】

「庶免夫戾」。「夫」，一作「大」。

【集說】

孫氏《考異》曰：「庶免夫戾」。「夫」，一本作「大」。

胡氏《考異》曰：何校「夫」改「大」。陳云：「別本作大。」案：何、陳所言皆誤。「夫」是「大」非。今各本亦未見有作「大」者。

梁氏《旁證》曰：何校「夫」改「大」。陳曰：「別本作大。」顧氏千里曰：「『夫』是『大』非。何、陳皆誤」云云。

許氏《筆記》曰：「夫戾」。何校改「大戾」。嘉德案：陳云：「別本夫作大。」何改「大」。胡校則云「『夫』是『大』非」，而無確證。

【疏證】

諸《文選》本悉同。謹案：《唐韻正·屑》「竊」下注引亦作「夫」。胡氏說是。文冠「庶」字，即注所謂「庶幾」。《爾雅·釋言》：「庶，幸也。」庶幾者，希冀、欣幸之辭也。審察言者所冀幸免責的，是乃至細微過失應獲之罪愆，豈大戾巨惡之所當。又觀注引《左傳》「太史克曰：庶幾免於戾乎」，「於」字正與「夫」相應，亦可佐證此說。別本作「大」者，「夫」之壞字耳。陳、何校並失之矣。毛本當從尤本等，不誤。

文選卷十一

登樓賦一首　王仲宣

題下注：盛弘之《荊州記》曰：富陽縣城樓。

【陳校】

《登樓賦》注「富陽縣」。「富」，舊本作「當」。

【集說】

梁氏《旁證》曰：六臣本、毛本「當」並誤作「富」。

張氏《膠言》曰：注引盛弘之《荊州記》曰：「當陽縣城樓，王仲宣登之而作賦。」福山王凝齋大令椷《秋燈叢話》云：「王仲宣樓，有謂在襄陽，有謂在荊州及當陽者，迄無定論。予宰當陽時考之，於當陽為的。《登樓賦》云：『挾清漳之通浦兮，倚曲沮之長洲。』按《邑志》：『漳水出於南漳，沮水出於房陵，而當陽適在漳、沮之會。』又云『西接昭丘。』昭丘，即楚昭王墓。康熙初，土人曾掘得之，有碣可考。距昭丘二十里有山名玉陽，一名仲宣臺，即當年登臨處也。俯瞰平原，歷歷如繪，漳沮二水左右縈拂，遙睇昭丘，隱然可指。揆之賦中曰挾、曰倚、曰接，實為脗合。其在當陽可無疑矣。至荊州仲宣樓，乃五代高季興所建，名玉沙樓，又名望江。宋陳堯咨始易此名。若襄陽止有漢水，與漳沮昭丘，渺不相及。杜詩『春風回首仲宣樓』及『仿佛識昭丘』句注，皆指當陽。其訓『昭丘』並引盛注『登樓即見』之語，據此而論，亦確切不移也。但當陽，漢初為南郡地，景帝析江陵置當陽縣，仍屬南郡。三國

—345—

時，蜀以編都地荊州領當陽，而孫吳領荊州，又於襄陽置南荊州，當時有三荊州，以故荊襄之間，借仲宣遺跡以彰名勝，而注疏家言人人殊，皆未親歷其地而詳考也。若林西仲謂為江陵城樓，且以『浸濕』訓『曲沮』，則更失之鑿矣。」雲璈按：《水經注》三十二「沮水」下注云：「沮水又南逕楚昭王墓，東對麥城」，正與賦「西接昭丘」合。

【疏證】

奎本以下諸六臣合注本誤同。尤本作「當」。謹案：宋・任淵注《山谷內集詩注・次韻高子勉十首》「荊渚樓中賦」注引本賦李善注正作「當陽」。此奎本形近而誤，毛本當誤從六臣合注本，尤本或據下文「西接昭丘」明州本注校改，陳校此所謂「舊本」，或尤本。

西接昭丘 注：《荊州圖記》曰：富陽東南七十里，有楚昭王墓。

【陳校】

「富」，舊本作「當」。

【疏證】

奎本、贛本、建本誤同。明州本、尤本作「當」。謹案：明州本引「《荊州圖記》」作「當」，不誤。尤本蓋宗之。已見上條。

悲舊鄉之壅隔兮，涕橫墜而弗禁 注：漢中山王勝曰：不知涕泣之橫集。

【陳校】

注「漢中山王勝曰」。「漢」下，當有「書」字。

【集說】

胡氏《考異》曰：注「漢中山王勝曰」。陳曰云云。各本皆脫。案：謂《景十三王傳》也。

梁氏《旁證》曰：陳校「漢」下添「書」字。是也。此《景十三王傳文》。各本皆脫。

【疏證】

奎本以下諸六臣合注本、尤本悉脫。謹案：語見《漢書・景十三王・中山靖王傳》。李冶《敬齋古今黈》卷三引《漢書・中山靖王勝傳》同。本書曹子建《求通親親表》「臨觴而歎息也」注、謝玄暉《拜中軍記室辭隨王牋》「悲來

橫集」注引並作「漢書」。毛本當誤從尤本等，陳校當據《漢書》、本書內證等補之。

人情同於懷土兮，豈窮達而異心　注：《呂氏春秋》曰：道德於此，窮達一也。

【陳校】

　　注「道德於此」。「德」，當作「得」。

【集說】

　　胡氏《考異》曰：注「道德於此」。陳曰云云。是也，各本皆譌。

　　梁氏《旁證》曰：陳校「德，改得。」是也，各本皆誤。

【疏證】

　　奎本以下諸六臣合注本、尤本悉同。謹案：語見《呂氏春秋·孝行覽》，正作「得」字，本書班孟堅《幽通賦》「窮與達其必濟」注、盧子諒《贈劉琨》「窮達斯已」注、李蕭遠《運命論》「是以聖人處窮達如一也」注引並同。然《王命論》「是故窮達有命」注引則同本條作「德」。「德」與「得」實通。《廣雅·釋詁三》：「德，得也。」《墨子·節用上》：「是故用財不費，民德不勞，其興利多矣。」孫詒讓《閒詁》：「德與得通。」《管子·君臣下》「參伍相德而周舉之，尊勢而明信之」，郭沫若等《集校》引許維遹案：「相德，猶相得。」皆其證。毛本當從尤本等，不誤，陳不必改。前胡、梁氏皆泥。

遊天台山賦一首並序　孫興公

路威夷而修通　注：《韓詩》曰：道威夷者也。

【陳校】

　　注「道威夷者也」。舊本「道」上有「周」字，無「者也」。

【集說】

　　胡氏《考異》曰：注「道威夷者也」。陳云：「別本『道』上有『周』字，無『者也』。」案：此脫「周」字，衍「者」字。別本今未見。

　　梁氏《旁證》曰：胡公《考異》曰：此脫「周」字，衍「者」字。

【疏證】

　　奎本以下諸六臣合注本、尤本悉同。謹案：檢王應麟《詩考・韓詩・四牡》：「周道威夷」薛君曰：「威夷，險也。又作威遲」自注：《文選》注云云。本書潘安仁《西征賦》「登崤坂之威夷」注、《金谷集作詩》「峻坂路威夷」注、顏延年《秋胡詩》「行路正威遲」注、陸佐公《石闕銘》「宋歷威夷」注引，並作「《韓詩》曰：周道威夷。」是陳校、前胡、梁氏說皆得。毛本當誤從尤本等，陳校當據本書內證、或有《詩攷》等正之。前胡引陳校，又見彼云「別本今未見」云，其疑陳校出《詩考》歟？

惠風佇芳於陽林　　注：宁，猶積也。佇，與宁同。

【陳校】

　　注「宁，猶積也。」按：「宁」，疑當作「貯」。下同。

【集說】

　　顧按：「宁」，即「貯」字也。

　　胡氏《考異》曰：注「宁，猶積也。佇，與宁同。」陳曰：「宁，當作貯。」是也，各本皆譌。

　　梁氏《旁證》曰：陳曰云云。各本皆誤。

【疏證】

　　奎本以下諸六臣合注本、尤本悉同。謹案：「宁」、「貯」古同。《說文・貝部》「貯，積也。從貝，宁聲。」《繫傳》：臣鍇曰：「當言『宁亦聲』。少『亦』字也。會意。」商承祚《殷虛文字類編》：「貯，（甲骨文）象內貝於宁中形，或貝在宁下，與《許書》作貯，貝在宁旁意同。又，宁、貯古為一字。」然則，毛本從尤本等，不誤。陳校、前胡、梁氏皆失於一間矣。

王喬控鶴以沖天　　注：《列仙傳》曰：王子喬者，周靈王太子晉也。……七月七日，待我於緱氏山頭。

【陳校】

　　注「七月七日」。「七月」，當作「正月」。

【疏證】

　　奎本以下諸六臣合注本、尤本同。謹案：今本《列仙傳・王子喬》作「七

月」，《藝文類聚》卷四、《樂府詩集·相和歌辭·王子喬》引《列仙傳》並作「七月」，本書江文通《別賦》「驂鸞騰天」注、何敬祖《遊仙詩》「羨昔王子喬」注並同。此蓋善注承譌，混淆古仙人「王喬」與「王子晉」。可參下何敬祖《遊仙詩》「羨昔王子喬」條。毛本當從尤本等，陳校亦未能得其要領者。

蕪城賦一首　　鮑明遠

題下注：《集》云：登廣陵故城。

【陳校】

　　注「登廣陵故城」。「城」下，當有「作」字。

【集說】

　　《讀書記》云：注「《集》云：登廣陵故城作。」按：宋世祖孝建三年，竟陵王誕據廣陵反，沈慶之討平之。命悉誅城內男丁，以女口為軍賞。昭蓋感事而賦也。

　　胡氏《考異》曰：注「登廣陵故城」。陳曰云云。案：此依《集》校，是也，各本皆脫。

　　梁氏《旁證》同胡氏《考異》。

【疏證】

　　奎本以下諸六臣合注本、尤本悉脫。謹案：毛本當從尤本等，此陳、何依鮑《集》及善注上下文義校。何校所據底本為毛氏汲古閣重修本，故已補有「作」字。

鮑明遠　　注：臨海王子頊為荊州，昭為前軍掌書記之任。

【陳校】

　　注「為前軍掌書記」。「前軍」下，當有「行參軍」三字。

【集說】

　　余氏《音義》曰：「前軍」下，何添「行參軍」三字。

　　胡氏《考異》曰：注「昭為前軍」。何校［軍］下添「行參軍」三字。陳云：「當有。」是也，各本皆脫。

梁氏《旁證》曰：何校（昭為前軍）此下添「行參軍」三字。是也，陳同。各本皆誤。

姚氏《筆記》曰：按「掌書記」上有「行參軍」三字，又「瑱」，「項」字之譌，豈宋本避神廟諱改耶？

【疏證】

奎本以下諸六臣合注本、尤本悉同。謹案：《宋書》本傳：「照為前軍［行］參軍掌書記之任」云云，《南史》本傳同。陳、何當據以增。毛本當誤從尤本等。

柂以漕渠 注：《廣雅》曰：柂，引也。

【陳校】

「柂以漕渠」。「柂」，舊本作「拖」。

【集說】

余氏《音義》曰：「柂」，同「柂」，善作「拕」。

胡氏《考異》曰：袁本、茶陵本云：「柂」，善作「拕」。二本及尤所見皆非也。考善注引《廣雅》「柂，引也」，必作「拖」字。其五臣濟注「柂，舟具也」，乃改之，使配下句「軸」耳。不當以亂善，亦不得謂善作「拕」也。注中「拖」字，尤、茶陵本亦誤「柂」，袁本尚未譌。可據以訂正。

梁氏《旁證》曰：六臣本校云：「柂」，善作「拕」。非也。此注引《廣雅》「柂，引也」，是李本作「拖」字之明證。濟注「柂，舟具也」，蓋改之使配下句「軸」字，乃五臣作「柂」之明證。段校作「拕」。

朱氏《集釋》曰：注引《廣雅》「柂，引也。」今《廣雅》作「拕」。《說文》：「拕，曳也。」五臣注以「柂」為舟具，非是。

胡氏《箋證》曰：今《廣雅》作「拕」。據此，則正文當作「拖」。拖、拕一字。濟注：「柂，舟具也。」作「柂」，乃五臣本，後人因以亂之。六臣本校云：善作「拕」，又「拖」之譌字耳。

【疏證】

尤本並注同。五臣正德本、陳本作「柂」。奎本作「柂」，校云：善本作「（柂）［拖］」字。明州本、贛本、建本作「柂」，並校云：善本作「拕」。謹案：五臣作「柂」，濟注可證。檢《廣雅》：「拕，引也。」《廣韻·歌韻》：「拕，

曳也。俗作拖。」本書揚子雲《羽獵賦》「扡蒼豨」注引《廣雅》曰:「扡,引也。音他。」扡,與扡、拖同。《集韻·戈韻》:「扡,引也。或作扡、拖。」是善本作「拖」,蓋用俗字。奎本校語,刻工首誤「拖」從「木」,明州本不能辨,遂改校語作「弛」,贛、建二本踵之,誤之益誤也。尤本誤從明、贛二本正文,毛本又誤從尤本,陳校當據《廣雅》、本書內證等正之。不知「舊本」何指。前胡說是,然本條亦前胡稱袁、茶二本而省引陳校例。

劃崇墉 注:《字林》曰:佳刀曰劃。

【陳校】

　　注「佳刀曰劃。」舊本「佳」作「錐」。

【集說】

　　胡氏《考異》曰:注「佳刀曰劃。」茶陵本「佳」作「注」。案:皆誤也。當作「錐」,《說文》如此。陳云「別本作錐。」袁本仍作「佳」,亦誤。

　　梁氏《旁證》曰:六臣本「佳」作「錐」。是也。《說文》可證。

【疏證】

　　明州本、尤本、建本同。奎本作「推」。贛本作「錐」。謹案:贛本獨是。《說文·刀部》:「劃,錐刀曰劃。從刀,從畫,畫亦聲。」《字林》實與之同。毛本當誤從尤本等,陳校或從贛本。本條出《考異》,為周鈔《舉正》所漏。

是以板築雉堞之殷 注:郭璞曰《三蒼解詁》曰

【陳校】

　　注「郭璞曰《三蒼解詁》曰」。上「曰」字衍。

【集說】

　　胡氏《考異》曰:注「郭璞曰《三倉解詁》曰」。陳曰云云。是也,各本皆衍。

　　梁氏《旁證》曰:陳校去上「曰」字。各本皆衍。

【疏證】

　　奎本、明州本、尤本、建本同。贛本獨不衍。謹案:上「曰」字,據下文當省,此亦善例。下司馬長卿《難蜀父老》「昬爽闇昧」亦引郭書正無上「曰」

字可證。陳校或從本書內證、贛本校。毛本當誤從尤本等。

南國麗人　注：曹子建詩曰：南國有佳人。

【陳校】

　　「麗人」，當作「佳人」。

【集說】

　　余氏《音義》曰：「麗」，何曰：宋本作「佳」。

　　孫氏《考異》曰：何云：「麗，宋本作佳。」正與注引陳王詩合。志祖按：五臣本作「佳」。

　　梁氏《旁證》曰：五臣「麗」作「佳」。銑注可證。

　　黃氏《平點》曰：據注及別本「麗」改「佳」。尤袤云：「五臣作佳人。」

【疏證】

　　尤本同。五臣正德本、陳本正作「佳」。奎本、明州本作「佳」，校云：善本作「麗」。贛本、建本作「麗」，校云：五臣作「佳」。尤氏《考異》曰：「五臣作佳人。」謹案：五臣作「佳」，銑注可證，如梁說。據注，則善本亦作「佳」。本書曹子建《雜詩六首》正作「佳人」。《藝文類聚》卷十八引「曹植詩」、卷八十六兩引「文選」作「佳人」。毛本當誤從尤本。陳校當從本條善注、本書內證等正之。

邊風急兮城上寒，井逕滅兮丘隴殘　注：《周禮》曰：九夫為井。又曰：夫間有遂，遂上有徑。

【陳校】

　　宋孝武既平隨王誕於廣陵，命悉誅城中人。沈慶之固諫，自五尺以下得全，死者尚數千人。每風晨雨夜有號哭之聲。明遠此賦殆感時而作，非弔古之篇也。

【疏證】

　　奎本以下諸六臣本、尤本悉同。謹案：陳校蓋節錄《南史・竟陵王誕傳》文，末楬櫫主題，以補善注。

魯靈光殿賦一首並序　王文考　張載注

遂因魯僖基兆而營焉　張注：昔魯僖公使大夫公子奚斯，上新姜嫄之廟，下治文公之宮。

【陳校】

注「下治文公之宮」。按：文公，謂周公也。

【集說】

朱氏《集釋》曰：《詩・閟宮》毛《傳》以為「姜嫄之廟」，後「新廟奕奕」，則云「閔公廟也」，與鄭《箋》謂「新廟即姜嫄廟」者異義。此「文公」當作「閔公」。「文」，殆「閔」之壞字，否則，文公為僖公子，不應預言之也。

【疏證】

奎本以下諸六臣合注本、尤本悉同。謹案：朱氏說揭出毛《傳》與鄭《箋》「異議」，固依《毛詩・魯頌・閟宮》毛《傳》、鄭《箋》。朱說推理成立。毛本當從尤本等，陳校亦失。

屹山峙以紆欝，隆崛岉乎青雲　張注：隆，屈也。

【陳校】

注「隆，屈也。」按「屈也」二字誤，或有脫文。

【集說】

胡氏《考異》曰：注「隆，屈也」。陳云：「屈也二字誤，或有脫文。」今案：此當重「隆」字。「隆，屈也」解「隆」，猶下注以「巋，巋然」解「巋」也，各本皆譌。

梁氏《旁證》曰：陳曰：「此三字恐有脫誤。」胡公《考異》曰：「此當重隆字」云云。

【疏證】

奎本以下諸六臣合注本、尤本悉同。謹案：毛本當從尤本等，陳校疑「有脫文」，初非無據，前胡說有下「巋巋然」解「巋」例為據，可破陳校之疑，當可信從。

狀若積石之鏘鏘 善曰：積石，山名。《西都賦》曰：激神嶽之嶈嶈。

【陳校】

「鏘鏘」，當作「嶈嶈」。

【集說】

孫氏《考異》曰：何校「鏘」改「嶈」。志祖按：據注引《西都賦》當作「嶈」。

胡氏《考異》曰：何校「鏘」改「嶈」。陳云：「當作嶈嶈。」案：皆據注引《西都》「嶈嶈」校也，考彼賦蓋當作「將將」。《後漢書》作「嶈嶈」。此五臣翰注作「鏘鏘」，未審善果何作。

梁氏《旁證》曰：何校「鏘鏘」改「嶈嶈」，陳同。皆據注引《西都賦》語也。案注當是。五臣作「鏘鏘」耳。

胡氏《箋證》曰：注「善曰：《西都賦》曰：『激神嶽之嶈嶈。』」按：《西都賦》本作「將」，此引當同。疑正文作「將將」，或五臣本作「鏘鏘」。

許氏《筆記》曰：「鏘鏘」何改「嶈嶈」。嘉德案：胡云：「何、陳皆依《西都》作嶈，然彼賦當作將。《[後]漢》作嶈，此五臣作鏘。」

黃氏《平點》曰：據注「鏘」改「嶈」。抄本作「嶈」。

【疏證】

諸《文選》本正文並同。奎本以下諸六臣合注本、尤本善注並作「嶈」。六臣合注本無校語。謹案：《後漢書》、《古今事文類聚》續集卷一、《記纂淵海》卷六引悉作「嶈」。《文選・西都賦》奎本以下諸六臣合注本、尤本、毛本正文悉作「嶈」。善注引《毛詩》，尤本、諸六臣合注本悉作「應門將將」；五臣濟注，諸六臣合注本、五臣正德本、陳本並作「嶈」，惟見《玉海》卷一百七十一引《文選・西都賦》則作「將」。「嶈」由「將」得聲，字當通。《正字通・山部》：「嶈，山激聲。古借將，音義同。」《西都賦》正文固不必與善注同也。鏘、嶈、將三者，音、義同而形異而已，本條又不能決五臣與善用有異，胡氏《箋證》亦祇是揣測，然則，亦不煩改也。

西廂踟躕以間宴 張注：踟，或移字。

【陳校】

注「或移字」。舊本「或」下有「作」字、衍一「字」字。

【集說】

　　胡氏《考異》曰：注「踻，或移字。」茶陵本作「踻，或作移」，袁本有「字」無「作」，與此同。案：各本皆非，當云「踻，或作移字」。互有脫耳。下注「掌，或作桭字」，是其例。

　　梁氏《旁證》曰：「或」下當有「作」字。

【疏證】

　　奎本、尤本同。明州本、贛本、建本作「或作移」。謹案：踻躅，徘徊也。是雙聲聯緜字。《韓詩》作「躊躇」、《說文》作「跱躇」、《廣雅》作「跢跦」。移與跢、踻、跱等並有「彳」音，單用義同，故在聯緜字中，移與跢、踻、跱等可互代，故有「或作移」一說。前胡以下句「枝掌杈枒而斜據」張注「掌，或作桭字」，以例本條，故謂「當云：踻，或作移字。」即「或」下當有「作」字、「移」下「字」字，非衍，袁、茶二本互有脫文。是也。然則，陳校亦得失參半。毛本當誤從尤本等。

屹鏗瞑以勿罔　善曰：瞑，莫耕切。

【陳校】

　　「鏗」，當作「睜」。

【集說】

　　孫氏《考異》曰：「鏗瞑」。五臣本作「睜曚」，呂延濟注：「睜曚，視不明也。」

　　梁氏《旁證》同孫氏《考異》。

　　朱氏《集釋》曰：案：「鏗瞑」。五臣本作「睜曚」。《廣韻》云：「睜曚，視不分明也。」善注亦「曚」字之音，蓋謂其高邃，望之不審也。《說文》無此二字。惟《𦣝部》「𦣝字」云：「目不明也。從𦣝從旬。旬目，數數搖也。」義與此通。

　　許氏《筆記》曰：「鏗瞑」。何改「睜瞑」，二字並從目。

【疏證】

　　尤本作「鏗瞑」。贛本同尤本，校云：五臣作「睜曚」。建本同贛本，校云：五臣作「睜曚」。五臣正德本、陳本正作「睜曚」，奎本、明州本同，校云：善本作「鏗瞑」。尤氏《考異》曰：「五臣作睜曚。」謹案：曚與「瞑」

同。《廣韻·庚韻》：「瞘，瞘瞳，視不分明。」《集韻·耕韻》：「瞳，視物不明兒。或作瞑。」毛本「瞑」，當「瞑」之俗譌。「鏗瞑」、「瞘瞳」、「鏗瞑」、「瞘矇」，乃音、義並同而形無一定之疊韻聯緜字，不煩改也。此胡氏《考異》所以不出校耳。

綠房紫菂，窋〔上穴下吒〕垂珠　張注：《爾雅》曰：其中菂。珠珠之實窋（咤）〔上穴下吒〕也。

【陳校】

注「珠之實窋（咤）[上穴下吒]也」。「珠之」，似當作「菂之」。

【集說】

胡氏《考異》曰：注「珠珠之實窋咤也」。陳曰云云。是也，各本皆誤。

梁氏《旁證》曰：陳曰云云。

朱氏《集釋》曰：「綠房紫菂」注云：「菂中芍也。」《爾雅》曰：「其中菂。」菂與芍同。案：今《爾雅·釋草》於「荷之屬」云：「其中的。」《詩疏》引李巡曰：「的，蓮實也。」……《釋文》出「菂」字云：「本今作的」，而《廣韻》又作「芍」。蓋菂、的、芍並通。

【疏證】

奎本以下諸六臣合注本、尤本誤同。謹案：語見《爾雅注疏·釋草》：「其根藕，其中的。」注：「蓮中子也。」音義：「菂，今本作的。」《藝文類聚》卷八十二引《爾雅》作：「其中菂，菂中薏」，注云：「菂，子也。薏，子中心也。」的，謂蓮子，實，謂蓮房。《說文·穴部》：「窋，物在穴中兒。」段注引本條，釋曰：「謂蓮房之實窋[上穴下吒]然，見於房外，如垂珠也。」毛本當誤從尤本等，段注足證陳校是也。

騰蚦蟉虯而繞榱　善曰：文字曰：騰，蟉虯，曲貌。

【陳校】

注「文字曰」。「字」，當作「子」。見第十五卷《思玄賦》注。又，「騰蟉虯」。舊本「騰」下，有「蛇無足無騰」五字。

【集說】

顧按：（「曲貌」下批）有誤。

胡氏《考異》曰：注「文字曰騰」。袁本、茶陵本此下有「蛇無足而騰」五字。案：有者是也。何校「字」改「子」。陳云：「見第十五卷《思玄賦》注。」各本皆誤。

梁氏《旁證》曰：何校「字」改「子」。是也。陳曰：「見第十五卷《思玄賦》注」。各本皆誤，六臣本此下有「蛇無足而騰」五字，是也。

朱氏《集釋》曰：案：此注脫誤不可讀。胡氏《考異》謂：「何校字改子。袁本、茶陵本騰下有『蛇無足而騰』五字，是也。」余謂「騰」字非虛用，與上「虹龍朱鳥」、下「白鹿蟠螭」等相類，蓋即《爾雅》之「螣蛇」，見《子虛賦》。又後《景福殿賦》「楯類螣蛇」，亦正同。

【疏證】

尤本並同。奎本以下諸六臣合注本悉有「蛇無足而騰」五字，此袁本、茶陵本所出。「文子」，明、贛、建三本誤同尤本，奎本作「有文」。謹案：《爾雅注疏·釋魚》：「螣，螣蛇。」郭注：「龍類也。能興雲霧而遊其中。《淮南》云：蟒蛇。」《音義》：「螣，直錦反。字又作䗶、又作騰。並同徒登反。《字林》云：『神蛇也。』《慎子》云：『螣蛇遊。』」《疏》：「蛇似龍者也。名螣，一名螣蛇」。檢《淮南子·主術篇》：「夫螣蛇游霧而動，應龍乘雲而舉」。朱氏謂「螣蛇」似是。奎本作「有文曰騰」，與朱謂「騰字非虛用」，亦合，義勝「文子」之說。惜未見他證。俟續考。

齊首目以瞪眄　善曰：《埤蒼》曰：瞪，直證切。

【陳校】

注「瞪，直證切。」按：「瞪」下，脫「直視也」三字，見《洞簫賦》注。

【疏證】

尤本同。奎本以下諸六臣合注本並無「埤蒼」以下七字。謹案：本書《洞簫賦》注，見「瞪瞢忘食」句下。引「《埤蒼》曰：瞪，直視也。」又陸士衡《豪士賦序》「而方偃仰瞪眄」注引「《魯靈光殿賦》曰：『齊首目以瞪眄』，《埤蒼》曰：『瞪，直視也。』」足證善注本引《埤蒼》，且有「直視也」句。毛本當誤從尤本，陳校蓋據本書內證補之，是也。本條亦前胡漏錄、漏校例。

朱桂黝儵於南北，蘭芝阿那於東西　善曰：伏儼《子虛賦注》曰：芍藥以蘭桂調食也。

【陳校】

　　注「伏儼《子虛賦注》」。按：「伏儼」，據《子虛賦》注，當作「服虔」。

【集說】

　　顧按：「服」，即「伏」字。

　　葉刻：何校改注中「伏儼」為「伏虔」。又：（葉樹藩）《補注》曰：「案：伏儼，字景宏，瑯邪人。見《漢書·敘例》。何氏但知虔之注《子虛》，而不知儼亦有注也。」

　　梁氏《旁證》曰：何曰「伏儼二字，據《子虛賦》注」云云。

　　姚氏《筆記》曰：注引「伏儼《子虛賦注》」，何云：「陳校：『據《子虛賦》注，當作服虔。』」東樹按：「陳，豈即少章邪？」

　　徐氏《糾何》曰：案：「伏虔」，宜作「伏儼」、「服氏」，宜作「伏氏」。《魯靈光殿賦》「蘭芝阿那於東西」注，李氏引其說作「伏儼」，蓋「服虔」亦作「伏虔」，或因此而誤也。

【疏證】

　　奎本以下諸六臣合注本、尤本悉同。謹案：葉、徐說是。毛本當從尤本等，不誤。陳、何校偶疏耳。《漢書·敘例》：「服虔，字子慎。滎陽人。」下一人為應劭，再下便是「伏儼，字景宏，瑯邪人。」復按《漢書·司馬相如傳》載《子虛賦》涉伏儼注即有三條：「右夏服之勁箭」伏儼曰：「服，盛箭器也。夏后氏之良弓名煩弱，其矢亦良，即煩弱箭服也，故曰夏服」；「芍藥之和具而後御之」注「伏儼曰：芍藥以蘭桂調食」；「若夫青琴慮妃之徒」注：「伏儼曰：青琴古神女也。」本條所引即「芍藥之和具而後御之」注文。此一條便是伏儼注《子虛賦》之鐵證。顧按「服，即伏字」，言下之意，似「伏儼」與「服虔」為一人，益非也。孫氏《讀書脞錄續編》卷三「伏儼」條，亦駁「一人說」云：《文選·子虛賦》「芍藥之和具，而後御之」注引「服虔曰：具，美也。或以芍藥調食也。」《魯靈光殿賦》「朱桂黝儵於南北，蘭芝阿那於東西」注引「伏儼《子虛賦注》」則曰：「芍藥以蘭桂調食也。」錢唐張仲雅《選學膠言》疑「伏儼」乃「服虔」之誤。又云：「彼注無『蘭桂調食』之語。可據《子虛》以正此注之譌，又可據此注以補《子虛》之闕。」志祖案：伏儼、服虔二

人並注《漢書》，李注兩引，互有詳略，不可以為謅闕也。伏儼，字景宏，琅邪人。見《漢書・敘例》。孫氏說誠是，或已見葉刻《文選》爾。葉氏《補注》量既不多，精義罕見，本條允屬上乘。

善又曰：《春秋運年樞》曰：搖光得陵黑芝。

【陳校】

　　注「陵黑芝」。舊本「陵」下，有「出」字。

【集說】

　　余氏《音義》曰：「光得陵」，六臣下有「出」字。

　　胡氏《考異》曰：注「搖光得陵黑芝」。袁本、茶陵本「陵」下有「出」字。案：有者是也。

　　梁氏《旁證》曰：六臣本、毛本「陵」下並有「出」字。是也。

【疏證】

　　尤本同。奎本以下諸六臣合注本有「出」字。謹案：《太平御覽》卷九百八十五「丹」下引《春秋運年樞》正有「出」字。「芝」上引同書，「陵」下旁注「缺」字。並證有「出」字者，是也。陳校所謂「舊本」，當是六臣合注本。本條是前胡稱袁、茶二本，而省稱陳校例。梁氏《旁證》所據毛本，似非汲古初刻本，或眾手所據底本不一而致參差耳。

景福殿賦一首　　何平叔

何平叔　注：《典略》曰：後曹爽反，為司馬宣王斬於東市。

【陳校】

　　注「後曹爽反。」「後」，疑「從」誤。

【疏證】

　　贛本、尤本、建本同。奎本缺葉。明州本省作「善同銑注」，按銑注無此四字。謹案：前胡不錄，當亦不以陳校為然，然審上下文義，作「從」似勝，蓋復與後二字，篆文形近易混，文獻多見。

其奧祕，則翳蔽曖昧，髣髴退概　注：慨，古愛切。

【陳校】

　　注「慨，古愛切。」舊本「慨」作「概」。

【集說】

　　許氏《筆記》曰：「退概」。當作「概」。《說文》：「穊也。从禾既聲。既利切。」

【疏證】

　　奎本以下諸六臣合注本、尤本悉作「概」。謹案：依正文，似當作「概」。本書馬季長《長笛賦》「絞槩汨湟」注亦作「槩，古愛切」。「槩」，與「概」同。似僅毛本偶誤。然許異行說，值得深入。考《說文繫傳・禾部》：「概，穊也。從禾，既聲。」徐鍇曰：「穊密也。古人云：『深耕概種』，故從禾。訖示反。」《字彙・辵部》：「退，與褪同。」褪，謂顏色或痕跡變淡、消失也，故「退概」，即謂顏色、痕跡，由鮮明深濃，褪為淺淡模糊。入疊韻脂部，與上「翳蔽」、「曖昧」、「髣髴」，同為聯綿辭。與五臣銑注「皆幽遠不分明貌」義正合。然則，諸《文選》本文及注皆當「概」之譌耳。

聲訇磤其若震　注：毛萇傳曰：磤，雷聲也。

【陳校】

　　「聲訇磤其若震」。「磤」，舊本作「殷」。又注「毛萇傳」。「傳」上有「詩」字。

【集說】

　　孫氏《考異》曰：何校「磤」改「殷」。志祖按：據注引《詩傳》，當作「殷」。

　　梁氏《旁證》曰：「毛」字下，當有「萇」字。何校「磤」改「殷」。

　　許氏《筆記》曰：「訇磤」。《詩》「殷其雷」，更無別體。今從「石」，譌。

　　黃氏《平點》曰：「磤」改「殷」。據注引《詩傳》當如此。抄本作「隱」。

【疏證】

　　諸《文選》本正文悉同。注，奎本、明州本、尤本、建本作「毛詩傳」。贛本作「毛萇詩傳」。謹案：語見《毛詩・召南・殷其靁》，正文並傳並作

「殷」。陳、何校是，當從《詩傳》。孫、梁、許、黃說皆是。注，毛本作「毛萇傳」者，本書屢見，如張平子《思玄賦》「畏立辟以危身」注、潘安仁《寡婦賦》「徒願言而心痗」等，有八、九處。以作「毛詩傳」者更夥，達十四、五處（不例舉）。此善單援《毛詩》訓詁，例有用繁稱、省稱二體耳。不改亦得。

以當箴規　注：鄭玄《毛詩箋》曰：以思親正君曰規也。

【陳校】
　　注「以思親正君曰規」。舊本「思」作「恩」。

【集說】
　　胡氏《考異》曰：注「以思親正君」。陳曰云云。案：「恩」，是也，此「《沔水》」箋文，但今未見其本耳。
　　梁氏《旁證》曰：陳曰：「思，當作恩。」此《詩·沔水》箋文。

【疏證】
　　奎本以下諸六臣合注本、尤本悉同。謹案：語見《毛詩注疏·小雅·沔水》篇，正作「恩」字。毛本當誤從尤本等，陳校當據《毛詩》鄭《箋》等正之。

甄陶國風　注：李聃曰：埏埴為器曰甄陶。

【陳校】
　　注「李聃曰」。按：「李」下「聃」上，疑脫「軌注老」三字。

【集說】
　　余氏《音義》曰：「李聃曰」。「李」下，何增「軌注老」三字。
　　胡氏《考異》曰：注「李聃曰」。「聃」，當作「軌」，謂李軌注《法言》也。各本皆誤。
　　梁氏《旁證》曰：何校「李」下添「軌注老」三字。是也，各本皆脫。
　　姚氏《筆記》曰：何校增「軌注老」。余按：《老子》但有「埏埴以為器」語，「曰甄陶」三字，軌增之。

【疏證】
　　奎本以下諸六臣合注本、尤本悉誤。謹案：毛本當誤從尤本等。《隋書·經籍注二》載：「《揚子法言》十五卷《解》一卷。揚雄撰。李軌注。」李軌《法

言注》，屢見善注援引，如《魯靈光殿賦》「駢密石與琅玕」注「善曰：『李軌《法言注》曰：駢，竝也。』」故本條「聃」字，乃「軌」形近之誤，當依前胡校。陳、何校尚失一間矣。又，本書司馬長卿《封禪文》「甄殷陶周」善注亦曰：「揚子《法言》曰：『甄陶天下，其在和乎？』李注曰：『埏埴為器曰甄陶。』」準前胡《考異》，「李」下，亦當補「軌」字。

其西則有左墄右平，講肄之場　注：侯權《景福殿賦》曰。

【陳校】

　　注「侯權《景福殿賦》」。「侯權」，當作「夏侯稚權」。

【集說】

　　胡氏《考異》曰：注「侯權《景福殿賦》曰」。「侯」上當有「夏」字，「權」上當有「稚」字。各本皆脫。《安陸昭王碑》注引作「夏侯稚」，當互訂。稚權，名惠，見《魏志·夏侯淵傳》注。

　　梁氏《旁證》曰：胡公《考異》曰「侯上當有夏字」云云。案：《玉海·殿部》亦云：「何晏、韋誕、夏侯惠均有《景福殿賦》。」是也。

　　姚氏《筆記》曰：按：作《景福殿賦》者：卞蘭、韋誕仲將、夏侯〔稚〕權。

　　徐氏《規李》曰：案：此乃夏侯稚權也。《隋·經籍志》：「《夏侯惠集》二卷。」《文章敘錄》曰：「惠字稚權」。

　　許氏《筆記》曰：「侯權」。何改「夏侯稚權」。案：《魏志·夏侯淵傳》注：「《文章敘錄》曰：『惠，字稚權。』」《隋志》：「樂安太守《夏侯惠集》」。

【疏證】

　　奎本以下諸六臣合注本、尤本誤同。謹案：夏侯稚權，見《魏志·夏侯淵傳》「威弟惠。樂安太守」下裴注，參下《齊故安陸昭王碑文》「升降文陛，透迤魏闕」條。《藝文類聚》卷六十二《居處部》、並載何晏、韋誕、夏侯惠《景福殿賦》節文。毛本當誤從尤本等。陳、何據史書校，是也。姚氏亦脫「稚」字，今補。許舉「《夏侯惠集》」，見《隋志·經籍志四》。

鎮以崇臺，寔曰永始　注：韋仲將《景福殿賦》曰：夫時襄羊以劉覽。

【陳校】

　　注「時襄羊以劉覽」。「劉」，當作「瀏」。「劉覽」，（見）〔與〕《西征賦》

「瀏眄」同義。安仁殆本仲將耳。

【集說】

胡氏《考異》曰：注「夫時襄羊以劉覽。」陳云：「劉，當作瀏。瀏覽，與《西征賦》『瀏眄』同義。」是也，各本皆譌。

梁氏《旁證》曰：陳曰云云。是也。各本皆誤。

【疏證】

奎本以下諸六臣合注本、尤本悉同。謹案：「瀏」，從「劉」得聲，字得通。《淮南子·原道篇》：「劉覽偏照，復守以全」高誘注：「劉，猶留連之留。劉覽，回觀也。」《玉海·魏永始臺》引正作「劉」。並是其證。毛本當從尤本等，陳校、前胡、梁氏並非。

猖狂是俟　注：《莊子》曰：猖狂，妄行也。

【陳校】

注「猖狂，妄行也。」「也」字衍。

【疏證】

奎本以下諸六臣合注本、尤本衍同。謹案：語見《莊子·山木》篇，作「猖狂妄行，乃蹈乎大方。」「行」下不得有「也」亦明甚。此傳寫者，誤以「妄行」釋「猖狂」而擅加「也」字耳。毛本當誤從尤本等，陳校當從《莊子》正之。

惟天德之不易　注：《尚書》曰：爾亦弗知天命之不易也。

【陳校】

注「爾亦弗知天命之不易也。」「也」字衍。

【疏證】

奎本以下諸六臣合注本、尤本悉有「也」字。謹案：語見《尚書注疏·大誥》作「爾亦不知天命不易」，正無「也」字，本書張夢陽《劍閣銘》「天命匪易」注引同，亦無「也」字。此當傳寫者誤從同篇「天下亦不知天命之不易也」所致。毛本當誤從尤本等，陳校當據《尚書》及本書內證等正之。

屯坊列署　注：《聲類》曰：坊，別屋也。方與坊古字通。

【陳校】

　　注「方與坊古字通。」按：以注觀之，賦中當為「屯方」。

【集說】

　　胡氏《考異》曰：「屯坊列署」。袁本、茶陵本「坊」作「方」。案：二本是也。

　　梁氏《旁證》曰：六臣本「坊」作「方」。是也，注語可證。

　　姚氏《筆記》曰：何云：「玩注當為方。」

　　胡氏《箋證》曰：注謂正文之「方」與《聲類》「坊」字通也。今正文作「坊」，後人依注改耳。六臣本作「方」不誤。

　　許氏《筆記》曰：「坊」，依注作「方」。嘉德案：六臣茶陵本、袁本並作「方」，不誤。

【疏證】

　　尤本同。五臣正德本及陳本、奎本以下諸六臣合注本悉作「方」，無校語。謹案：五臣作「方」，濟注可證，善本亦作「方」，據善注可知。《唐韻正·六術》「術」字條引亦作「方」。後胡云：「今正文作坊，後人依注改耳。」是也。毛本當誤從尤本等，陳、何當據善注及六臣合注本正之。

縱橫踰延……公輸荒其規矩　注：鄭玄《禮記注》曰：般若之族，以多技巧也。

【陳校】

　　注「以多技巧也。」舊本無「以」字、「也」作「者」。

【疏證】

　　奎本以下諸六臣合注本、尤本悉作「多技巧也」，無「以」字。謹案：語見《禮記注疏·檀弓下》，作「多技巧者」，無「以」字、「也」作「者」。當陳校所出。本書曹子建《七啟》「班輸無所措其斧斤」注、王子淵《聖主得賢臣頌》「公輸削墨」注引並無「以」字，作「多伎巧者也」。「巧」下有「者」字，可補本條之脫，最是。毛本獨衍「以」字，上諸《文選》本並脫「者」字。本條略可見在經典文獻與本書內證之間，陳校觭重經典，而所謂「舊本」，似未必限於《文選》本。

匠石不知其所斲　注：《說文》曰：斲，竹句切。

【陳校】

按：[注]「斲」下，脫「斫也」二字。見《琴賦》注。

【疏證】

奎本以下諸六臣合注本、尤本並脫。謹案：《說文·斤部》：「斲，斫也。」本書《琴賦》「乃斲孫枝」注引《說文》下有「斫也」二字。《湘君》「斲冰兮積雪」注作「斲，斫也。」則脫《說文》名。毛本當誤從尤本等，陳校當據《說文》、本書內證等補之。此亦前胡漏錄、漏校者。

清風萃而成饗

【陳校】

「饗」，當作「響」。

【集說】

孫氏《考異》曰：「響」，誤「饗」。

許氏《筆記》曰：「饗」，何改「響」。

【疏證】

諸《文選》本悉作「響」。謹案：《藝文類聚》卷六十二引作「響」。本書王融《三月三日曲水詩序》：「幽明獻期，雷風通饗」。《漢書·禮樂志》：「五音六律，依韋饗昭」顏注：「饗讀曰響。昭，明。言聲響之明也」。並是「饗」通「響」之證，然則，此毛本好用借字之癖，既非善與五臣之異，亦不煩陳改焉。

雖崑崙之靈宮　注：《穆天子傳》曰：天子升於崑崙之丘，觀皇帝之宮。

【陳校】

注「觀皇帝之宮」。「皇」，舊本作「黃」。

【疏證】

奎本以下諸六臣合注本、尤本悉作「黃」。謹案：語見《穆天子傳·古文》，正作「黃」字，《藝文類聚》卷第七、《北堂書鈔》卷十六「巡行」、《太平御覽》卷三十八及卷五十三等引並作「黃」。毛本獨誤，蓋吳語「黃」、「皇」不分耳。陳校當據贛、尤二本等正之。

蒼龍覿於陂塘　　注：《魏志‧文紀》曰：青龍見於靡陂。

【陳校】

注「《文紀》曰」。「文」，當作「明」。下同。又「青龍見於靡陂。」「靡」，「摩」誤。

【集說】

余氏《音義》曰：「文紀」、「靡陂」。何校「文」改「明」、「靡」改「摩」。

胡氏《考異》曰：注「《魏志‧文紀》曰：青龍見於靡陂。」何校「文」改「明」、「靡」改「摩」。陳同。案：依《魏志》校也，各本皆譌。

梁氏《旁證》同胡氏《考異》。

【疏證】

奎本以下諸六臣合注本、尤本悉誤。謹案：事見《魏志‧明帝紀》作「青龍元年春正月甲申，青龍見郟之摩陂」。正作「明」、「摩」字。毛本當誤從尤本等，陳、何校多得益於史藉之助焉。

文選卷十二

海賦一首　　木玄虛

木玄虛　　注：《華集》曰：為楊駿府主簿。

【陳校】

　　注「華集曰」。舊本作「廣川人」。

【集說】

　　葉刻：注「華集曰」。何校改為「廣川人」。葉氏《補注》曰：「各本皆作『《華集》曰』。乃《華集》所載『為楊俊府主簿』也。張銑以『廣川人』三字易之，殊不知下注已有『廣川木元虛』句，詎自忘其疣贅乎？何氏從之，非是。」

　　顧按：「《華集》曰」，是也。「廣川人」乃銑注，不宜誤入。

　　梁氏《旁證》曰：何校改「廣川人」。

　　姚氏《筆記》曰：何改「廣川人」。

　　徐氏《糾何》曰：何改注「《華集》曰」為「廣川人」。案：各本皆作「《華集》曰」云云下同葉氏《補注》。

　　許氏《筆記》曰：「木玄虛」下注「《華集》曰」三字，乃依華本集所載「楊駿府主簿」也。何依張銑注改為「廣川人」，非是。

【疏證】

　　奎本作：善曰：「《今書七志》曰：『木華，字玄虛。《華集》曰：『為楊駿

府主簿。』傅亮《文章志》曰：『廣川木玄虛為《海賦》，文甚雋麗，足繼前良。』」銑曰：「《今書七志》云：『木華，字玄虛，廣川人也。文章雋麗，為楊駿府主簿。』」尤本、毛本善注全同奎本。明州本銑注宗奎本，善注則惟取「傅亮《文章志》曰」云云。贛本、建本則善注、銑注咸從明州本。五臣正德本、陳本銑注同奎本，陳本「川」字譌「州」。綜合上述版本調查，得如下認識：奎本於善注、五臣注，縱大略相同，亦兼容併收，不省稱某同某注，保存善注、五臣原貌最多；五臣注多襲取改寫善注，故本條銑注無一字不從善注出。善注由《今書七志》、傅亮《文章志》和《華集》三家合成。六臣合注本中，明州本首刪《七志》與《華集》，獨留《文章志》，已失善注之真，贛本、建本從之；尤本善注素據明、贛二本，此處卻與二本都不合，而同奎本，亦可能同監本，然亦缺乏與奎、監二本有直接聯系之確鑿證據，然則，在明州與贛本兩家之外，尤本分明別有舊本所據也。陳、何校以五臣亂善，非。葉氏《補注》說甚是，顧按駁正陳校。徐、許兩家說，亦是。

昔在帝媯巨唐之代　注：《左氏傳》：季文子使太史克對宣公曰：舜臣堯，舉八愷，使主后土。

【陳校】

　　「巨唐之代」。按：五臣本作「臣」。然觀此注中「臣堯」之解，則似善本亦作「臣」。「巨」，乃傳寫之誤。

【集說】

　　余氏《音義》曰：「巨」，五臣作「臣」。

　　葉刻：何校：「陳云：巨，五臣本作『臣』，然觀注中『臣堯』之解，則似善本亦作『臣』。『巨』字乃後人傳寫之誤也。」

　　顧按：「臣」字，宋本及毛初刻皆不誤。復有自注：「疑此有譌。」

　　孫氏《考異》曰：陳少章曰：「巨，五臣本作臣」云云。

　　胡氏《考異》曰：袁本「巨」作「臣」，云：善作「巨」。茶陵本云：五臣作「臣」。案：各本所見皆非也。陳云：「觀注中『臣堯』之解」云云。其說最是。

　　梁氏《旁證》曰：六臣本「巨」作「臣」者，是。若以「巨唐」為堯，不應敘在帝媯之後。李注既引舜「臣堯」之文，則李本亦當作「臣」，後人誤作「巨」耳。

姚氏《筆記》曰：何云：「陳云：五臣本作臣，然觀此注似善亦作臣，乃後人傳寫之誤」。

許氏《筆記》曰：依注知李氏原本作「臣唐」，傳寫譌為「巨」也。少陵詩「焉為巨唐有」，自據異本用之。《史記》「安期生食臣棗」，流俗本亦譌為「食巨棗」。嘉德案：袁作「臣」是，云「善巨」，非。

黃氏《平點》曰：據注「巨」改「臣」。抄本作「臣」，旁注「巨」。

【疏證】

尤本同。贛本、建本同，校云：五臣作「臣」。五臣正德本、陳本正作「臣」。奎本、明州本同，校云：善本作「巨」。謹案：《藝文類聚》卷八、《古今事文類聚》前集卷十五引，悉作「臣」。五臣作「臣」，翰注可證。善本亦作「臣」，則注引《左傳》可明。毛本當誤從尤本等。陳、何校並諸家說皆是。

於是乎禹也　注：《孟子》曰：當堯之時，洪水橫流……舜使禹疏九河，瀹濟漯。

【陳校】

注「瀹濟漯」。「瀹」，舊本作「淪」，下注引《孟子》同。

【集說】

胡氏《考異》曰：注「瀹濟漯」。陳云：「瀹，別本作淪，下注引同。」案：茶陵修改本如此，袁本仍皆作「瀹」，似善讀《孟子》不同也。

梁氏《旁證》曰：六臣本「瀹」作「淪」。蓋據今本《孟子》改。然下「於郭靈海」向注引亦作「瀹」，殆李所見《孟子》本不同也。

【疏證】

明州本、尤本、建本作「瀹」。奎本、贛本作「淪」。謹案：《孟子》，見《滕文公上》篇，作「淪」。陳所謂「下注」，謂本篇「於郭靈海」注復引《孟子》。諸本各仍同原先，惟建本「瀹」，而於「於郭靈海」注改作「淪」也，此正茶陵本二作「淪」所自耳。毛本當從尤本等，本條陳校所謂「別本」，當謂茶陵本矣。顧按謂善讀《孟子》與今本不同，是也。本條前胡《考異》與顧按，悉合，蓋本出一手爾。

瀝滴滲淫　注：滲淫七林，小水津液也。滲音侵。

【陳校】

「（滴瀝）〔瀝滴〕滲淫」注「七林」二字，似當在「滲」字下。

【集說】

胡氏《考異》曰：注「七林」。陳云：「二字，似當在『滲』字下。」袁、茶陵二本正如此。今案：此衍字也。袁、茶陵有者，為五臣「滲」字音，其善「滲音侵」，自在注中。尤所見因誤在「淫」字下，遂兩存之，正以「七林」當「淫」字音耳。又案：凡善音，各本多失其舊，今於其可考者，悉加訂正。

【疏證】

尤本同。奎本、明州本「滲」下有音注「七林」、善注無「滲音侵」字。贛本「滲」下音注作「浸」，餘同奎、明州二本。建本「滲」下音注「七林」、善注有「滲音侵」字。謹案：前胡說是。五臣正德本「七林」正為「滲」字音。在善本為衍字。善音「侵」在注中，贛本作「浸」居「滲」字下，並非。毛本誤從尤本，陳校亦失之。本條亦可見前胡誠勝陳校一頭地。

襄陵廣舄　注：《尚書》曰：海濱廣斥。《史記》曰斥為舄，古今字也。

【陳校】

注「《史記》曰」。「曰」上脫一「舄」字。

【集說】

顧按：此衍「曰」字。

胡氏《考異》曰：注「《史記》曰斥為舄。」案：「曰」當作「以」。各本皆譌。《西征賦》注云：「《戰國策》以吳為吾」，其句例也。

梁氏《旁證》曰：胡公《考異》曰：「曰字，當是以字誤」云云。

【疏證】

奎本以下諸六臣合注本、尤本悉作「曰」。「古今字也」，「今」，奎本獨作「舄」。謹案：善注引《史記》，見《夏本紀》作「其土白壤，海濱廣潟」集解：「徐廣曰：一作澤，又作斥。」潟，與舄同。王煦《昭明文選李善注拾遺》曰：「舄，蓋潟字之省」，亦是。《漢書·溝洫志》「終古舄鹵兮生稻粱」師古曰：「舄，即斥鹵也。謂鹹鹵之地也。」又檢《史記》與「斥」、「舄」有關之

語，見《河渠書》：「溉澤鹵之地，四萬餘頃」索隱：「澤，一作舄，音昔。本或作斥，則如字讀之。」單行本《史記索隱》「昔」下有「又並音尺」四字。原來「舄」與「斥」義通，且並有二音。據此，前胡「曰當作以」說可從，「《史記》以斥為舄」說，比較符合與此有關三句李善注的內在邏輯。善首引《尚書》以「（廣）斥」字對應文「（廣）舄」，次援《史記》「以斥為舄」之成例，終以「古今字」，揭示何以可「以斥為舄」之原因。然，前胡「曰」為「以」亦有一疑，蓋二者形不相近。竊以為「曰」當「已」之誤。「已」與「以」同，或此可釋上疑竇。又，李善大有可能受顏注影響，「斥為舄」，即顏注「舄即斥」。善注「為」字或當「即」字之誤，蓋涉下「舄」字而譌耳。若作「斥即舄」，既密合《索隱》之說，「曰」字亦不須改也。

維長綃所文。

【陳校】

音注「所文」。「文」，舊本作「交」。

【疏證】

奎本以下諸六臣合注本、尤本悉作「交」。謹案：此為音注。《廣韻·宵部》：「綃，所交切。」毛本獨因形近傳寫而誤，陳校當據尤本等正之。

若乃雲錦散文於沙汭之際　注：毛萇《詩傳》曰：汭，崖也。汭與汭通。

【陳校】

注「汭，崖也」。舊本作「水厓也」。

【疏證】

奎本以下諸六臣合注本、尤本悉同。謹案：毛《傳》，見《毛詩·大雅·公劉》「汭鞫之即」下，正作「汭，水厓也。」陳奐《傳疏》：「《說文》：汭，水相入也。案：水相入，即水會成厓之處。」或李善所見本與今本不同歟？毛本當從尤本等，未知陳校所謂「舊本」何指，不無可能是毛《傳》。

履皋鄉之留舄　注：《列仙傳》曰：以赤玉舄一量為報。

【陳校】

注「以赤玉舄一量為報。」「量」，疑「兩」誤，二履曰「兩」。

【集說】

顧按：「量」字不誤，見《世說‧雅量》、《晉書‧阮孚傳》。

【疏證】

奎本以下諸六臣合注本、尤本悉同。謹案：顧按是。《字彙補‧里部》：「量，與緉同。雙履也。」《世說新語‧雅量》：「（阮孚）歎曰：『未知一生當著幾量屐』」，《晉書‧孚傳》同。《南齊書‧張融傳》：「今送一通故衣，……已令裁減稱卿之體，並履一量。」皆其證。毛本當從尤本，陳校雖亦得，然不必改焉。此前胡不以陳校為然而不取也。

品物類生，何有何無　注：李尤《翰林論》曰：木氏《海賦》

【陳校】

注「李尤《翰林論》」。按：「尤」，當作「充」，字弘度，見《晉書‧文苑傳》，與東漢李尤時代复殊也。

【集說】

胡氏《考異》曰：注「李尤《翰林論》曰」。陳云：「案：尤當作充」云云。今案：所校是也。李尤遠在木前，亦不撰《翰林論》，各本皆譌。

張氏《膠言》曰：賦末注引「李尤《翰林論》」云云，胡中丞云：「陳云：『李尤』當作『李充』，見《晉書‧文苑傳》云云。

梁氏《旁證》曰：陳曰：「尤，當作充」云云。各本皆誤。

徐氏《規李》曰：「李尤《翰林論》」，當是「李充」。應休璉《百一詩》注、揚子雲《劇秦美新》注皆引是書，皆當作「充」。《晉書》：「充，字宏度。」《隋‧經籍志》：「李充《翰林論》三卷」。

許氏《筆記》曰：「何無」。注「李尤」，當作「李充」。《晉書》：「充，字宏度。」《隋‧經籍志》：「李充《翰林論》三卷」。嘉德案：陳校亦云：「李充，見《文苑傳》，與東漢李尤時殊，亦無《翰林論》」。

【疏證】

奎本以下諸六臣合注本、尤本誤同。謹案：《隋書‧經籍志四》：「《翰林論》三卷。李充撰。」本書應璩《百一詩》題下注、楊子雲《劇秦美新》題下注引並作「李充」。毛本當誤從尤本等，《晉書‧李充傳》未見撰此論，陳校當據《隋書‧經籍志》、《通志‧藝文略》等正之。嘉德引陳校，蓋稗販前胡《考

異》，觀其「亦無《翰林論》」五字，與上文不同，本非陳校，乃前胡語，嘉德一並作陳校，可明矣。

江賦一首　郭景純

摠括漢泗……並吞沅澧　注：應劭《漢書·地理志》曰：武陵郡充縣歷山，澧水所出，入沅，《水經》云入江。

【陳校】

　　注「應劭《漢書·地理志》」。「志」下，當有「注」字。

【集說】

　　胡氏《考異》曰：注「應劭《漢書·地理志》曰」。何校「志」下添「注」字。陳同。謹案：此下所引皆班《志》文，蓋善元作「應劭《漢書·地理志》注曰：『沅水出牂柯。《漢書·地理志》曰』」云云。今各本脫「注」下十二字而不可通也。引應「沅水出牂柯」，與上引《山海經》「出象郡」異說，正下文「入沅，《水經》云入江」之例。

　　張氏《膠言》曰：胡中丞曰：「何校《地理志》下添『注』字。今按：此下所引皆班《志》文」云云。

　　梁氏《旁證》曰：胡公《考異》曰云云。

【疏證】

　　奎本、明州本、建本、尤本悉脫，贛本獨有「注」字。謹案：此傳寫偶奪。下句「流九派乎潯陽」，善引「應劭《漢書注》曰：江自廬江潯陽，分為九也」，奎本即有「注」字。明州本未見，蓋因擅芟此句。陳、何校、前胡說皆是。此又贛本獨是例。

商攉涓澮　注：許慎《淮南子注》曰：揚攉，粗略也。

【陳校】

　　「攉」，舊本作「榷」。

【集說】

　　許氏《筆記》曰：「攉」，何校改「榷」。《說文》：「榷，敲擊也，從手隺聲。」

【疏證】

尤本作「摧」,注同。五臣正德本、陳本作「摧」。奎本作「攉」,良注同,善注作「摧」。明州本正文、良注、善注並作「攉」。贛本、建本正文、善注、良注並作「摧」。謹案:五臣作「攉」,良注可證。善本作「摧」。注引《淮南子》許注已揭明。本書左思《蜀都賦》「請為左右揚摧而陳之」,善引許《淮南子注》同,更為確證矣。《吳都賦》:「剖判庶士,商摧萬俗。」善引劉注:「《廣雅》曰:『商,度也;摧,粗略也。』言商度其粗略」。見善注實從舊注。《淮南子》,見《俶真訓》:「物豈可謂無大揚攉乎?」高誘注:「揚攉,無慮,大數名也。」原來,李善作「摧」蓋從《淮南》許注,五臣作「攉」,蓋求異善本,故改從高誘耳。奎本已失校語,遂至明州本以下五臣與善注糾纏不清。正文作「攉」者,蓋以五臣亂善耳。毛本誤從建本等,陳校當據尤本等正之,是也。攉,《廣韻》在《鐸韻》,摧,入《覺韻》(《集韻》同入《鐸部》),是韻為鐸覺旁轉;摧,入見母,攉,在曉母,是聲係見曉旁紐;聲音相近。五臣良曰:「商攉,猶都盧也。言都盧攝而納之。」白居易《贈隣里往還》詩:「骨肉都盧無十口,糧儲依約有三年。」「都盧」即與「依約」相對。亦即《淮南子》許注「粗略」、高注「無慮,大數名也」。是摧、攉音義並近同,確可通也。然善與五臣用既有別,故不得混淆焉。

荊門闕竦而磐礴　注:盛弘之《荊州記》曰:荊門上合下開,開達山南有門形,故因以為名。

【陳校】

注「開達山南」。「開」,一作「闇」。

【集說】

胡氏《考異》曰:注「開達山南」。何校改「開」作「闇」。是也,各本皆譌。陳云:「一作闇。」今未見。

梁氏《旁證》曰:何校「開」改「闇」。是也,各本皆誤。

朱氏《集釋》曰:此注引盛《記》亦云「開達山南」。「開」,蓋「闇」之誤也。

【疏證】

奎本以下諸六臣合注本、尤本悉同。謹案:《海錄碎事》卷三上引亦誤

「開」。檢《水經・江水注》：「荆門在南，上合下開。闇徹山南，有門像虎牙在北。石壁色紅，間有白文，類牙形，並以物像受名。此二山楚之西塞也，水勢急峻，故郭景純《江賦》曰：『虎牙桀豎以屹崒，荆門闕竦而盤薄』」云云，可為佐證。此涉上「開」字而譌耳。何校、胡、梁說，皆是。「闇達山」，「達」，據《水經注》，當作「徹」。作「達」者，蓋避漢諱耳。

類肧（胚之諱字）渾之未凝　　注：似胚胎渾混……《春秋命歷序》曰：渾渾混混。宋均曰：渾渾混混，雞卵未分也。

【陳校】

　　注「渾渾混混」。二「混」字似當作「沌」。

【集說】

　　胡氏《考異》曰：注「似胚胎渾混」，袁本、茶陵本「混」作「沌」。下皆同，是也。陳云：「當作沌」。

【疏證】

　　尤本誤同。奎本以下諸六臣合注本正皆作「沌沌」。謹案：本書《七啟》：「夫太極之初，渾沌未分，萬物紛錯與道俱隆」注：「《漢書》曰：『太極元氣，（分）〔函〕三為一。』言元氣初為一，後為天、地、人也。【此條可防偽——出版時刪】《春秋說題辭》曰：『元清氣以為天，渾沌無形體。』宋均曰：『言元氣之初如此也。渾沌，未分也。言氣在《易》為元，在《老》為道，義不殊也。』」議題相類，可為陳校佐證也。

長波浹渫，峻湍崔嵬　　注：《小雅》曰：峻，高也。

【陳校】

　　注「《小雅》曰」。「小」下，脫「爾」字。

【集說】

　　葉刻：何校：「所云《小雅》，皆《小爾雅》。」

【疏證】

　　奎本、明州本、建本、尤本悉同，贛本作「《爾雅》」，亦誤。謹案：毛本誤從尤本等，陳、何校是也。凡李注「《小爾雅》」，並作「《小雅》」。參上《西都賦》「度宏規而大起」諸條。

叔鮪王鱣　注：郭璞曰：鮪屬。大者王鮪。

【陳校】

注「鮪屬」。舊本「屬」上有「鱣」字。

【集說】

胡氏《考異》曰：注「鮪屬」。陳云：「別本『屬』上有『鱣』字。」案：今未見。考《爾雅注》當有。

梁氏《旁證》曰：今《爾雅注》「屬」上有「鱣」字。此誤脫耳。

【疏證】

奎本以下諸六臣合注本、尤本悉脫。謹案：語見《爾雅注疏‧釋魚》「鮪」注：「鮪，鱣屬也。」「屬」上正有「鱣」字，《太平御覽》卷九百三十六引，同。毛本當誤從尤本等。陳所謂「舊本」，前胡案：「未見。考《爾雅注》當有。」不待披《爾雅注》，已決其有，前胡於陳校閃爍其詞之微詞，呼之欲出矣。

蜦蟬鱟蜦，鱐奄鼀鼅　注：《臨海水土物志》曰：鼀鱣……生乳海邊曰沙中。

【陳校】

注「生乳海邊曰沙中」。舊本無「曰」字。

【集說】

胡氏《考異》曰：注「生乳海邊曰沙中」。袁本、茶陵本無「曰」字，是也。

梁氏《旁證》曰：六臣本無「曰」字。是也。

【疏證】

尤本同。奎本以下諸六臣合注本並無「曰」字。謹案：毛本重刻系統中有作「白」者，字與「曰」形近，似最是。毛本當從尤本，當亦有來歷。陳校所謂「舊本」，此則六臣合注本耳。此亦前胡稱袁、茶而省去陳校例。

王珧海月

【陳校】

「王」，當作「玉」。

【集說】

梁氏《旁證》曰：姜氏皋曰：「《東山經》郭注：『珧，玉珧，亦蚌屬。』」然則，正文『王』字疑為『玉』字。古『玉』作『王』，或相譌耳。《爾雅·釋魚》：『蜃小者珧』，注：『玉珧，即小蚌。』是郭氏皆作『玉』也。」

胡氏《箋證》曰：姜氏皋曰：「《東山經》郭注：『珧，玉珧』云云。紹煐按：《爾雅·釋文》引《字書》云：「玉珧肉不可食，惟柱可食。」《御覽》引《臨海異物志》：「玉珧似蚌，長二寸，廣五寸，上大下小，其殼中柱啜之味酒。」皆作「玉珧」，無作「王珧」者。「王」有大義，珧為蜃之小者，則不得謂之「王珧」矣。姜校是也。

【疏證】

五臣正德本及陳本、奎本、明州本、尤本、建本同。贛本作「玉」。謹案：宋·高似孫《緯略·珧》引、《古今事文類聚》前集卷十六引並作「玉」。宋·趙德麟《侯鯖錄》卷三云：「《海物異名》云：『玉珧柱，厥甲美如珧玉』」，又引本賦並作「玉」。毛本當誤從尤本等，陳校、姜說既有《字書》為證，又與贛本合，則其說的可信。古「玉」作「王」，是致譌之因。本條亦前胡漏錄者。

或泛瀲於潮波　注：《字書》曰：瀲，泛也。水波上及也。

【陳校】

注「水波上及也」。「及」，似當作「泛」。

【疏證】

奎本以下諸六臣合注本、尤本悉同。謹案：朱謀㙔撰《駢雅·釋詁》：「泛瀲，浮遊也。」今觀下文「或混淪乎泥沙。」是「泛瀲」與「混淪」皆疊韻駢語也。上句言浮遊，下句謂沉淪也。「及」字或未誤，陳校「泛」字，蓋涉上文而來，可備異聞。

橉杞積薄於潯涘　注：《淮南子》曰：南遊江潯。許慎注曰：潯，水涯也。音潯。

【陳校】

注「音潯」之「潯」，當作「尋」。

【疏證】

奎本、明州本、建本誤同。贛本、尤本作「尋」。謹案：奎本蓋傳刻承上而誤，明、建、毛三本遞相踵之。尤本蓋從贛本。陳校或無須披贛、尤二本，信手可正之。

鯪鯥跻曰眉跼具側於垠隒　注：《埤蒼》曰：「跻，蹙跳也。求悲切。《聲類》曰：偏舉一足，曰跼，蹄也。渠俱切。

【陳校】

音注「具側」。舊本作「具具」，亦誤。似當作「具其」。又：「跼」，舊本作「跔」。注同。

【集說】

胡氏《考異》曰：注「曰眉」、又注「具側」。此正文五臣作「踦躧」，故「踦」下音「巨眉」、「躧」下音「具俱」，袁、茶陵本可證。但不著校語，為以五臣亂善耳。善作「跻跼」，音義俱在注中。尤本依而改正，是矣。但仍贅此音，而又誤其字，則失之。陳有校語殊誤，今不取。又「跼」、「跔」同字，載《集韻》。陳云「别本作跔，注同。」今未見其本。

王氏《讀書志餘》曰：「鯪鯥踦躧於垠隒」自注：今李善本如此。李善曰：「《埤蒼》曰：『跻，蹙跳也。求悲切。』《聲類》曰：『偏舉一足，曰跔，蹄也。渠俱切。』」自注：舊本「跔」誤作「跼」。今據李善音及《史記·張儀傳》索隱改。又案曰：如李注則本作「跻跔」，謂二魚跳躍於水崖也……《史記·張儀傳》：「虎賁之士跿跔科頭」，《集解》曰：「跿跔，跳躍也」，《索隱》引《集韻》云：『偏舉一足曰跔蹏』，義與《聲類》同。又呂向注云：「踦躧，行貌」，然則，今李善本作「踦躧」者，後人據五臣本改之耳。

朱氏《集釋》曰：注引「《聲類》曰：偏舉一足，曰跼，蹄也。渠俱切。」案：此為尤氏本也。「跼」，當作「跔」。他本「跻跔」，或作「踦躧」。《讀書志餘》曰：「如李注則本作跻跔」云云，胡氏《考異》亦云：「五臣作踦躧，故踦下音巨眉……則失之。」余謂：胡云誤字者，今本「跻」下「巨眉」作「曰眉」，「跼」下「具俱」作「具側」也。「跻跔」和「踦躧」蓋音相近而致誤。《說文》有「跔」無「跼」，而《集韻》「跼，權俱切」，與「跔」同。然「跔」从句聲，故有「渠俱」之音，若「跼」，从局，《廣韻》「渠玉切」音局，安得為「權俱切」耶？

胡氏《箋證》曰：按：如善音，則字不當作「踘」。《史記・張儀傳》：「虎賁之士跿跔科頭」，《集解》曰：「跿跔，跳躍也。」《索隱》引《集韻》曰：「偏舉一足曰跔踾。」與《聲類》同，正作「跔」。疑善本作「跔」，後人改作「踘」，又於「踘」下增「渠俱」音。殊誤。《集韻》：「踘，權俱切。音劬。或作跔。」則宋時亦誤作「踘」。

許氏《筆記》曰：「跰踘」。踘，當為「跔」字之譌。跰，脛肉也。一曰：「曲脛也。」從足弄聲，讀若達，渠追切。跔，天寒足跔也。從足句聲。其俱切。如以《聲類》作「踘」，則當音「具足切」。今亦云「渠俱切」，知《聲類》之「踘」亦「跔」字之譌矣。

【疏證】

尤本同。奎本以下諸六臣合注本作「踾」下音「具俱」。建本為茶陵本所從出。謹案：前胡論正文作「踦踾」者為五臣，蓋據袁、茶二六臣合注本；言尤本正文是而累贅五臣音注、復誤其字，則據善與五臣音注義例之別，是兼重版本與理校，並確鑿可從。然前胡據《集韻》以「踘」、「跔」字同，則恐未必。《說文・足部》：「跔：天寒足跔也。從足句聲，其俱切。」《說文》無「踘」字。《集韻・虞韻》：「跔：《說文》：『天寒足跔。』一曰：拘跔不伸。或作踘、跰。」王念孫自注：「舊本跔誤作踘。今據李善音及《史記・張儀傳》索隱改。」朱氏、後胡並從聲音佐證王說，以《集韻》誤。畢沅《經典文字辨證書》則曰：「跔正，踘俗」，調和兩說。然則，陳校主「跔」字，未必誤也。毛本則是非悉從尤本耳。王氏據向注，證所謂「今李善本」作「踦踾」者，係後人據五臣本改，是助成前胡。

獱獺睒瞲乎厱空　注：《山海經》曰：鏊山……有獸名曰獺，其狀如鱃，其毛如彘鬣。郭璞曰：音蒼頡之頡。與獺同。

【陳校】

注「有獸名曰獺，其狀如鱃。」按：「獺」當作「獵」。「鱃」，當作「鱪」。

【集說】

胡氏《考異》曰：注「名曰獺，其狀如鱃。」陳曰云云，是也。案：此引《中山經》注文，下「鱃」同。又，注「與獺同」。案：「與」上當有「獵」字。各本皆脫。

梁氏《旁證》曰：陳校「獱，當作」云云。「與」上當有「獱」字，各本皆脫。

朱氏《集釋》曰：案：所引見《中次四經》。今本作「名曰獱。其狀如獳犬而有鱗。」又《中次十一經》：「葴山，視水出焉，其中多頡」郭注：「如青狗。」畢氏沅云：「獱字，《說文》、《玉篇》所無。當祗作頡，或作獱。頡，蓋獱之假音。」郝氏云：「獱不與頡同音。李注引作獱，然獱故無鱗。後郭注云：『如青狗』，則真似獱矣。而獱復不名頡，亦所未詳。」余疑釐山之獱，本作「頡」，而俗加犬旁遂與「獱」混耳。郭不云「與葴山同」，則獱別一物，非獱也。葴山之頡本為獱，故郭云「如青狗」，而轉作「頡」，殆傳寫者亂之。至獳字，善注引作「鱬」，云「如珠切」，而下無「犬」字，則畢氏謂經文作「獳」，是也。《說文》「獳，怒犬貌。讀若褥」。

【疏證】

奎本以下諸六臣合注本、尤本悉同。謹案：語見《中山經》「中次四經」，正作「獱」、「獳」。「獱與獱同」，蓋善注。據其上下文，當作「獱」，陳校是。毛本當從尤本等。「與上當有獱字」二句，蓋前胡校，梁氏掩為己有矣。

景炎霞火　善曰：言波瀾外發，炎于赮火。赮，與霞同。

【陳校】

「景炎霞火。」據注，「霞」當作「赮」。

【集說】

胡氏《考異》曰：陳云「據注，霞當作赮。」案：所校是也。前「壁立赮駁」，袁、茶陵二本有校語云：善作「赮」。五臣作「霞」，此必同彼，但失其校語耳。後「吸翠霞而夭矯」，亦當有誤。

張氏《膠言》曰：據注賦中「霞」字當作「赮」。按：「赮」，本赤色，故與「霞」通。《漢書·天文志》：「雷電赮蚳，辟歷夜明者，陽氣之動者也」，即「霞」字。近本並注悉改作「霞」字，甚非。

梁氏《旁證》曰：陳曰：「霞，據注當作赮。」胡公《考異》曰前「壁立赮駁」云云。

朱氏《集釋》曰：案：此處（「壁立赮駁」）六臣本有校語云：「善作赮，五臣作霞」，後「景炎霞火」注亦云：「赮，與霞同」，則彼正文亦當作「赮」。

《玉篇》:「椵,下加切。東方赤色也。亦霞。」《廣韻》、《集韻》俱有「椵」、「霞」字,惟《說文》二字在《新附》。鈕氏樹玉謂:「《史記‧司馬相如傳》:『赤瑕駮犖』,《索隱》引《說文》云:『瑕,玉之小赤色。』《漢書‧揚雄傳》:『噏青雲之流瑕』,師古曰:『瑕,謂日旁赤氣也。』是椵、霞,古通作瑕」。
自注:見本賦「壁立椵駁」注云:「椵,古霞字」。

胡氏《箋證》曰:按:如善注則正文本作「椵」。前「壁立椵駁」,亦作「椵」。作「霞」,或是五臣本。後「吸翠霞」,亦當作「椵」。後人以五臣本亂之。

許氏《筆記》曰:「霞」,依注作「椵」。嘉德案:注明曰「椵,與霞同」,則正文自作「椵」字。各本皆譌。

【疏證】

諸《文選》本悉同。謹案:「椵」,古「霞」字。五臣作「霞」,銑注可證。善作「椵」,善注已明言。六臣合注本失著校語爾。前胡說是也。此亦五臣欲以求異掩蓋因襲善注之例,而其所得以異哉,仍不出善注耳。毛本誤從尤本等,陳校依注正之。

爰有包山洞庭　注:郭璞《山海經注》曰:吳縣南太湖中有苞山。

【陳校】

注「太湖中有苞山」。舊本作「包」。

【疏證】

明州本、尤本、建本同。奎本、贛本作「包」。謹案:《說文‧艸部》「苞」段注:「苞,叚借為包裹。凡《詩》言『白茅苞之』、《書》言『厥苞橘柚』、《禮》言『苞苴』、《易》言『苞蒙』、『苞荒』,皆用此字。近時經典凡訓包裹者,皆徑改為苞字。《莊子‧天運》:『其形充滿天地,苞裹六極。』釋文:『苞,或作包。』」今即驗之殿本《水經注》一書,《沔水下篇》注云:「太湖苞山有洞室。」作「苞」,而至《湘水篇》注則云:「君山有石穴,潛通吳之包山。郭景純所謂巴陵地道者也。」同稱太湖洞庭卻作「包」矣。清‧沈氏《水經注集釋訂訛》、趙氏《水經注釋》於此兩處,亦步亦趨酈書,未見更動。凡此足證段說,然則,陳校固不必改矣。

金精玉英……瑤珠怪石琗其表　注：《小雅》曰：雜采曰綷。琗與綷同。琗，字憒切。

【陳校】

　　注「小雅」，當作「小爾雅」。又，「字憒切」。舊本作「子會」。

【疏證】

　　尤本同。奎本、明州本作「小雅」，作「綷，子會反」。校云：善本作「琗」。贛本、建本作「小雅」、作「琗」，校云：五臣作「綷，子會反」。謹案：凡李注《小爾雅》，並作《小雅》。參上《西都賦》「度宏規而大起」諸條。本書潘安仁《射雉賦》「丹臆蘭綷」善注引亦誤《小雅》。「琗」、「綷」雖同，然善與五臣用有別，五臣作「綷」，良注可證；善本作「琗」，善注可明，不容混淆。「子會反」，亦是五臣音注，善音固為「字憒」，亦由善注可斷。然則，陳校依「舊本」，亦非。陳校二條，「字憒切」條當居後，已乙正。

播靈潤於千里　注：《公羊傳》曰：海潤於千里。

【陳校】

　　注「海潤於千里」。「海」上脫「河」字。

【集說】

　　胡氏《考異》曰：注「海潤於千里。」何校「海」上添「河」字，陳同。各本皆脫。

　　梁氏《旁證》同胡氏《考異》。

【疏證】

　　奎本以下諸六臣合注本、尤本悉脫，謹案：語見《春秋公羊傳·僖公三十一年》，「海」上正有「河」字，《北堂書鈔》卷八十八「天子祭天諸侯祭土」注引《公羊傳》同。陳、何校蓋據《公羊傳》及本注下文何休曰：「河海興雲雨及千里」而增，是也。

陽侯遰形乎大波　注：陽后，陽侯也。高誘《淮南子注》曰：楊國侯溺死于水，其神能為大波。

【陳校】

　　據注「陽侯」，當作「陽后」。

【集說】

　　胡氏《考異》曰：陳云「據注，侯當作后。」案：所校是也。善作「后」，五臣作「侯」，袁本所載翰注：「陽侯波神」。各本皆以五臣亂善，而不著校語，非也。

　　梁氏《旁證》曰：據注則正文「陽侯」當作「陽后」。翰注云：「陽侯，波神」，是五臣作「侯」也。

　　徐氏《規李》曰：注「陽后，陽侯也。」案此，知作「侯」非也。但尋繹通篇，已有「陽侯砯碨以岸起」、「水兕雷咆乎陽侯」，兩「陽侯」矣。此句「陽后」避字，實不避意，作者罔知其複，注者莫摘其疵，何與？

　　胡氏《箋證》曰：《旁證》云：「依注，則正文陽侯，當作陽后」云云。

　　許氏《筆記》曰：「陽侯」。依注作「陽后」。嘉德案：注「陽后，陽侯也」，則正文自作「陽后」。各本皆譌。

【疏證】

　　諸《文選》本誤同。謹案：《古今事文類聚》前集卷十六亦作「侯」。檢今本《淮南子》曰：「武王伐紂，渡于孟津。陽侯之波逆流而擊，疾風晦冥。人馬不相見。」注：「陽侯，陵陽國侯也。其國近水，溺死於水。其神能為大波，有所傷害，因謂之陽侯之波。」是今本《淮南子》並高注亦作「侯」。與善所據本不同。善本作「后」，五臣作「侯」，前胡、梁氏說，是也。此李善言其卒後為神，五臣言其生前為君。徐氏以避諱論，言「后」為諱代字，與「侯」同訓「君」，亦得其誼。《文選》諸本皆誤，陳據注正之。

驅八駿于鼂鼂　注：《列子》曰：周穆王遠遊，命駕八駿之乘：驊騮、綠耳、赤驥、白儀……張湛曰：儀，古義字。

【陳校】

　　注「古義字」。「義」，當作「犧」。

【疏證】

　　明州本、贛本、尤本、建本同。奎本作「蟻」。謹案：檢殿本《列子‧周穆王篇》作「赤驥白㹀」張注：「㹀，古犧字。」與上善引皆不同。又，魏氏《五百家注昌黎文集‧衢州徐偃王廟碑》：「好道士說得八龍騎之西遊」祝注引《列子》又作「赤冀白義」。清‧莊履豐等《古音駢字續編》卷四：「白儀

（儀，據《玉海》補）自注：白義，馬名。《穆天子傳》、白蟻自注：《博物志》、白羲自注：《柳文》、白藥自注：《列子》注：藥，古義字。四同。」已有小結。謹又案：蟻、儀、犠、羲四字皆從「義」得聲，字當可通。姑舉「儀」與「義」為說：《說文通聲定韻·隨部》：「儀，叚借為義」。《詩·曹風·鳲鳩》：「淑人君子，其儀一也」鄭箋：「儀，義也」，是其證。至於「藥」，則與「犠」、「義」為古今字。然則，諸本皆是，陳正不必改焉。

混萬盡于一科　注：《孟子》曰：水，源泉混混。

【陳校】

　　注「水，源泉混混。」舊本無「水」字。

【集說】

　　胡氏《考異》曰：注「孟子曰水」。陳云「別本無水字。」案：茶陵本如此，袁本仍有。

　　梁氏《旁證》曰：「水」字衍。六臣本無。今《注疏》本亦作「源」。

【疏證】

　　尤本同。奎本以下諸六臣合注本無「水」字。謹案：《孟子》，見《離婁》篇，正無「水」字。毛本當誤從尤本，陳校是。本條亦見陳校所謂「舊本」，似非《文選》本，乃所引之書版本。

考川瀆而妙觀

【陳校】

　　「而」，舊本作「之」。

【集說】

　　梁氏《旁證》曰：「而」，當作「之」。

　　許氏《筆記》曰：「而」，何改「之」。

【疏證】

　　諸《文選》本悉同。謹案：《古今事文類聚》前集卷十六亦同。古人「之」多有用作「而」，《論語·憲問》：「君子恥其言而過其行」；《詩經·小雅·角弓》「人之無良，相怨一方」，《說苑·建本》引《詩》作「而」。皆是其證。然則，亦不煩陳校改。

文選卷十三

風賦一首　　宋玉

迴穴錯迕　注：凡事不能定者，迴穴。此即風不定貌。

【陳校】

　　「迴穴錯迕」。按：「迴穴」疑「回皇」之誤。因二字見後，似不應錯出耳。李周翰注《長笛賦》「旋復回皇」，云：「聲不定貌」。又疑「穴」是「沇」字之誤。「迴沇」見范《史論》。

【集說】

　　孫氏《補正》曰：金云：「《西征賦》曰：『事回沇而好還』，注曰：『《韓詩》曰：謀猷回沇。』此亦似本《韓詩》義。下文『回穴衝陵』，反似字同而義異也。」自注：《幽通賦》「叛迴穴其若茲兮」注：「迴，邪也。穴，僻也。《韓詩》曰：謀猶迴穴。」

　　顧按：此「迴穴」即《韓詩》「回歑」也。《西征賦》作「回沇」，《幽通賦》作「回穴」。《顏氏家訓》「事途迴穴」。

　　梁氏《旁證》曰：本書《西征賦》「事回沇而好還」注：「《韓詩》曰：謀猷回沇」，《幽通賦》：「叛迴穴其若茲兮」注：「迴，邪也。穴，僻也。《韓詩》曰：『謀猶迴穴。』」此賦「迴穴」，當亦本《韓詩》。下文「回穴」對「衝陵」，則字同義異。

　　朱氏《集釋》曰：孫氏《補正》引金云云。余謂：「迴穴」，《毛詩》作「回

遹」。《說文》：「遹，回僻也。」《小旻》傳云：「回邪為辟也。」辟，僻古今字。《幽通賦》注正用毛義。《召旻》釋文：「遹。《韓詩》作欥」，與李注所引《韓詩》或作「沇」、或作「穴」，皆「遹」之假借字耳。然則，此「迴穴」，即《詩》之「回遹」，蓋以為迴旋不定之意，故李注云然。下文「穴」與「陵」對，「穴」乃作實字矣。

【疏證】

諸《文選》本悉同。陳校「因二字見後」，謂與下文「迴穴衝陵」錯出（即複出）。然因複出而疑此處「迴穴」，係「回皇」之誤，則大非。不知此處乃聯縣辭，而下文則為「實詞」矣。此蓋陳氏未悟善注深意，蓋謂：本條「迴穴」辭為「虛」用，不能析言；又未能如後之孫氏悟下文「穴」字已「字同而義異」、朱珔明「穴」與「陵」對，「穴」乃實字，已非聯縣辭之上字也。較早以「迴穴」為聯縣辭，並有系統研究者，是方以智之《通雅》，其《釋詁·謰語》篇「回遹一作回欥、回沇、迴穴」條云：「《釋文》引《詩》：『謀猶回欥』，薛君作『回沇』。《文選》注作『迴穴』。《盧植傳》：『今之《禮記》，特多回穴。』《唐書·裴延齡贊》：『君臣回沇』」。謹又案：可補《通雅》者，尚有《漢書·敘傳上》：「畔回穴其若茲兮，北叟頗識其倚伏。」顏注：「回穴，轉旋之意。」上引《後漢書·盧植傳》「特多回穴」，並可引章懷注：「回穴，猶紆曲也。」其他如金甡引《西征賦》「事回沇而好還」等等，不繁引。梁氏《旁證》全襲孫氏《補正》。朱氏蓋亦深於許學而貫通於經學、《選》學者。

至其將（裏）〔衰〕也

【陳校】

舊本無此五字。

【集說】

余氏《音義》曰：「至其將衰也」，善無。

胡氏《考異》曰：「至其將衰也。」袁本、茶陵本校云：「善無此五字。」案：尤本初無，是也。後修改增多，非也。陳云「別本無此五字。」今未見。

梁氏《旁證》曰：六臣本校云：「善無此五字」。

黃氏《平點》曰：「至其將衰也」句，此五字必當有。下句「被麗披離」「離」與下「離散轉移」為韻，如無此句，則「被麗」句踦立。

【疏證】

諸《文選》本悉有此五字。奎本以下諸六臣合注本有校云：「善本無至其將衰也」。謹案：《古今事文類聚》前集卷三引有此五字，《北堂書鈔》卷一百五十一「獵蕙草離秦蘅」條注引亦有。黃氏《平點》說是。前胡謂「尤本初無」，其所據者，六臣本校語歟？然今存初刻早期印本及胡刻所祖黃丕烈藏後刻本並有此五字。

得目為蔑　注：《呂氏春秋》曰：氣鬱處目。高誘曰：蔑，眵也。蔑與瞇古字通。

【陳校】

「得目為蔑」。「蔑」，舊本作「瞇」。

【集說】

孫氏《考異》曰：按：《說文・目部》：「蔑」字注：「目眵也。」《繫傳》引此作「蔑」。

胡氏《考異》曰：「得目為蔑」。袁本、茶陵本「蔑」作「瞇」。案：此所見不同。二本非而尤是也。注引《呂氏春秋》者，《盡數》篇文。彼作「瞇」。今本不誤，善云「蔑與瞇古字通」者，謂玉《賦》「蔑」與彼「瞇」通也。蓋五臣因此改賦為「瞇」。後以之亂善，又改注中字以就之。所當訂正。又曰：注「則為蔑」。案：「蔑」當為「瞇」。下「蔑，眵也」同。各本皆誤。說見上。

梁氏《旁證》曰：六臣本「蔑」作「瞇」。《說文》：「蔑，目眵也。從目，篾省聲。」徐鍇引此語亦作「蔑」。其注中所引《呂氏春秋・盡數篇》文及高注「蔑」，皆當作「瞇」。下云「蔑與瞇古字通」者，謂賦之「蔑」與彼「瞇」通也。

朱氏《集釋》曰：案：「蔑」，《說文》作「蔑」，云：「目眵也。」《一切經音義》引「目」上有「蔑兜」二字。上「眵」字，一曰「瞢兜也」。元應書「瞢」，亦作「蔑」。姚嚴《校議》：「『蔑兜』者，猶《心部》云『懵兜。』」段氏云：「蔑者，假借；瞇者，或體。『蔑兜』，《見部》作『覕』，云：『目蔽垢。』覕，即兜字。」余謂：注所引《呂氏春秋》，見《季春紀》，「蔑」本作「瞇」，此處當同，故注有「蔑與瞇通」之語。今注亦作「蔑」，誤也。《說文繫傳》引此賦作「蔑」。又《釋名》云：「目眥傷赤曰瞇。瞇，末也。創在目兩末也」，與許謂「目傷眥曰眵」，稍別。

胡氏《箋證》曰：《旁證》云「《說文》：䁕，目眵也」云云。

許氏《筆記》曰：《說文》：「䁕：目眵也。从目，蔑省聲。」嘉德案：《說文》：「蔑，勞目無精也」、「䁕：目眵也」、「眵，目傷眥也。」「蔑」與「䁕」義本不同。古多借「蔑」為「䁕」。此賦作「蔑」亦假借，故注引高注曰「『䁕，眵也。』蔑與䁕古字通」。

【疏證】

尤本同。五臣正德本及陳本、奎本以下諸六臣合注本並作「䁕」。謹案：今本《呂氏春秋·季春·盡數篇》：「處目則為䁕、為盲」高注：「䁕肝、䁕盲無見，皆目疾也。」與善見本不同。前胡謂今本不誤，是。五臣作「䁕」，銑注可證。善本作「蔑」，善注已明。《說文通訓定聲·泰部》：「䁕，即䁕之俗字，䁕，又即蔑之俗字。」五臣作「䁕」，蓋從善注出，求異善本正欲掩仍襲之跡。善為正字，五臣為借字、俗字。毛本從尤本不誤，陳校徒以五臣亂善耳。

秋興賦一首　潘安仁

高閣連雲，陽景罕曜　注：言閣之高而且深，故曰罕曜其中。

【陳校】

注「故曰罕曜其中。」「曰」，舊本作「日」。

【疏證】

奎本以下諸六臣合注本、尤本悉同。謹案：審注「曜」下綴以「其中」二字，則當以作「日」為是。銑注曰：「閣高，故稱連；雲深，故曰罕曜。」傳寫者或涉五臣「故曰」字而譌。陳校是，然未知陳校所謂「舊本」何指。

雖末士之榮悴兮　注：《文子》曰：有榮悴者，必末愁悴。

【陳校】

注「有榮悴者，必末愁悴。」舊本作「有榮華者，必有愁悴。」

【集說】

胡氏《考異》曰：注「有榮悴者」。「悴」，當作「華」。各本皆譌。

梁氏《旁證》同胡氏《考異》。

許氏《筆記》曰：嘉德案：注「有榮悴者」，「悴」，當作「華」。「必末愁悴」者，當作「必有憔悴」，各本皆譌。

【疏證】

奎本以下諸六臣合注本、尤本誤同。謹案：語見《文子‧上德》，正作「有榮華者，必有愁悴」。《淮南子‧說林》作「有榮華者，必有憔悴」注：「言有盛必有衰也。」本書阮嗣宗《詠懷詩》「繁華有憔悴」注引亦作「華」、「有愁悴」。毛本當誤從尤本等，陳校、許說是。「舊本」外，陳或亦據本書內證。

臨川感流以歎逝兮，登山臨遠而悼近 注：《晏子春秋》曰：物有必至，事有當然。

【陳校】

注「事有當然。」「當」，舊本作「常」。

【集說】

胡氏《考異》曰：注「事有當然。」袁本、茶陵本「當」作「常」。是也。

梁氏《旁證》曰：六臣本「當」作「常」。

【疏證】

奎本、贛本、尤本同。明州本、建本作「常」。謹案：今本《晏子春秋》不見此二語。然本書潘安仁《藉田賦》「理有常然」注引亦作「常」字。《史記‧孟嘗君列傳》則作「物有必至，事有固然。」毛本當誤從尤本等，陳校是，「舊本」外，或亦據本書內證。本條前胡稱袁、茶本而省稱陳校之例。

彼四感之疚心兮 注：《毛詩》曰：既來既往。

【陳校】

注「既來既往。」舊本「來」、「往」二字，乙。

【集說】

胡氏《考異》曰：注「既來既往」。茶陵本「來」、「往」二字互易，是也。袁本亦誤。

梁氏《旁證》曰：六臣本作「既往既來」。是也。

【疏證】

奎本、尤本同。明州本、贛本、建本作「往」、「來」。謹案：語見《毛詩注疏·小雅·大東》，正作「往」、「來」。本書嵇叔夜《幽憤詩》「心焉內疚」注引亦作「往」、「來」。尤本之倒，未必無來歷，毛本當誤從尤本。陳校是。此前胡稱引茶陵本而省稱陳校之例。

蟬嘒嘒而寒吟兮

【陳校】

「而」，舊本作「以」。

【集說】

胡氏《考異》曰：袁本、茶陵本「而」作「以」。案：此亦兩通，無以考也。

梁氏《旁證》曰：六臣本「而」作「以」。

【疏證】

尤本同。五臣正德本及陳本、奎本以下諸六臣合注本作「以」。謹案：《藝文類聚》卷三、《太平御覽》卷二十五、《古今事文類聚》前集卷十引並作「以」。前胡云：「而、以兩通。」是。陳校衹備異聞。

天晃朗以彌高兮　注：杜篤弔王子比干曰：霞霏尾而四除。言晃朗而高明。

【陳校】

注「言晃朗而高明。」「言」字疑。

【集說】

胡氏《考異》曰：注「杜篤」下至「言晃朗而高明」，袁本、茶陵本無此二十字。

【疏證】

尤本同。奎本以下諸六臣合注本無「杜篤」下二十字。謹案：毛本當誤從尤本而衍，陳校亦非。

齊天地於一指　注：《莊子》曰：郭象曰：此以喻指之非指也。

【陳校】

注「此以喻指之非指也。」舊本「喻」上有「指」字。

【集說】

胡氏《考異》曰：注「此以喻指之非指也。」何校「以」下添「指」字。是也，各本皆脱。陳云「別本有。」今未見。

梁氏《旁證》曰：何校「以」下添「指」字。各本皆脱。

【疏證】

奎本以下諸六臣合注本、尤本悉脱。謹案：語見《莊子·齊物論》，固作「以指」，《北堂書鈔》卷九十九「天地一指萬物一馬」注、《白孔六帖》卷八十九「白喻指喻馬」注引並同。又，但觀上文引《莊子》「以指喻指之非指，不若以非指喻指之非指也；以馬喻馬之非馬，不若以非馬喻馬之非馬也」句例，亦當有「指」字。陳、何校是。然未知陳校所謂「舊本」何指。

耕東皋之沃壤兮　注：《漢書》：鄭明曰：將歸延陵之皋。

【陳校】

注「《漢書》：鄭明曰」。「明」，當作「朋」。

【集說】

胡氏《考異》曰：注「《漢書》鄭明曰」。陳云：「明，當作朋。」是也，各本皆譌，所引《蕭望之傳》文。

梁氏《旁證》曰：陳校「明」作「朋」。是也，此《蕭望之傳》文。

【疏證】

奎本以下諸六臣合注本、尤本誤同。謹案：「將歸延陵之皋」語，見《蕭望之傳》，正鄭朋語。《資治通鑑·孝元皇帝上》、《冊府元龜》卷九百二十四引並同。此傳寫形近而誤。毛本當誤從尤本等，陳校當據《漢書》正之。此不熟《漢書》者，難為其功哉。

菊揚芳於崖澨

【陳校】

「於」，舊本作「乎」。

【集說】

胡氏《考異》曰：袁本、茶陵本於作「乎」。案：此亦兩通，無以考也。

梁氏《旁證》曰：六臣本「於」作「乎」。

【疏證】

尤本同。五臣正德本及陳本、奎本以下諸六臣合注本正作「乎」。謹案：尤本必有來歷，毛本蓋從尤本。前胡云：「於、乎兩通」，是。陳校衹備異聞。

雪賦一首　謝惠連

楚謠以幽蘭儷曲　注：宋玉《諷賦》曰：臣授琴而鼓之。

【陳校】

注「臣授琴而鼓之」。「授」，舊本作「援」。

【集說】

胡氏《考異》曰：注「臣授琴而鼓之」。案：「授」，當作「援」。各本皆譌。

梁氏《旁證》曰：「授」，當作「援」。

【疏證】

奎本、明州本、尤本、建本誤同。贛本作「援」。謹案：《太平御覽》卷五百七十九、《記纂淵海》卷七十八引並作「援」。本書《長笛賦》「中取度於白雪淥水」注、魏文帝《燕歌行》「援琴鳴絃發清商」注、《日出東南隅行》「推舞播幽蘭」注、陳孔璋《答東阿王牋》「夫聽白雪之音」注引玉《賦》皆作「援」。毛本當誤從尤本等，陳校本書內證等正之。其所謂「舊本」，似為贛本。

北戶墐扉　注：《毛詩》曰：塞向墐戶。毛萇曰：向北出牖也。

【陳校】

注「北出牖也」。「牖」，舊本「牖」。

【疏證】

奎本同。明州本、贛本、尤本、建本作「牖」。謹案：《毛詩》見《豳風·七月》篇，正作「牖」，《初學記》卷三「墐戶」注引同。《干祿字書》：「牖、

牖……並上俗下正。」然則，「牖」乃「牖」之俗字耳。毛本好用俗字，陳校或從尤本等，亦不必改焉。參上張平子《東京賦》「複廟重屋」條。

連氛累霭，掩日韜霞　注：杜預《左氏傳》曰：韜，藏也。

【陳校】

注「杜預《左氏傳》」。「傳」下脫「注」字。

【集說】

胡氏《考異》曰：注「杜預《左氏傳》曰」。陳云：「傳」下脫「注」字。是也，各本皆脫。

【疏證】

奎本以下諸六臣合注本、尤本脫同。謹案：語見《春秋左傳注疏·昭公三年》「以樂慆憂」杜注。本書潘安仁《笙賦》「弛弦韜籥」注、張景陽《七命》「息馬韜弦」注引並有「注」字。陳校無待檢《左傳》，但據上下文信手可補之。

玉顏掩嫮　注：《楚辭》曰：美人皓齒。嫮與姱同。好貌。

【陳校】

注「美人皓齒」。「齒」下脫「嫭以姱」三字。

【集說】

胡氏《考異》曰：「玉顏掩姱」，袁本、茶陵本「姱」作「嫮」。案：二本是也。今注有脫誤，尤據之改正文，大非。又曰：注「嫮與姱同，好貌。」袁本、茶陵本「好」上有「姱」字。案：各本皆非也，當作「嫭以姱。嫮與嫭同。嫮姱，好貌」十一字。「嫭以姱」連上「美人皓齒」，《大招》文也。「嫮與嫭同」，賦作「嫮」，《大招》作「嫭」也。「嫮姱，好貌」，王逸之注也。傳寫脫誤不可讀。尤延之遂誤改正文為「姱」字。

梁氏《旁證》曰：尤本「嫮」作「姱」，蓋因注而誤改也。又曰：「皓齒」下。胡公《考異》曰「當作：嫭以姱。……十一字」云云。

胡氏《箋證》曰：《考異》云：「皓齒下。當作嫭以姱……十一字」，謂「賦之『嫮』同於《大招》之『嫭』也。『嫮姱，好貌』，王逸注也。傳寫脫誤不可讀。」

【疏證】

尤本正文作「媱」，注同。奎本以下諸六臣合注本正文作「嫮」，注惟「好」上有「媱」字，餘同。謹案：《楚辭》語見《大招》，作「朱脣皓齒嫮以媱只」王逸注：「媱，好」。前胡校堪稱明審，惟注「嫮嫮好貌」四字，雖從王逸注來，然已為「嫮與嫮同」善注間斷，且「媱好」二字之注，已被改造成「嫮嫮好貌」四字注，自不當仍歸王逸，而當屬善注矣。毛本正文從六臣，不誤，注則誤從尤本，有得有失；陳校補注三字是，然不及餘注，亦得失參半。本書《上林賦》、《文賦》、《秋胡詩》、《古詩十九首·南國》等注引，皆誤作「美人皓齒嫮以媱」，《太平御覽》卷三百六十八引誤同。

御狐狢之兼衣　注：夏侯孝若《寒雪賦》曰：既增覆而累鎮，又加裘而兼衣。

【陳校】

注「既增覆而累鎮」。「鎮」，疑「疹」誤。疹，膚寒起栗也。

【集說】

顧按：「鎮」字不誤。

【疏證】

奎本以下諸六臣合注本、尤本悉同。謹案：《篇海類編·金部》：「鎮，與填同。」塞也。觀夏侯賦下句「兼衣」與「加裘」重義，則上句「累鎮」與「增覆」，義亦重。顧校是。毛本當從尤本等，不誤。陳疑為「疹」字，無據。

折園中之萱草，摘階上之芳薇

【陳校】

舊本下注「善本無此二句」。

【集說】

余氏《音義》曰：「折園」，善無此二句。

孫氏《考異》曰：二句善本無。朱超之云：「萱、薇，非雪時所有，後人因下文『枝葉』二字乃附益此兩語尒。」案：雙舞孤飛，借以寄託，暌違「枝葉」，指取「遙思」，文義本自貫注，插入「萱草」、「芳薇」，殊屬不倫，當從李本為優。

梁氏《旁證》曰：六臣本校云：「善無此二句」。尤本亦無之。陳氏繼儒曰：「萱、薇早凋，固不及雪，李本無此二言，以曉違『枝葉』，指所『遙思』，而對、瞻、踐、憐，文原比類耳」。

徐氏《糾何》曰：何曰：「五臣注云：善本無此二句」。案：此是五臣謬說，不足援引。試思刪此二句，下文「枝葉相遠」，更安所着落？又，《規李》曰：「萱」、「薇」非雪時所有，故欲折而憐其枝葉相違。李氏未經詮釋，遂滋五臣之譌。

許氏《筆記》曰：六臣本云：「善本『無折園中之萱草，摘階上之芳薇』二句」，亦據譌本言之耳。賦意謂：欲折萱薇而憐其枝葉相違，即《楚詞》「草木零落，美人遲暮」之意，無此二句，下二句何所指乎？或以「萱」「薇」非雪時所有，反以此二句語為人附益，豈非說夢？嘉德案：茶陵陳本、吳郡袁本皆云「善無此二句」，汲古善本有，知六臣校語未可盡據也。

【疏證】

尤本無「折園」二句。五臣正德本及陳本、奎本以下諸六臣合注本悉有此二句，六臣合注本並有校云：「善無上二句」。謹案：《古今事文類聚》前集卷四引有此二句。《藝文類聚》卷二，則無此二句。二句不當有，陳、何校，朱超之說可從。徐、許二家說並非。前胡《考異》未見出校，蓋尤本無此二句也。尤本當從明、贛二本校語而刪去。汲古閣初印有此二句，毛氏重修本已剜去，剜痕明顯，以此可別汲古閣本初印與重修，亦於此可見陳校所據為汲古閣初印本。

任地班行

【陳校】

「行」，舊本作「形」。

【集說】

孫氏《考異》曰：「任地班形」。「形」誤「行」。

許氏《筆記》曰：「班行」，「行」當作「形」。

【疏證】

諸《文選》本咸作「形」。毛本獨作「行」。謹案：《藝文類聚》卷二、《古今事文類聚》前集卷四引謝《賦》作「形」。「形」與上「值物賦象」之

「象」相應。然行與形通。《老子·苦恩》「餘食贅行，物或惡之。」清·魏源《老子本義》卷上引司馬光曰：「行、形古字通用。棄食之餘，適使人厭；附贅之形，適使人醜。」是其證。毛本作「行」非誤，獨好古字耳。陳校、孫、許說並非。

月賦一首 謝希逸

謝希逸 注：沈約《宋書》曰：泰初二年卒，時年二十六。

【陳校】

注「時年二十六」，「二」，舊作「三」，亦非，當作「四」。

【集說】

余氏《音義》曰：「二十六」，「二」，何改「四」。

胡氏《考異》曰：注「時年三十六」，何校「三」改「四」。陳云：「三，當作四。」案：所校是也。本傳可證，各本皆誤。

梁氏《旁證》曰：何校「三」改「四」。陳同。是也。《南史·謝莊傳》可證。

姚氏《筆記》曰：按：「初」，當為「始」、「二」，當為「四」。

【疏證】

贛本同。奎本、明州本、建本、尤本作「三」，亦誤。謹案：殿本《宋書》本傳亦作「四」。陳、何校是。倘不諳史書，誠不易察覺焉。姚云：當作「泰始」，亦是，蓋據《宋書》本傳。

于時斜漢左界 注：《大戴記》曰：漢，天漢也。案戶，日戶也。

【陳校】

注「案戶，日戶也。」「日」，舊本作「直」。

【集說】

許氏《筆記》曰：注「日戶也」。當作「直戶」。

【疏證】

奎本以下諸六臣合注本、尤本悉作「直」。謹案：今本《大戴禮記·夏小

正・七月》：正作「直戶」。《太平御覽》卷一百八十四引作「按戶者，直戶也。」
本書陸士衡《擬古詩・擬明月皎夜光》「天漢東南傾」注引亦作「直戶」。毛本
獨因音近而誤。陳校是。然六臣合注本與尤本並作「直」，陳校「舊本」仍泛
如此。

素月流天　注：《長歌行》曰：昭昭素明月。

【陳校】

　　注「《長歌行》」。「長」，當作「傷」。

【集說】

　　胡氏《考異》曰：注「長歌行曰」。陳云：「長，當作傷。」是也，各本皆誤。
梁氏《旁證》同胡氏《考異》。

【疏證】

　　奎本以下諸六臣合注本、尤本誤同。謹案：語見《樂府詩集・雜曲歌辭》，
正作「《傷歌行》」，本書《樂府四首》同。何敬祖《雜詩》「廣庭發暉素」注引
亦誤作「古長歌行」。毛本誤從尤本等，陳校當據本書內證正之。

殷勤陳篇　注：《毛詩・陳風》曰：使人僚兮。

【陳校】

　　注「使人僚兮」。「使」，舊本作「佼」。

【疏證】

　　奎本、明州本、尤本、建本作「佼」，贛本作「狡」。謹案：語見《毛詩注
疏・陳風・月出》，正作「佼」，本書曹子建《七啟》「然後姣人乃被文縠之華
袿」注引同。贛本「狡」，當「佼」之借字。毛本獨因形近而誤，陳校當從《毛
詩》、尤本等正之。

集素娥於后庭　注：《論語》曰：皇皇后帝。

【陳校】

　　注「《論語》」，當作「《毛詩》」。

【集說】

　　顧按：此引《堯曰》文。

梁氏《旁證》曰：「《論語》」二字，當作「《毛詩》」。各本皆誤。

姚氏《筆記》曰：「《論語》」，何改「《毛詩》」。

胡氏《箋證》曰：《旁證》曰云云。紹煐按：「《堯曰篇》有此四字，善自引《論語》耳。梁失檢」。

【疏證】

奎本以下諸六臣合注本、尤本悉同。謹案：《毛詩》見《魯頌·閟宮》。本書陸士龍《大將軍讌會被命作詩》「皇皇帝祜」注引作「《毛詩》」。然善注固引《論語·堯曰篇》，則陳、何校、梁氏並非。顧按本針對陳校而言。毛本當從尤本等，不誤。陳校或誤據本書陸詩注耳。

從星澤風　注：《尚書》曰：月之從星，則以風以雨。孔安國《尚書傳》曰：月經子箕。

【陳校】

注「則以風以雨」。舊本無下「以」字。又「月經子箕」。「子」作「于」。

【疏證】

奎本、建本無下「以」、作「于」。明州本、尤本有下「以」、作「于」。贛本有下「以」、作「於」。謹案：《尚書》見《周書·洪範》篇：「月之從星，則以風雨。」傳：「月經於箕，則多風」。「於」與「于」同。贛本實同明州本。奎本、建本最是。毛本誤從尤本，復誤作「子」。陳此所謂「舊本」，建本歟？

雁流哀而江瀨

【陳校】

「而」，舊本作「於」。

【集說】

孫氏《考異》曰：「雁流哀於江瀨。」「於」誤「而」。

【疏證】

諸《文選》本咸作「於」。謹案：《藝文類聚》卷一、《古今事文類聚》前集卷二引謝《賦》作「於」，《唐韻正·十三末》「末」下注引亦作「於」。此「於」與上句「菊散芳於山椒」之「於」，相對為文。毛本偶誤，陳校當從尤本等正之。

於是弦桐練響　注：侯瑛《箏賦》曰。

【陳校】

注「侯英《箏賦》」。舊本作「吳（侯）瑛」。

【集說】

顧按：當是「侯瑾」。范史《文苑》有傳。《隋志》：「集二卷。」此《箏賦》今載《藝文》四十四、《初學記》十六。

【集說】

余氏《音義》曰：「侯瑛」。何曰：「舊刻侯作吳」。

胡氏《考異》曰：注「侯瑛《箏賦》曰」。案：「瑛」，當作「瑾」，各本皆譌。茶陵本「侯」作「吳」，更誤。何、陳校據之，非也。說詳後陸士衡《猛虎行》。

梁氏《旁證》曰：六臣本「侯」作「吳」。何、陳皆據之，並誤也。「侯瑛」當作「侯瑾」，見《後漢書·文苑傳》。《隋書·志》云：「集二卷。」《箏賦》在《藝文類聚》及《初學記》中。本書《猛虎行》注引作「侯璞」，亦誤。

姚氏《筆記》曰：何曰云云。余按：《初學記》引此作「侯瑾」。瑾，見《後書·文苑傳》。徐氏《規李》曰：案：《鄴中集詩》、《七命》、《絕交論》注並作「侯（璞）［瑾］」。《後漢書·文苑傳》：「侯（璞）［瑾］，字子瑜。」《隋·經籍志》、《唐·藝文志》並載「《侯（璞）［瑾］集》二卷」。

許氏《筆記》曰：「又注：侯英《箏賦》」。何曰：「侯英，舊刻作吳侯。」案：《鄴中集詩》、《七命》、《絕交論》並作「侯瑾」。或作「侯璞」、或作「侯瑛」、或作「侯英」、或作「吳侯」，皆非是。《後漢書·文苑傳》：「侯瑾，字子瑜。」《隋·經籍志》、《唐·藝文志》並云「《侯瑾集》二卷。」嘉德案：胡校亦云「當作侯瑾」，是也。茶陵本更譌作「吳瑛」。

【疏證】

奎本、贛本、尤本作「侯瑛」。明州本、建本作「吳瑛」。謹案：《初學記》卷十六「朱絃」、「推故引新」注、《白孔六帖》卷六十二「不疾不徐」注引並作「侯瑾」。尤本此從贛本。建本此從明州本，「吳」與「侯」形近而譌。陳、何此所謂「舊本」，指六臣茶陵本。前胡斷是。本書陸士衡《猛虎行》注「侯璞《箏賦》」，胡氏《考異》復校曰：「案：璞，當作瑾，各本皆譌。侯瑾，范史《文苑》有傳。《隋書·志》云：『集二卷。』《箏賦》，今在《藝文類聚》、《初學記》，皆可證。」張氏《膠言·侯瑾》條亦迻錄前胡此說。《考異》說最

是，梁氏出此。又檢許《筆記》、徐《規李》二家不同，惟在巽行多出徐校二條。一為引何校，一為「侯瑾」有異文四例。四例中「侯英」、「吳侯」，出處在何校；而「侯瑛」、「侯樸」，則未見着落，頗見突兀。然比覈嘉德、前胡之校，發現「侯（吳）瑛」、「侯樸」之跡，竟在嘉德案語涉及之前胡校中。故可斷必係嘉德據前胡校所添，蓋胡校非乃祖得見爾。

徘徊房露　注：《文賦》曰：寤《防露》於《桑間》。

【陳校】

注「寤防露於桑間。」「於」，當作「與」。

【疏證】

贛本誤同。奎本、明州本、尤本、建本作「與」。謹案：《文賦》載在本書，正作「與」。《北堂書鈔》卷一百「或奔放以諧合」注引同。贛本蓋因音近而誤，毛本獨同贛本。陳校當據本書內證及尤本等正之。

佳期可以還　注：《楚辭》曰：與佳人期兮夕張

【陳校】

注「與佳人期兮夕張」。「人」字，衍。

【疏證】

奎本以下諸六臣合注本、尤本悉衍。謹案：語見《楚辭章句·湘夫人》，正無「人」字，《補注》、《集注》、本書《湘夫人》引並同，而謝玄暉《晚登三山還望京邑》「佳期悵何許」注引則衍。本條亦前胡《考異》漏錄、漏校。

鵩鳥賦一首　賈誼

賈誼　注：而班固謂之未為不達。

【陳校】

注「未為不達」。「達」，今《漢書》作「遇」。

【集說】

梁氏《旁證》曰：注「而班固謂之未為不達」。《漢書·賈誼傳贊》曰：「天年早終。雖不至公卿，未為不遇也。」

【疏證】

　　奎本以下諸六臣合注本、尤本悉同。謹案：《漢書》本傳贊作「遇」，梁氏校引是也。毛本當誤從尤本等，陳校蓋從今本《漢書》正之。

誼為長沙王傳　　注：文帝之世，王長沙者惟有吳芮之子孫耳。經史不載其諡號，故難得而詳也。又《景十三王傳》曰：長沙定王發母唐姬，無寵，故王卑溼國。

【陳校】

　　注引「《景十三王傳》」。按：是賦作於文帝六年丁卯，時賈傅謫長沙已三年，則其始謫乃文帝之四年乙丑也。時王長沙者，為吳芮之玄孫靖王著。其諡號「顯」，見《史記·年表》，非難詳也。《景帝十三王傳》一條誤引，可刪。若移入下文作「長沙卑溼」之注，方為當耳。

【疏證】

　　奎本以下諸六臣合注本、尤本悉同。謹案：此條補正善注。當依陳校。

萬物變化兮，固無休息。斡流而遷兮，或推而還　　注：《鶡冠子》曰：固無休息。

【陳校】

　　「斡流而遷兮」注「《鶡冠子》」。按：柳子厚力辨《鶡冠子》為偽書，朱子是之。蓋其書中有與賈《賦》語合者，皆勦說也。觀注《漢書》諸家並不採其片語，則其書之後出依托，明矣。

【集說】

　　胡氏《考異》曰：注「《鶡冠子》曰：固無休息」，茶陵本無此八字。是也。袁本有，亦非。

【疏證】

　　奎本、明州本、尤本同。贛本、建本無此八字。此陳校考辨引文真偽。謹案：本條涉及兩個問題：一是善注原貌、尤本是非；一是如何看《鶡冠子》真偽。第一個問題是關鍵。善注本條二句與下文「斡流而遷兮，或推而還」二句，分別設注。而至五臣則合四句為注（翰曰：「萬物變化遷轉，反覆無定」），科段本自不同。今尤本、五臣正德本及陳本、奎本以下諸六臣合注本皆可證。

李善以《鶡冠子》之「固無休息」四字，交代上二句中「固無休息」之出處；復以同書「斡流」八字，闡釋後兩句大意，前者取其字面，後者用其內涵，況分兩科段注釋，故李善不以為重複。亦不援已見上文例。奎本、明州本以兩條「善曰」兼錄，基本保存了善注原貌。尤本蓋從明州本來。而贛本則以為重出，刪去首二句注。建本從之，是茶陵本所宗。前胡《考異》與之闇合，原因蓋在同科段出現，可省不省，未免累贅耳。至於《鶡冠子》一書的真偽，在李善時代不存在問題，故李善援引是實有其事，並非後人所增。後之校者，不得以其書真偽，而定其取舍得失，何況偽書說亦非定論乎。本條陳校屬辨偽考證，亦可視為校八字衍文。

彼吳強大兮，夫差以敗；越棲會稽兮，句踐霸世　注：《史記》曰：句踐聞吳王夫差日夜勤兵。

【陳校】

　　注「日夜勤兵」。「勤」，舊本作「勒」。

【疏證】

　　奎本、贛本、建本同。明州本、尤本作「勒」。謹案：檢《史記·越王勾踐世家》正作「勒」字，而《集解》、《正義》則並作「勤」。《揚子法言·重黎篇》「俾其君詘社稷之靈而童僕」吳祕注：「越三年，勾踐聞吳王夫差日夜勤兵將報越」，亦作「勤」。《冊府元龜》卷九百八十四：「（後魏明元永興五年四月）車駕西巡，詔左丞相奚斤為先驅討越，勤部於鹿那山」注：「勤，一作勒」。是唐宋文獻於「勤」、「勒」二字，多見互用，毛本當從建本等未必誤，陳校則從尤本等，兩存之可也。

又注：不許。而身與之事。

【陳校】

　　注「不許。而身與之事」。「事」，舊本作「市」。

【疏證】

　　贛本、尤本作「市」。奎本作「而以身事之」。明州本、建本作「而身以之事」。謹案：《越王勾踐世家》正作「市」。奎本等作「市」者，當因二字音近而誤，毛本作「事」，當誤從建本等，陳校當從尤本等正之。

又注：曰踐請為臣

【陳校】

　　注「曰踐請為臣」。「曰」，舊本作「勾」。

【疏證】

　　奎本以下諸六臣合注本、尤本悉作「勾」。謹案：《越王勾踐世家》正作「勾」。毛本作「曰」者，傳寫形近而譌。陳校當據上下文義、尤本等正之。

又注：吾無以見子胥也。

【陳校】

　　注「吾無以見子胥也。」舊本此句下即接「越滅吳稱霸」。

【疏證】

　　陳校意謂「無以見子胥也」下，「高誘《淮南子注》云：山處曰棲」十一字與末句「越滅吳稱霸」句錯位當乙。奎本以下諸六臣合注本、尤本悉錯位。謹案：此十一字，乃「越棲會稽」「棲」字之注也，當繫「越滅吳稱霸」句下。毛本當誤從尤本等。陳校是也。惟未知陳校所謂「舊本」何指。

水激則旱兮　注：物所激或旱或遠。《鶡冠子》曰：水激則悍。悍與旱同。並戶但切。《呂氏春秋》曰：激矢遠，激水旱。

【陳校】

　　「水激則旱」。「旱」，舊本作「悍」。

【集說】

　　孫氏《考異》曰：「水激則旱兮。」《淮南・兵略》、《說苑・談叢》，「旱」並作「悍」。

　　顧按：「旱」字，是。

　　梁氏《旁證》曰：五臣「旱」作「悍」，翰注可證。按：今《鶡冠子・世兵篇》陸佃注本「悍」亦作「旱」。今《呂氏春秋・去宥篇》作「激矢則遠，激水則旱」。《說文》「旱」與「悍」同音。本可通用。然顏注云：「言水之激疾，則去盡不能浸潤」，是就「旱」本字為義也。孫氏志祖曰云云。

　　薛氏《疏證》曰：《莊子》「我則悍矣」《釋文》：「旱，胡旦反，又音旱。」《春秋考異郵》：「旱之言悍也」。

黃氏《平點》曰：「水激則旱兮」。此「旱」讀為「悍戾」之「悍」。《說文》「厲，旱石也，亦謂堅悍耳」。

【疏證】

尤本同。五臣正德本及陳本作「悍」，奎本、明州本同，有校云：善本作「旱」。贛本、建本同，校云：五臣作「悍」。謹案：《史》、《漢》、《新序》本傳並作「旱」。《淮南子·兵略訓》、《說苑·說叢》則作「悍」，《太平御覽》卷三百五十引《韓子》同。五臣作「悍」，翰注可證。善本作「旱」，觀善注可明。五臣翰注作「悍」者，或從《漢書》本傳「劉敞曰：旱，讀為悍」，或從《淮南子》等，以求異善注耳。善與五臣既有別，顧氏說是。陳校稱「舊本」，是以五臣亂善矣。

天不可預慮兮，道不可預謀

【陳校】

「預」，《漢書》作「與」。

【集說】

梁氏《旁證》曰：《史記》、《漢書》兩「預」字並作「與」。

許氏《筆記》曰：二「預」字，《鶡冠子》、《史記》、《漢書》皆作「與」。嘉德案：注引《鶡冠子》作「預」，今《鶡冠子》作「與」不同。

【疏證】

諸《文選》本並注引《鶡冠子》同。謹案：「與」、「預（豫）」通。《漢書·王莽傳上》：「以孔光為太師，與四輔之政」顏注：「與，讀曰豫」。又《國語·魯語下》：「天子日中考政，與百官之政事。」皆其證。《論衡·命祿篇》引「賈生曰」亦作「與」。《古今事文類聚》後集卷四十七、《古今合璧事類備要》別集卷七十五引並作「預」。此《文選》與《漢書》不同。毛本蓋從尤本等，陳校祗備異聞。

忽然為人兮，何足控搏　善曰：搏搏，愛生之意也。……如淳曰：搏，音團。

【陳校】

注「善曰」二字，似衍。下同。

【集說】

　　胡氏《考異》曰：袁本、茶陵本「控（搏）」上有「善曰」二字。是也。案：此一節蓋皆善注。

【疏證】

　　尤本無「善曰」二字。奎本以下諸六臣合注本皆有。謹案：審本篇善引《漢書》諸家注，置位忽上忽下，與他篇凡舊注概置己注上者，有所不同。善例：凡以舊注置己注上者，用「善曰」界欄；凡置己注下者，固無須用「善曰」。舊注姓氏可別也。惟有善注者，亦無須冠名，一如他篇。準此，故本條不當有「善曰」，尤本是也。前胡見袁本、茶陵本「控（搏）」上有「善曰」二字，未悟此蓋合並六臣合注本奎本所加，以與上所引五臣濟注界限之標誌爾，本非單善注本所有焉。本條陳校是，前胡非也。又據《史記》、《漢書》本傳注：「如淳曰：控，引也。揣，音團。控搏，玩弄，愛生之意也」云云，則可見此亦善節取如注耳。

怵迫之徒兮，或趨東西　　注：孟康曰：東西，趨利也。

【陳校】

　　「或趨東西」。舊本及《漢書》、《史記》並作「西東」，乃與韻叶。

【集說】

　　孫氏《考異》曰：按：《史》、《漢》作「西東」，乃叶韻。

　　胡氏《考異》曰：袁本、茶陵本「東西」作「西東」。案：二本是也。尤本誤倒。《史記》《漢書》皆作「西東」。孟康注作「東西」者，即不拘語倒耳。

　　朱氏《集釋》曰：「怵迫之徒兮或趨西東」自注：二字今本誤倒。案：此語《史記》《漢書》並同。惟《索隱》云：《漢書》亦有作「私東」。應劭曰：「仕諸侯為私。是時天子居長安，諸王悉在關東。小人怵然內迫私家，樂仕諸侯，故云怵迫私東也。」「私」與「西」聲相近，亦足廣異義。

　　胡氏《箋證》曰：王氏念孫曰：「或趨西東，與同為韻。今本作『東西』，由後人不達而妄改耳。本書《答客難》外有廩倉與享為韻，而今本作倉廩，皆其類也。」紹煐按：五臣本作「西東」不誤。《史記》、《漢書》同，《索隱》曰：「《漢書》亦有作『私東』。李奇曰：『私，多作西者，言東西趨利也。』」「私」、

「西」蓋方俗語言之異。

　　許氏《筆記》曰：「東西」。《楚辭》、《史》、《漢》並作「西東」。嘉德案：六臣作「西東」，是也。胡云：「注『東西』，不拘語倒」。

【疏證】

　　尤本倒同。五臣正德本及陳本作「西東」，奎本以下諸六臣合注本同。謹案：《說文繫傳·通釋》「誫」字注、《古今合璧事類備要》別集卷七十五引，並作「西東」。五臣作「西東」。濟注可證。據韻言，善亦作「西東」，奎本等並無校語，可為佐證。今倒者，蓋後人據孟注擅改耳。毛本當誤從尤本，陳校據《史》、《漢》及「舊本」等正之。朱氏亦同王念孫說，引「私東」說，祇「廣異議」，後胡則兼顧王、朱二家矣。

得坁則止　注：孟康曰：易坎為險……張晏曰：坁，水中小洲也。坁，或為坎。

【陳校】

　　「得坁則止。」「坁」，舊本作「坎」。

【集說】

　　余氏《音義》曰：何曰：「『得坁』，《漢書》作『坎』」。

　　孫氏《考異》曰：《漢書》「坁」作「坎」。

　　胡氏《考異》曰：「得坁則止」。案：「坁」，當作「坎」。《漢書》作「坎」，《選》文與之同。觀善引孟康注於首可見。其下復引張晏，兼廣異本，必五臣因此改「坎」為「坁」，故僅取張「小洲」之語作注也。各本皆以五臣亂善。

　　梁氏《旁證》曰：《漢書》「坁」作「坎」。《史記》注：「徐廣曰：『坁，一作坎。』」胡公《考異》曰：「坁，當作坎。善引孟康注於首可見」。

【疏證】

　　諸《文選》本悉同。謹案：《太平御覽》卷七十一、《海錄碎事》卷三上引亦作「坁」。《史記》作「坁」。《新書》本傳、《古今事文類聚》後集卷四十七等，則同《漢書》作「坎」。善本作「坎」，前胡《考異》以善首引孟康注為「坎」證之，其說精審。五臣作「坁」，良注可證。五臣又從善注中討生活，改作「坁」，以為異同耳。

又注：易明夷則仕，險難則隱。

【陳校】

　　注「易明夷」。舊本作「明夷易」。

【集說】

　　胡氏《考異》曰：「易明夷則仕」。茶陵本「明」上有「大」字，無「夷」字，袁本作「明夷」，與此同。案：各本皆誤也。「易明夷」當作「謂夷易」，《漢書》顏注引可證也。陳云：「別本作『明夷易。』」亦誤。

　　梁氏《旁證》曰：六臣本「明」上有「大」字，無「夷」字。陳云：「別本作明夷易。」胡公《考異》曰：「各本皆誤……《漢書》顏注引可證也。」

【疏證】

　　贛本、尤本同。奎本作「易明盛」。明州本、建本作「易大明」。謹案：上諸本皆刻意求深而譌，前胡說是，顏注引張晏如此。毛本當誤從尤本等，陳校亦非。

細故蔕芥兮　注：《鶡冠子》曰：細故裂蒯，奚足以疑。裂蒯與蔕芥，古字通。

【陳校】

　　注「細故裂蒯」。「裂蒯」，當作「裂薊」。

【集說】

　　朱氏《集釋》曰：注引「《鶡冠子》曰：『細故裂薊』」，又云：「裂薊與蔕芥，古字通。」案：注所引見《世兵篇》。但賦內語多同者，近人疑《鶡冠》假託，或轉取賈《賦》為之，當是。「裂」字惟《集韻》、《類篇》有之。實俗體耳。……「薊」，不成字，《史記》同。錢云：「當作薊。薊、芥聲相近也，《漢書》亦作芥」。

　　許氏《筆記》曰：「蔕芥」。《史記》作「裂薊」，《西京賦》作「薑芥」，《鶡冠子》「裂薊」並同，然「裂」字無考。

【疏證】

　　奎本以下諸六臣合注本、尤本悉作「裂薊」。謹案：檢《別雅》卷四「懘薊、裂蒯、薑芥，蔕芥也」條曰：「《漢書》司馬相如《子虛賦》：『吞若雲夢者

八九于其脣中，曾不蔕芥。』張揖曰：『刺鯁也。』《史記・賈誼傳・服鳥賦》：『細故蔕葪兮何足以疑』，韋昭云：『蔕，土介反。』《漢書》、《文選》誼《賦》俱作『蔕芥。』《文選》註引《鶡冠子》曰：『細故袃蒯，奚足以疑。袃蒯與蔕芥同。』自注：見《鶡冠子・世兵篇》《文選・張衡・西京賦》『瞋眄薑芥』註亦引張揖《子虛賦》云『刺鯁也。』「薑芥」亦與「蔕芥」同。按：蔕字有二義、二音。「蔕芥」之「蔕」，本音薑，即蔕字之假借。《廣韻》蔕，在《十七夬》。」又檢《鶡冠子・世兵》陸佃解云：「一本袃作衣，蒯作葪。葪，猶芥也。袃芥，刺鯁也。」《集韻・夬韻》：「蔕，蔕袃。蔕芥，刺鯁也。或作蔕、袃。」今考：蔕，《唐韻》諸書皆「丑邁切」。芥，《唐韻》：「古拜切」；又，芥，從介得聲，上韋昭云：「蔕（蔕），土介反」，可證「蔕芥」蓋疊韻聯緜辭。故合觀上述諸文獻中出現之「蔕葪」、「袃蒯」、「薑芥」、「蔕袃」四詞，與「蔕芥」，其形雖異，而其義（刺鯁）則同，其音則或同或近。故多見舊注「某與某古字通」、「某與某同」、「某一作某」云云。陳校云「蒯」當作「葪」，既未檢《鶡冠子》陸佃解「蒯猶芥也」語；又未檢《玉篇・艸部》：「葪，同薊，俗。」陳究未悟所取乃俗字耳。

鸚鵡賦一首　　禰正平

題下注：《山海經》曰：名一鸚也。

【陳校】

注「名一鸚也」。「一」，舊本作「鸚」。

【疏證】

奎本以下諸六臣合注本、尤本作「鸚」。謹案：語見《山海經・西山經》，正作「鸚」。此毛本獨譌，陳校當從尤本等正之。

蹻泯越障　注：《續漢書》曰：岷山，在蜀郡五道西障縣。

【陳校】

注「在蜀郡五道西」。「五」，舊本「湔氐」。

【集說】

余氏《音義》曰：「五道西」。「五」，何改「湔氐」二字。

胡氏《考異》曰：何校「五」改「湔氐」二字。陳同。是也，各本皆誤。

梁氏《旁證》同胡氏《考異》。

姚氏《筆記》曰：何減「五」字，改「湔氐」。按：岷山在蜀西徼外。

【疏證】

奎本以下諸六臣合注本、尤本悉同。謹案：《後漢書·郡國志》：「蜀郡。湔氐道。岷山在西徼外。」又，《漢書·郊祀志》上：「瀆山，蜀之岷山也。」師古曰：「岷山，在湔氐道。」毛本當誤從尤本等，《史書》地志，當亦陳、何校改正所據者。

臣出身而事主　注：《漢書》郅都曰：己昔親而出身。

【陳校】

「已昔親而出身」。「昔」，舊本作「背」。

【疏證】

奎本以下諸六臣合注本、尤本悉作「背」。謹案：語見《漢書·郅都傳》，正作「背」，《冊府元龜》卷九百一引、《北堂書鈔》卷三十六「號為蒼鷹」注、卷七十四「郅都不顧妻子」注引並同。此毛本獨因形近而誤，陳校當據尤本等正之。

眷西路而長懷　注：《楚辭》曰：情慨慨而長懷。

【陳校】

注「情慨慨而長懷」。上「慨」字，舊本作「慷」。

【集說】

胡氏《考異》曰：注「情慨慨而長懷」。茶陵本上「慨」字作「慷」，是也。袁本亦誤「慨」。

梁氏《旁證》曰：「慨慨」當作「慷慨」。六臣本尚不誤。

【疏證】

奎本、明州本、贛本、尤本同。建本作「慷慨」。謹案：語見《楚辭章句·怨思》，正作「慨慨」，王逸注：「慨慨，歎貌也。」《補注》並注同《章句》。本書曹子建《應詔詩》「長懷永慕」注引、任淵《山谷內集詩注·祕書省冬夜宿直寄懷李德素》「長懷何由寫」注引並作「慨慨」。然則，毛本從尤本等不

誤，前胡說，非。陳校所謂舊本，其建本、茶陵本歟？

嗟祿命之衰薄　注：《禮斗威儀》曰：天其祿命。

【陳校】

　　注「天其祿命。」「天」，舊本作「夭」。

【疏證】

　　贛本同。奎本、明州本、尤本、建本作「夭」。謹案：據下文「不得極其數」，「極」、「夭」相對為文，作「夭」是。此形近而誤，毛本當誤從贛本，陳校所謂「舊本」，其贛本歟？

容貌慘以顦顇　注：《答賓戲》曰：久而顦顇。

【陳校】

　　注「久而顦顇。」「久」，舊本作「夕」。

【疏證】

　　奎本以下諸六臣合注本、尤本悉作「夕」。謹案：《答賓戲》，載在本書，字正作「夕」，本書阮嗣宗《詠懷詩（嘉樹）》「繁華有憔悴」注引同。《藝文類聚》卷二十五、《古今事文類聚別集》卷二十引亦作「夕」。此毛本獨因形相近而譌，陳校當從尤本等正之。

感平生之游處　注：《論語》曰：君子久要不忘平生之言。

【陳校】

　　殆謂孔文舉、楊德祖之儔。

【疏證】

　　奎本以下諸六臣本、尤本悉同。謹案：此陳疏解文意，非關校勘。

想崑山之高嶽，思鄧林之扶疏。

【陳校】

　　「嶽」，舊本作「峻」。

【集說】

　　余氏《音義》曰：「嶽」，五臣作「峻」。

　　梁氏《旁證》曰：六臣本「嶽」作「峻」。

　　胡氏《箋證》曰：六臣本「嶽」作「峻」。按：「高峻」正與下句「扶疏」對文。

　　黃氏《平點》曰：「想崑山之高嶽」句。尤袤云：五臣「嶽」作「峻」。

【疏證】

　　尤本同。五臣正德本、陳本作「峻」，奎本同，校云：善本作「岳」。明州本「岳」作「嶽」，餘同奎本。贛本、建本作「嶽」，校云：五臣作「峻」。謹案：《古今事文類聚》後集卷四十三、《記纂淵海》卷七十一引並作「嶽」。「岳」與「嶽」同。尤本當從贛本，毛本當從尤本。陳所謂「舊本」，當是五臣本，是欲以五臣亂善，非也。

鷦鷯賦一首　　張茂先

題下注：《毛詩》曰：允彼桃蟲。

【陳校】

　　注「允彼桃蟲。」舊本「允」上有「肇」字。

【疏證】

　　奎本、明州本並無。贛本、尤本、建本有「肇」字。謹案：《毛詩》見《周頌·小毖》篇，正有「肇」字。本書謝宣遠《張子房詩》「肇允契幽叟」注、劉越石《答盧諶》「有鳥翻飛」注、謝宣遠《於安城荅靈運》「翻飛各異概」注、任彥升《劉先生夫人墓誌》「肇允才淑」注引並有「肇」字。毛本偶脫。陳校當據所謂「舊本」，當贛本六臣系統本及尤本。

張茂先　　注：封莊武郡公。

【陳校】

　　注「封莊武郡公。」「莊」，舊本作「壯」。

【集說】

　　張氏《膠言》曰：（何敬祖《贈張華》詩）「西瞻廣武廬」，注引臧榮緒《晉書》曰：「吳滅，封張華廣武侯。」雲璈按：今《晉書》作「壯武」，故庾子山《傷心賦》云「張壯武之心疾，羊南城之淚流。」壯武，本漢宋昌所封。《括

－411－

地志》云：「壯武古城在萊州即墨縣西六十里。古萊夷國。」詩作「廣武」與史異。自注：按《晉書》本傳，先封廣武侯，繼封壯武郡公。

姚氏《筆記》曰：何敬祖《贈張華》「西瞻廣武廬」，注引臧榮緒《晉書》「吳滅，封張華廣武侯。」何云：「廣武、莊武，地名互異。」余按：華初封廣武，惠帝世封壯武，非互異也。見「西瞻廣武廬」條。

許氏《筆記》曰：何云：「廣武、莊武，地名互異。」案：「莊」，當為「壯」，《晉志》：「壯武，屬城陽郡；廣武，屬雁門郡。」何劭《贈張華詩》「西瞻廣武廬」，注引臧榮緒《晉書》曰：「吳滅，封張華廣武侯。」以今《晉書》本傳考之，蓋初封廣武侯，後進封壯武公也。庾子山賦云「張壯武之心疾」，是據其最後之封言之。

【疏證】

奎本以下諸六臣合注本、尤本悉作「壯」。謹案：《晉書》本傳作「壯」，《通志》本傳同。「莊」與「壯」通。《荀子·非十二子》：「士君子之容：其冠進，其衣逢，其容良。儼然壯然」楊倞注：「壯然，不可犯之貌。或為莊。」朱珔《說文假借義證》：「《詩》：『君子偕老』，《箋》：『顏色之莊與。』釋文：『莊，本又作壯。是壯為莊之省借。』」皆其驗。然則，毛本、何校作「莊」，亦不誤，陳校當從尤本等。

翩翩然有以自樂也 注：《毛詩》曰：翩翩者雖。

【陳校】

注「翩翩者雖。」「雖」，舊本作「雛」。

【疏證】

奎本以下諸六臣合注本、尤本悉作「雛」。謹案：《毛詩》見《小雅·四牡》，正作「雛」，《太平御覽》卷九百二十一引同。本書王仲宣《贈文叔良》「翩翩者鴻」注、曹子建《贈白馬王彪》「翩翩厲羽翼」注引並作「雛」。此毛本偶誤，亦由形近。

或託絕垠之外 注：《楚辭》曰：踔絕垠於寒門。

【陳校】

注「踔絕垠於塞門」。「塞」，當作「寒」。

【集說】

汪氏《權輿》曰：顏延之《赭白馬賦》云「簡偉塞門」，注曰：「塞，紫塞也……塞，或為寒。非也。」按：馬生北地，即作寒門亦可。《楚辭》曰「踔絕垠於寒門」，張衡《思玄賦》曰「望寒門之絕垠兮」。見《權輿》「塞門」條。

許氏《筆記》曰：注「塞門」，當作「寒門」。

【疏證】

奎本以下諸六臣合注本、尤本悉同。謹案：語見《楚辭·遠遊》篇，正作「寒」。本書《思玄賦》：「望寒門之絕垠兮」注引《楚辭》同。洪氏《讀書叢錄》卷十一「塞門」條，云：「（顏延之《赭白馬賦》）『簡偉塞門』李注：『塞，紫塞也。有關，故曰門。塞或為寒，非也。』案曰：《漢書·司馬相如傳》『遺屯騎於玄闕兮，軼先驅於寒門』應劭曰：『寒門，北極之門也』。』《後漢書·張衡傳》：『望寒門之絕垠兮，縱余緤乎不周』李賢注『《淮南子》曰：北極之山曰寒門。』二字本此。」亦主「寒門」。毛本當從尤本等。陳校當從本書內證。前胡所據本乃黃丕烈藏尤本後印本，已從《楚辭》本作「寒」，故前胡未取陳校。按汪校，則「塞」、「寒」並得，亦不煩改也。

然皆負矰嬰繳

【陳校】

「繯」，舊本作「嬰」。

【疏證】

尤本作「嬰」。五臣正德本、陳本作「繯」，奎本以下諸六臣合注本同。謹案：《古今事文類聚》後集卷四十五引作「嬰」。五臣作「繯」，銑注可證。善本當作「嬰」。考本書孫興公《遊天台山賦》「方解纓絡」善注：「纓絡，以喻世網也。《說文》曰：『嬰，繞也。』纓與嬰通。」本條五臣作「繯」，即由此注出焉。此由五臣注因襲求異善本之例可推定。奎本脫校語，明、贛諸本因之。毛本誤從六臣本，陳校所謂「舊本」，尤本可當之。

大鵬彌於天隅

【陳校】

「於」，舊本作「乎」。

【疏證】

諸《文選》本咸作「乎」。謹案：《晉書》本傳、《古今事文類聚》後集卷四十五、《記纂淵海》卷五十六引並作「乎」，《古今合璧事類備要》別集卷七十四注引同。五臣作「於」，向注「滿於天之一隅也」，可證。今觀上句云「鷦螟巢於蚊睫」，是上下文重「於」字，然則，當以善本作「乎」為得。毛本蓋以五臣亂善，陳校是。

吾又安知大小之所如

【陳校】

「知」下，舊本有「其」字、「大小」作「小大」。

【集說】

胡氏《考異》曰：袁本、茶陵本「知」下有「其」字、「大小」作「小大」。案：此亦無以考也。《晉書》作「大小」、無「其」字。

【疏證】

尤本同。五臣正德本及陳本、奎本以下諸六臣合注本作「其小大」。謹案：《古今事文類聚》後集卷四十五引、《古今合璧事類備要》別集卷七十四注引，亦作「其小大」。尤本蓋同《晉書》，毛本當從尤本，陳校當從諸六臣合注本矣。

注：《莊子》：北海若曰：則差數覩矣。

【陳校】

注「則差數覩矣。」「覩」，舊本作「觀」。

【疏證】

奎本以下諸六臣合注本、尤本悉作「觀」。謹案：語見《莊子・秋水篇》，字正作「觀」。毛本獨作「覩」，蓋涉注上文「以差觀之」而誤，陳校當從尤本等正之。